文天祥评传

王丹 著

辽海出版社

图书在版编目（CIP）数据

文天祥评传 / 王丹著. -- 沈阳：辽海出版社，2018.5
（中国古代著名文学家丛书）
ISBN 978 - 7 - 5451 - 4819 - 0

Ⅰ.①文… Ⅱ.①王… Ⅲ.①文天祥（1236 - 1282）- 评传 Ⅳ.①K827 = 442

中国版本图书馆 CIP 数据核字（2018）第 080330 号

文天祥评传

责任编辑：	丁　凡　高东妮
责任校对：	杜贞香
封面设计：	老　刀
出 版 者：	辽海出版社
地　　　址：	沈阳市和平区十一纬路 25 号
邮政编码：	110003
电　　话：	024 - 23284479
E-mail：	liaohailb@163.com
印 刷 者：	三河市京兰印务有限公司
开　　本：	155mm × 230mm　1/16
印　　张：	20.5
字　　数：	213 千字
版　　次：	2019 年 1 月第 1 版
印　　次：	2019 年 3 月第 1 次印刷
定　　价：	58.00 元

版权所有　翻印必究
（若有印装质量问题，请联系北京营销中心调换。电话：010 - 86221836）

前　言

在江西省的中部，在赣江中游的西岸，矗立着一座历史名城——吉安，也就是历史上著名的庐陵。历史上庐陵地杰人灵，儒雅豪杰之士辈出。"俗尚儒学，敬老尊贤，豪杰之士喜宾客，重然诺，轻货财。"（《吉安府志》）有宋一代，庐陵出现了两位响当当的人物，一位出现在宋初，即欧阳修，"一代大儒，开宋三百年文章之盛。士相继起者，必以通经学古为高，以救行道为贤，以犯颜敢谏为忠。家诵诗书，人怀慷慨。"（《吉安府志》）另一位就是在这位先贤影响下成长起来的、生活在南宋末年的文天祥。文天祥是一位家喻户晓的人物，上至白发翁媪，下至三尺孩童，莫不知之。清乾隆皇帝对他的评价甚高，"死君事，分国难者，皆忠诚有德之士也；然此或出于一时之愤激，奋不顾身，以死殉之，后世犹仰望其丰采。若文天祥，忠诚之心，不徒出于一时之激，久而弥励，浩然之气，与日月争光。盖忠臣义士，欲伸大义于天下者，不以成败利钝动其心也。"

文天祥评传

(《清高宗乐善堂集文天祥论》)要之当宋之季,文天祥以一己之力肩挑大宋江山,其一腔热血、百死不顾、忠君爱国之情,千载之下光辉炳耀。

目　录

第一章　生平行迹 …………………………… 1
　一、书香门第 …………………………………… 1
　二、砥砺求学 …………………………………… 8
　三、初出茅庐 ………………………………… 20
　四、宦海浮沉 ………………………………… 26
　五、举兵勤王 ………………………………… 67
　六、劫后起兵 ………………………………… 91
　七、行朝覆灭 ………………………………… 104
　八、被解北上 ………………………………… 111
　九、囚禁大都 ………………………………… 114

第二章　文天祥的思想 ……………………… 122
　一、哲学思想 ………………………………… 122
　二、儒家思想 ………………………………… 127
　三、为政思想 ………………………………… 141

第三章　文天祥诗的文学成就 ……………… 158
　一、文天祥前期的诗歌创作 ………………… 159
　二、文天祥后期的诗歌创作 ………………… 181

第四章　文天祥的集句诗 …………………… 201
一、纪实之五言《集杜诗》 ………………… 203
二、言情之七言《胡笳十八拍》 …………… 222
三、《集杜诗》与《胡笳十八拍》的比较 … 228

第五章　文天祥词的文学成就 …………………… 230
一、文天祥的前期词作 ……………………… 230
二、文天祥的后期词作 ……………………… 232

第六章　文天祥散文的文学成就 ………………… 243
一、以骈为主，骈散兼备 …………………… 244
二、体裁多样，辨体清晰 …………………… 260

第七章　文天祥的文学思想 ……………………… 272
一、现实主义文艺表现观 …………………… 272
二、不拘一格的创作风格论 ………………… 281

第八章　文天祥的艺术人生 ……………………… 289
一、琴　音 …………………………………… 290
二、棋　趣 …………………………………… 295
三、书　艺 …………………………………… 298
四、剑　心 …………………………………… 301
五、画　味 …………………………………… 303

附　录：文天祥年谱 …………………………… 306

第一章　生平行迹

一、书香门第

文天祥，出生于宋理宗端平三年五月二日子时。他的名字颇有来历。因其出生时祖父梦到了一个婴孩腾紫云而上，故为其取名曰云孙，小字从龙。年纪渐长，朋友赠字给他，即我们所熟识的"天祥"，大概是因为他出生的时候天有祥云吧。后来文天祥以字"天祥"为名参加了乡贡考试，并考取了功名，故改名为天祥，改字为履善。宝祐四年，天祥参加廷试，被理宗皇帝钦点为状元。拆卷见到天祥的名字时，理宗高兴地说："此天之祥，乃宋之瑞。"因此，朋友们又把宋瑞作为文天祥的字。从文天祥的人生履迹来看，他也确实当得上"天之祥，宋之瑞"的评价。

据《文信国公族谱》记载，文天祥的祖辈，可以追溯至五代十国时期。文家始祖文时，字春元，成都人，是西汉景帝时蜀郡太守文翁的后代。文时于后唐庄宗同光三年，凭借着武功授为帐前指使、轻车都尉。史称"廉以律己，宽以御人，为治崇简尚功，军士怀服"。（《文氏通谱》）据说，在一次巡视郡邑中，文时来到了吉州永安县，住在了当时通判袁公的家里。袁公因赏识文时的为人，而将他的女儿许配给了文时。后来南唐灭亡，石敬塘称帝，文时因不愿依附石敬塘，就在丈人的家乡——永新北乡钱市坑东上坡过起了隐居生活。

文家的三世祖文光大，北宋开宝初年，由国子监上舍赋魁，授承事即、郴州判官。

四世祖文彦纯，辟居固塘夏山，为固塘开祖。宋太宗雍熙年间，任四川新都主簿，乃诣成都省祖。后调任湖南桂阳令。

五世祖文卿，自幼随父任成都，得省祖墓。父任桂阳，过吉安，公爱庐陵永和镇山水明秀，留住永和之凤冈。宋太宗至道年间，拔萃异科，历官至吉州刺史，任满致仕，辟凤冈石窟，居之，称文家庄。

六世祖文养正，博古通今。文育，学书国监。

七世祖文炳然，博学，为时师表，开馆于顺化乡富田。文纽，宋仁宗庆历初，中宏词科，授龙阳宰，甚有政绩。改潭州。寻，升潭州知府，赠通议大夫。

八世祖文正中，有学，不仕，"因爱富田山水明秀，徙居之，为富田祖"，此后文家世家庐陵富田。文思德，授承事郎。

九世祖文利民，习先世儒业，乐林泉，悠然自得，终其天年。文周，有文武才。宋高宗建炎丁未，居京庠，奋身佐神武军收复郡县，有功，授成忠郎，后升淮江处置副使、武

第一章　生平行迹

义大夫。复归江西前市祖居，恢广其基，称曰文坊。文明，高宗绍兴庚午乡举，授台州教授。

十世祖文安世，以曾祖赠大保邢国公。文进，以父恩，补将作监簿。孝宗淳熙中，任宝录院检讨。袭家文坊，益增基业。

十一世祖文时习，丞相本生祖也。封少保。文时用，仁礼存心，仪型乡邑，赠太傅永国公。

十二世即天祥的父亲文仪，乡称君子、长者。文公行，秉性明敏，器宇轩豁，精通诗经，授登仕郎。宋理宗淳祐癸卯，江西漕举赋魁，因贪固塘湖丘山水，隐居，赀业益盛，为乡族望，号蓬山翁。文宝，宋度宗咸淳授衡州教授。

从文天祥的祖辈行迹来看，热爱教育事业的有之，热爱山水生活的有之，以儒学兴家的有之，他们对文天祥或多或少都有些影响，但真正对文天祥影响至深的，那当然还是文天祥的父亲文仪。文仪生于南宋嘉定八年，字士表，号革斋。大概文家到了文仪这一代，虽然还可以勉强称得上是"地主家庭"，但是已经算不得上富裕了。尽管如此，文仪依然是宽厚待人，对待佃农十分宽仁，时人称为"有德君子"。"给餂数亩，耕者多不输，宁令负己，不忍直于有司。莳园渔池，相效无一偿，亦不较。"（《先君子革斋先生事实》）这种对人宽德仁厚的做法，对文天祥影响是极大的。

天祥的父亲文仪以诗礼起家，喜好藏书。据说他的书房"竹居"里面的书籍堆积如山，且经史子集无所不包。文仪酷爱读书，而且有良好的读书习惯。每有所读，多提要钩玄，条析清楚；每有议论，剖析清楚，应对自如，文字落入笔端

文天祥评传

则如行文流水,毫不凝滞。

> 不肖孤闻之诸父,先君子幼颖慧,器质端重,进止如有尺寸。书经目辄晓大义,越时举全文,不一遗。见乡曲前辈,必肃容请益。暨长,天才逸发,志闻道,嗜书如饴,终日忘饮飧,夜擎灯密室,至丙丁或达旦。黎明,挟册檐立认蝇字,不敢抗声愕寐者,人虽苦之,甘焉。蓄书山如,经史子集,皆手自标序无一紊,朱黄勘点,纤屑促密靡不到,至天文地理医卜等书,游骛殆遍,手录积秩以百,挥汗呵冻弗戬,钩引贯穿,举大包小,各有条,间质难疑,剖析响应,某事出某书某卷,且指数以对。为文发持满,无不的中,机轴必己出。命意时,娓娓谈他事,若莽于寻绎,一援笔,云行水流无凝滞。中年,文气益老,拾汗漫归诸约,不峭峭刺目,有温醇浑厚之风焉。(《先君子革斋先生事实》)

毫无疑问,文仪这种好读书又扎实、勤学、慎思的行为,对文天祥影响极大,可谓"幼蒙家庭之训""长读圣贤之书"(《谢丞相》)。而另一方面,文天祥能有如此之学养、见识、道德,也与文仪好读书重教育有关系。文仪曾经给文天祥兄弟聘请当时的名儒来授课,如后来担任衢州府学教授、国子监丞的曾凤就曾经担任过文家的私塾先生。在文家家道中落、无以聘请家庭教师时,文仪就亲自承担起教授天祥兄弟学习的重任。

第一章　生平行迹

自此名师端友，招聘仍年。至时，先畴给费。久之室罄，力弗逮。乃率天祥兄弟，藏修于竹居陈所。裒纤轴，俾抉精剔华，钩索邃奥，董纲要，竟日夕弗倦。虽贫，浩然自怡。有未见书，辄质衣以市。得书，注意钻砥。又以授天祥，俾转教诸弟，繇是程督益峻，书警语遍窗壁，如三尺在目。见为文章，拨斸正气，辄不怿，必维以法度。天祥兄弟奉严训，蚤暮侍膝下，唯诺怡愉，不翅师友。或书声吾伊，或敛襟各静坐潜讽，或掩卷相与戚嗟人世道。此时气象，父母俱存，兄弟无故，天下之乐，莫加焉。（《先君子革斋先生事实》）

文仪痴迷读书的程度，时人鲜能及也。欧阳巽斋在《挽革斋先生》诗中曾经提到文仪爱书的情况："卖尽黄金只爱书，尽教冷口笑贫儒。于今有子如尧叟，到处逢人说老苏，可谓死而无憾矣！孰云文不在兹乎！渊明地下闻君葬也，向黄花洒泪珠。"其实文仪对文天祥的影响，还不独于此。文仪爱竹子，将自己的性情寄托于竹子，将自己的书房，命名为"竹居"。时人文明叟曾作《竹居》一首来赞叹文时的品行："竹以比君子，庭栽栖凤枝。琅玕浮户牖，翡翠荫阶墀。直节森犹束，虚心炯自持。宫商如可协，裁管月中吹。"这种以竹自比的士大夫精神，涵养性情的文化熏陶，直接影响了文天祥后来"仕可进，退可隐""达则兼济天下，穷则独善其身"的精神。

文仪喜好读书，而且达到了很高的境界。

君殆捐世俗所争，雅不问家有亡，惟屏独一室，哦昼讽夜，寝食失期。会务为周览，遍学阴阳医卜，殊方异流，丛然靡所，不究心思，挺出命文，漂疾诸子。在亲侧读书，互畅交阐，讲贯绎绎不休。乡州善士，必备礼请托，以教其子。访买群籍，上该千世，与凡百家，触目襞积，至是费几尽其先畴，至典衣粥珥，一簪不遗。君方以书益多，见闻益高，远漫不作明日计。意度悠悠，任物赴成，与所过逢，杯酒流行。言谭赏笑，澹乎冲襟，竟于使人不能窥也。（江万里《革斋先生墓铭》）

文仪的治学一向严谨但不拘泥，"滞学守固，化学来新。"（《先君子革斋先生事实》）为了提醒自己要不断地创新，文仪将"革"字刻在了自己腰带的佩玉上来时刻提醒勉励自己，而这种精神也促使文天祥"法天地之不息"的思想的形成。

文天祥的一生深受父亲文时的影响。一方面具有对国家高度负责的责任感和献身精神，另一方面也有着淡泊、不慕名利、视功名为粪土、视富贵为浮云的一面。即使在考中状元步入仕途、准备大干一番的时候，文天祥亦表现出了对名利的蔑视。"常叹世人乍有权望，即外兴狱讼，务为兼并。登第之日，自矢之天，以为至戒。故平生无官府之交，无乡邻之怨，闲居独坐，意常超然。虽凝尘满室，若无所睹，其天性澹如也。"（《宋少保右丞相兼枢密使信国公文山先生纪年录》）

第一章　生平行迹

　　文天祥的母亲曾德慈也是一位极具见识的女子，出身于书香门弟。她的父亲曾珏"（公）性颖悟，志不乐凡近，读书百家，虽涉猎，靡不通达""议论刚正，好面折人，不藏怒宿怨，有古君子之风焉"（《义阳逸叟曾公墓志铭》）。大抵在这种环境中长大的文母必定深明大义，必定举措非同常人。文天祥晚年幽禁北方回忆起他的母亲时，就曾说过"母尝教我忠，我不违母志"（《邳州哭母小祥》）。文天祥的弟弟文璧亦撰文称赞文母，"先夫人生有挚性，事舅姑尽孝，相夫子以俭勤。"（《齐魏两国夫人行实》）为了孩子们的教育，文天祥的母亲卖掉自己的饰品给孩子们请家庭教师；为了支持文天祥勤王抗元，她毁家纾难，"虽兵革纷扰，处之恬然"（《集杜诗·母》第一百四十一序）。《庐陵县志》称她"从天祥流离干戈中，绝无愠色"。

　　文天祥兄弟姐妹共七人，天祥为长，他还有三个弟弟：文璧、文霆孙和文璋，以及三个妹妹：懿孙、淑孙和顺孙。文天球，讳璧，字宋珍，号文溪，与兄天祥同中乡举进士，累官至知广东惠州、户部尚书。文天璋，初名天麟，字宋仁，号文堂。咸淳乙丑，丞相守瑞州，奏为将仕郎，累升圣朝奉部带行大理寺丞，知宁武州。至元乙卯，克同知南恩路，总府事。庚辰，丞相回中书，勉不仕，公遂隐居。文霆孙，读书明经，志在忠君。

　　文家"以诗礼传家"，以儒家"仁义"思想为先，以宋明理学为要，以忠君守敬为做人准则。文家一方面要求子女勤奋好学、钻研学术，另一方面培养子女恬淡守拙、淡泊名利的生活志趣。这些都对文天祥的一生形成了深远的影响。

二、砥砺求学

文仪非常重视对天祥兄弟的教育。他力聘了当时的宿儒名师曾凤负责天祥兄弟的学习。《宋元学案补遗》记载:"曾凤,字朝阳,号秀峰,文山之师也。太学释褐,累迁临丞。"邓光荐在《文丞相督府忠义传》中也提到了曾凤,"曾凤,字朝阳,庐陵人。丞相尝从凤学。自太学释褐,为衢州教授,累迁国子监丞。"虽然文天祥从师于曾凤的时间并不长,但这都无法抹煞曾凤对他的影响。天祥于《回衢教曾凤先生书》写到:

> 某数月于师门极间阔。顾山水荒唐,不自知年岁之运运,阙礼多矣,尚庶几先生,索之于形骸之外。……新正诣清湖行礼,亦不见访,往往泥哭则不歌之意,非有他也。屡见说渐就绪,先生鼓舞倦矣,宜作意身事。悠悠何为。行日可得闻否?春和景明,其闻一造盘谷,亦可遍观先生所谓宝者。更愿拨剔而后来,一来须十日,乃可归尔。悉俟面赋,此不能尽。

曾凤对文天祥的影响不独在知识、学术方面,更在价值观方面。受曾凤影响,文天祥一方面忧心于政事,一方面以云泉之约自期。这两种观念一以贯之于文天祥的一生,政可行则忠义以待,政不行则退隐山林。

第一章 生平行迹

除了曾凤之外,历史上有史料记载的文天祥的童子之师尚有胡观洲、王国望二人。文天祥在《与胡观洲季从书》中提到了胡观洲为其童子师。

> 某童而习之,授业解惑,有所自来。惟今父族母族,衿佩而立受道者,七人焉。将同堂合席以私淑之,辄恃钳锤之旧,为此数字,以北面请。岁以缗钱百,上之隶人。礼有聘奉芝楮二十千,明有初也。吾未尝无诲焉。惠徽福于夫子。谨谨奉状,伏乞台照。

王国望,号东庐先生,也是天祥的童子师。官从政郎,袁州军事推官。文天祥在《与王推官母仇氏墓志铭》中提到了王国望对他的影响。

> 东庐王先生母垂葬,命其门人文某铭。噫!某何以铭先生之母之墓哉。乃景定三禩,进士策御前,某以覆校,待罪殿庐。一日,初考官第一卷拟上一览,某稍细复之,传观同官,惊讶得人。会一字近庙中嫌名,某以才难,白详定官请所以处。临轩之日,赐出身,乃吾东庐先生也。呜呼!使先生以名第取天下,归拜母堂上,断机调熊,庶几夙昔。乃累先生以不释乎。此某其何以铭先生之母之墓哉?虽然,事孰为大?事亲为大!守孰为大?守身为大!使先生失身为亲忧,虽高科如之何?先生虽不得高

文天祥评传

科,为臣忠,为子孝,身在焉,亲固荣也。谂先生曰然,铭无所辞。(《王推官母仇氏墓志铭》)

这篇文章虽是文天祥为王国望母亲写的墓志铭,但是字里行间充满了对恩师的崇敬感激之情。当然这也是符合墓志这种文体的要求的。我们从文天祥的记叙中,看到了王国望对文天祥的言传身教。百善孝为先,孝顺双亲乃为人之本。然而我国自古就有忠孝两难的说法。南宋一朝,国运多舛,家邦多难。家国之事一以系之于忠义之士。名利与忠义相比,断乎无取于名利之理。然忠义如王国望者,却只能在朝堂上对皇帝尽忠,而不能在家里对母亲尽孝。可见,文天祥一生以忠义自许、蔑视名利与王国望也不无关系。此外王国望登第之际,文天祥任殿试考官,可谓一时佳话啊!

文天祥在接受私塾教育的同时,也接受到了父亲文仪的亲自指导。对于子女的教育,文仪夫妇是非常重视的。平日里他们的生活是相对节俭的,但是对于延请家庭教师教育子女,二人却出手极为大方;等到家庭实在无力承担学费之时,文母又典当自己的首饰来换取学费;当首饰全部典当光了,家里已经没有余钱聘请教师时,文时才不得不解聘家庭教师。虽然文时平日里和蔼亲善,但是对文天祥兄弟的教育却是十分严格的。

始天祥兄弟幼且长,先君子不疾其不令昭苏蒙滞纳之义,方日授书,痛策厉,夜呼近灯,诵日课。诵竟,旁摘曲诘,使不早恬,以习于弗懈。小失睡,

第一章 生平行迹

即示颜色。虽盛寒暑，不纵检束。天祥兄弟，懔懔擎盘水，无敢色于偷。自此名师端友，招聘仍年。至时，先畴给费。久之室罄，力弗逮，乃率天祥兄弟，藏修于竹居陈所。裒纤轴，俾抉精剔华，钩索遐奥，董纲要，竟日夕弗倦。虽贫，浩然自怡。有未见书，辄质衣以市。得书，注意钻砺。又以授天祥，俾转教诸弟。繇是程督益峻，书警语遍窗壁，如三尺在目。（《先君子革斋先生事实》）

大概在十七八岁的时候，文天祥曾经外出故里去侯山求学过。清康熙年间举人黄文成的《读史随笔·文天祥勤王》对此有这样的记载：天祥幼时，疑业予居之侯山，手植柏五株，以一株倒植，祝曰："吾异日大用，尽忠报国，此柏当生。"清人胡友梅的诗《侯城院古柏》亦对此有所复证："侯城古院外，翠柏挺然立。……我闻文信国，一卷此诵习。长镵手亲栽，土剧苔花涩。"当然这两段史料的价值不独在于点明了文天祥曾外出游学的经历，更重要的还在于记载了文天祥青年时期即已树立了伟大的爱国志向的事实。

十八岁的时候，文天祥在庐陵邑校肄业期间，参加了考试，成绩名列第一。在此期间，文天祥参观了庐陵学宫，看到的庐陵先贤欧阳修、杨邦乂、胡铨的画像，颇有感悟，慷慨陈词，语出不凡。

  稍长，游乡校，见欧阳文忠公、杨忠襄公、胡忠简公、周文忠公、杨文节公祠像，慨然曰："没不

文天祥评传

俎豆其间，非夫也！"（刘岳申《文丞相传》）

文天祥的感慨绝对不是一时之激愤，而是表现了对三人言行的认可。他的一生一直把欧阳修、杨邦乂、胡铨等几位先贤当成自己的榜样，并一直强调他们对庐陵士风的积极影响。"是邦学者，世修欧、周之业，人负胡、杨之气，如有用我，执此以往。"（《吉州州学贡士庄记》）文天祥的民族气节、民族大义以及爱国情怀有一部分是从庐陵先贤那里继承来的。"杨公当权奸用事，屡召不起，报国丹心，竟以忧死，凛然古人尸谏之风。"（《瑞州三贤堂记》）"澹庵临大难，决大议，不负所学。于国为忠臣，于亲为孝子，斯读书之所致也。"（《跋胡景夫藏澹庵所书读书堂字》）迩之事亲为孝，远之事君为忠，这就是文天祥一生所服膺的不变的"真理"。

文天祥在邑校肄业不久，转到吉州白鹭洲书院读书。这段教育历程对文天祥的影响非常地深远。在这里，他接受到了当时最为先进的教育思想，不仅他的学业水平有显著的提高，而且这段书院生活对文天祥一生思想体系的形成影响巨大。在这里，文天祥遇到了影响他一生的两位恩师。一位是欧阳巽斋，一位是江万里。白鹭洲书院是一二四一年由吉州知州江万里创办的。在文天祥就读期间，书院的山长是当时著名的学者欧阳巽斋。

欧阳守道，字公权，吉州人。欧阳守道年轻的时候家里贫困，无力承担他的学费，但他一心向学，刻苦自学，未到三十岁，乡郡父老皆认为他是吉州的儒宗。淳祐元年欧阳守道考中了进士。同年，江万里在庐陵白鹭洲创设了白鹭洲书

第一章　生平行迹

院，特聘欧阳守道为山长。欧阳守道所阐发的孟氏正人心、承三圣的学说，学者咸服。文天祥认为欧阳守道博学多闻，学贯经史；论经讲道，条理清晰。不仅如此，欧阳守道的教育成果显著，他的弟子出将入相。

文天祥在《回秘书巽斋欧阳先生书》中这样写道：

> 某因朱月窗来，伏拜诲帖，辱问璧弟，意极拳拳。近侥幸受县，一出师门玉成之造；后生从政，未知向风，惟先生终教之耳。金碗在质库，某处约之，甚恨未能自取之，乃劳先生厚费如此。山林中亦无用此物，先生倘乏支遣，不妨更质钱用，第常使可赎，足矣。吉甫一去连旬，颇孤龙头之约。时且向热矣，奈何！因便介到城，伸纸行笔，向风驰情。

在这段记叙中，我们不仅能看到"一日为师，终身为父"的贤弟子，还看到他们亦师亦友的师生关系。我们看到了文天祥对欧阳守道先生的真挚情感，看到了书本之外的终身情谊。文天祥对欧阳守道先生的敬佩不仅仅体现在对其学术的传承方面，更体现在对欧阳守道的治学精神和为人处世精神的推崇方面。欧阳守道治学踏实严谨，务实注重根本，反对只重夸饰、不注重实际的言论。欧阳守道为人谦虚勤奋，刚正不阿。

> 先生之学，如布帛菽粟，求为有益于世用，而

不为高谈虚语，以自标榜于一时。先生之文，如水之有源，如木之有本。与人臣言，依于忠，与人子言，依于孝，不为曼衍而支离。先生之心，其真如赤子，宁使人谓我迂，宁使人谓我可欺。先生之德，其慈如父母，常恐一人寒，常恐一人饥，而宁使我无卓锥。其与人也，如和风之着物，如醇醴之醉人。及其义形于色，如秋霜夏日，有不可犯之威。其为性也，如槃水之静，如珮玉之徐。及其赴人之急，如雷霆风雨，互发而交驰。其持身也，如履冰如奉盈，如处子之自洁；及其为人也，发于诚心，摧山岳，沮金石，虽谤兴毁来，而不悔其所为。（《祭欧阳巽斋先生》）

欧阳守道先生六十五岁去世时，文天祥为他写了这篇祭文。文章言辞恳切，感情真挚，任情自然。

某弱冠登先生之门，先生爱某如子弟，某事先生如执经，盖有年于兹。先生与他人言，或终日不当意，至某虽拂逆志，莫不为之解颐。世有从师于千里，尚友于异代，而同人于门，适相值而不违。其死也，哀斯文之不幸，吊生民之无禄。其葬也，只鸡斗饭，窃慕古人之义，匍匐奔走，泫然而哭吾私。（《祭欧阳巽斋先生》）

整篇文章师生情重，言辞恳切，不饰雕琢，一任以情。

读其文，我们既看到了年轻气盛、忤逆师长、血气方刚的学子，也看到了和蔼可亲、爱之如子弟的师长。其间，文天祥对欧阳守道先生的恭敬、尊敬之情溢于言表。

另一位对文天祥影响深远的人就是白鹭洲书院的创始人江万里。在某种意义上，江万里算不得文天祥真正的老师，但是他对文天祥人格的形成、价值观的形成影响深远。而且文天祥对其极为仰慕。

> 某在门墙诸孙辈行中，而所以蒙钧天造就，知爱绸缪，独出乎诸生之右。然号为登门，垂二十年，而至今庭下，无愈之迹。古人负笈从师，不问道路之远。某乃不能自拔如此，殆不可对人言也。（《通潭州安抚大使江丞相书》）

> 惟先生重爱眠食，以幸世道。某屏伏田野，蒙赖钧天之庇，守先人坟墓，幸无阙伏。追惟两年间，口语横出，先生进而庙堂，退而江湖，德于其人，如出一日，传所谓生死肉骨之情也。（《通江参政古心》）

江万里，后知枢密院，参知政事，任左丞相。在政事上，江万里对文天祥颇为赏识，也多有关照。在文天祥受困于贾似道之际，江万里也及时给予了他帮助。江万里知道文天祥为人耿直且有见识，并且认为能挺起南宋脊梁之人必文天祥莫属。因此在南沙任中，多以世道之情事鼓励劝勉他。二人的关系与其说是师生关系，不如说是志同道合的同僚。在南

文天祥评传

宋末年的政坛上，不仅仅有江万里对文天祥的帮扶，亦有文天祥对江万里的支持与理解。二人相互扶持，相互勉励，走过了那段晦暗难辨的日子。

当文天祥在湖南任提刑的时候，江万里为湖南安抚大使判潭州，是文天祥的直属上司。当时广西一带有秦孟四、田定二、秦小九等一大股匪盗寇乱地方，骚扰了广东、湖南周围的二十几个县。针对此种状况，文天祥条拟了周密的平寇计划。江万里对文天祥的计划和策略一一给予了回复，并赞许备至。师生投契，一时甚为美谈。江万里晚年罢归饶州故里，家乡被元军攻陷后，义不受辱，自沉于家中的池沼中。文天祥在《集杜诗》中对他的德行给予了充分的肯定：星折台衡地，斯文去矣休。湖光与天远，屈注沧江流。（《集杜诗·江丞相万里》）

弱冠之年在白鹭洲书院求学的这段时间，对文天祥学术精神的影响也是颇大的。宋代的书院基本上形成一种以自由讲学、评论政事、个人研究为主的学习方式。在这里，文天祥不仅掌握了自由讲习、议政论政的学习方法，而且还开拓了自己的视野，学会了如何与人交流。杨正典先生认为，后来天祥在撰述中抨击朝政，批判科举，强调自拔于流俗的思想，与他在书院受到的教育有直接的关系。

那么，文天祥在进入仕途之前到底学习了哪些知识呢？大抵文天祥幼年所学习的知识不外乎儒家经典，就像他自己所说的"幼蒙家庭之训""长读圣贤之书"。但是宋儒的教育决非仅仅是儒家千百年来不变的以"仁义"为核心的孔孟之道。从宋初太学课程的设置来看，学校教育的课程内容范围

第一章　生平行迹

非常广。"又各因其所好,类聚而别居之,故好尚经术者,好谈兵战者,好文艺者,好尚节义者,皆使之以类群居,相与讲习。"(《五朝名臣言行录》卷十)从宋初胡瑗的有关"经术""兵战""文艺""节义"以及"政事"的教育内容的记载中,我们可以看到宋代的教育方式与汉人只重经学、唐人侧重诗赋的教育方式已多有不同。

有宋一代理学渐兴,宋儒治学为人讲究修齐治平。一方面要提高自己的文化修养,另一方面要在此基本上治理国家。北宋大儒欧阳修在论君子之学的时候,提出:"君子之于学也,务为道。为道必求知古,知古明道而后履之以身,施之于事,而又见于文章而发之,以信后世。"(欧阳修《与张秀才第二书》)

宋代理学的出现,不仅将"理"提到了一个前所未有的高度,"未有天地之先,毕竟也只是理。有此理便有此天地,若无此理,便亦无天地,无人无物。"(《朱子语类》)而且将伦理纲常、道义与仁义道德,和理学紧密的结合在了一起。"宇宙之间一理而已。天得之而为天,地得之而为地,凡生于天地之间者,又得之以为性。其张之为三纲,其纪之为五常,盖皆此理之流行。"(《晦庵文集·读大纪》)"三纲五常终变不得,君臣依旧是君臣,父子依旧是父子。"(《朱子语类》)

有宋一代,尤其是南宋,在民族矛盾异常尖锐、家邦多难的时刻,忠君、爱国的思想教育就显得尤为重要。《宋史·忠义传序》云:"士大夫忠义之气,至于五季,变化殆尽。宋之初兴,范质、王溥,犹有余憾,况其他哉!艺祖首褒韩通,次表卫融,足示意嚮。厥后西北疆场之臣,勇于死敌,往往无惧。真、仁之世，田锡、王禹偁、范仲淹、欧阳修、唐介诸贤，以直言谠论倡于朝，于是中外搢绅知以名节相高，廉耻相尚，尽去五季之陋矣。故靖康之变，志士投袂，起而勤王，临难不屈，所在有之。及宋之亡，忠节相望，班班可书，匡直辅翼之功，盖非一日之积也。"

在忠君思想的教化下，天祥自小就熟读忠臣传，忠君爱国的思想已深入灵魂。"儿时爱读忠臣传"（《己卯十月一日至燕越，五日，罹狴犴，有感而赋之六》）"生平爱览忠臣传"（《题苏武忠节图》）"少年狂不醒，夜夜梦伊吾"（《文山先生全集·英德道中》）。应该说，在这种思想的浸染下，文天祥在青少年时期就已经形成了思存报国、匡济社稷的伟大宏愿。前文提到过文天祥18岁的时候去参观了庐陵学宫，感动于先贤欧阳修、杨邦乂、胡铨的文选，而发出了"没不俎豆其间，非夫也"的感慨。由此可见，文天祥立志非小！

文天祥之所以对三位先贤如此敬重，是因为三者在气节上均有其值得后人称道之处。欧阳修，庐陵人，官至参知政事，为人刚正，《宋史》称其"以风节自持"，"天贤刚劲，见义勇为"，死后谥为"文忠"。杨邦乂，吉州吉水人。建炎三年被金人俘虏于建康，金军统帅颜宗弼劝其投降，他却用血在自己的衣服上写道："宁作赵氏鬼，不为他邦臣。"金人以官复原职为诱饵劝其投降，杨邦乂用头猛撞堂柱，血流满面，怒吼道："世岂有不畏死而可以利动者？速杀我。"宁死不屈，谥号"忠襄"。胡铨，庐陵人。绍兴八年秦桧决意与金讲和，当时担任枢密院编修的胡铨义愤填膺，上疏请求力斩秦桧、孙近、王伦三人，并请求与金作战。高宗和秦桧害

第一章 生平行迹

怕此奏疏引起民变,便将胡铨削职,并押解出京。死后谥号"忠简"。

文天祥这一生以节气自许,以忠义自居。"乃知刚介正洁,固取危之道"(《与朱太博埴》)"然学者,其自温公元城之所谓诚,则由乾之君子,以至于中庸之圣人,若大路然,夫何远之有?不敏何足以语诚?抑不自省察,则不觉而陷入人伪之恶,是安得不与同志极论其所终,以求自拔于流俗哉"(《西涧书院释菜讲义》),文天祥不与世俗同流合污。在举世皆浊我独醒的环境中,文天祥在自己的作品中,常常以"肮脏"这个词自醒——"肮脏难合,今世道病"(《赠刘矮跛相士》)、"某肮脏一世之沉浮之人也"(《与庐陵李知县訦孙》)。"肮脏"这个词在古汉语中的意思是"高亢刚直"的意思,用在彼时彼世,颇有些无可奈何的讽刺且自警的味道。"我生独肮脏,动取无妄疾"(《赠萧巽斋》)、"伏念某,学极支离,性情肮脏"(《谢陈尚书宜中》)。尽管世道如此,尽管沧浪之水污浊,但文天祥没有随波逐流,与时俯仰,依然以节气自高。"流俗波颓,常有激昂之志"(《谢丞相》)、"某碌碌不如人,独有愚戆,不能改其素"(《贺翁丹山兼宪》)。这里体现的不仅仅是文天祥以节气自许的孤傲,也不仅仅是他不与世俗同流的高傲,更是一种在孤苦与绝望的乱世中仍然挺拔的傲骨。

综上,我们不难发现其实文天祥一生的基本性格都在这一时期养成。因之家教,因之教育,文天祥性格恬淡,不求名利,但志向高远,忠君爱国,有着昂扬的爱国主义精神和无畏的献身精神。

三、初出茅庐

理宗宝祐三年，文天祥参加了省试，和他一同去参加考试的还有他的弟弟文璧。文天祥的二弟霆孙却因为身患重病病逝而没能参加这次考试，"竟以疾先撤棘一月卒"（《先君子革斋先生事实》）。白发人送黑发人的残酷事实沉痛地打击了文仪。但即使是这样，文仪还是陪着两个儿子去京城临安参加了省试。出发之前，庐陵的地方长官李迪亲自为文家兄弟送行，在这次宴会上，文天祥即兴创作了诗歌《次鹿鸣宴诗》。

礼乐皇皇使者行，光华分似及乡英。贞元虎榜虽联捷，司隶龙门幸缀名。
二宋高科犹易事，两苏清节乃真荣。囊书自负应如此，肯逊当年祢正平。

从诗歌的题目《次鹿鸣宴诗》可以看出其源出于《诗经》，据此我们可以略窥文天祥的文学素养。从诗歌言志的角度来看，文天祥的志向不在小处，不仅仅以高第为望，而且将苏轼、苏辙兄弟作为自己的榜样。不慕名利，以勤奋为先，以气节为要。其间更是表达了对祢正衡高节的钦慕之情。而这首诗似乎也写照了文天祥的一生。文天祥一生不与世俗同流合污，以天下为己任，九死一生。其年来行迹与祢正衡相比，有过之而无不及。

第一章　生平行迹

宋理宗宝祐四年的二月初一，省试结果出来了。文天祥和文璧兄弟双双入榜，他们获得了参加殿试的机会。五月初八，殿试在集英殿举行。殿试的内容是一道策论。

但是考试的前两天，文天祥因饮食不适病了一场，整日昏昏，精神不振。随考生进入宫门之后，文天祥的头脑反而清醒了很多。拿到考题之后，文天祥忽然"文思泉涌，运笔如飞，所对且万言"。将近一万言的文章，规定的完成时间是一天，文天祥却于下午两三点钟就交了试卷。冥冥之中似乎有神灵相助。

殿试的策论可以说是对考生人生观、价值观的一次考量，对考生的学识水平、政识见解的一次综合性评价考较。当年的试策的题目颇有些理学的味道。

> 盖闻道之大原出于天，超乎无极太极之妙，而实不离乎日用事物之常；根乎阴阳五行之赜，而实不外乎仁义礼智、刚柔善恶之际。天以澄著，地以靖谧，人极以昭明，何莫由斯道也。圣圣相传，同此一道。由修身而治人，由致知而齐家、治国、平天下。本之精神心术，达之礼乐刑政，其体甚微，其用则广，历千万世而不可易。然功化有浅深，证效有迟速者，何欤？朕以寡昧，临政愿治，于兹历年。志愈勤，道愈远，胥乎其未朕也，朕心疑焉。子大夫明先圣之术，咸造在廷，必有切至之论，朕将虚已以听。《三坟》而上，大道难名；《五典》以来，常道始著。日月星辰顺乎上，鸟兽草木若于下。

21

"九功惟叙，四夷来王，百工熙哉，庶事康哉。"非圣神功化之验欤？然人心道心，寂寥片语，其危微精一之妙，不可以言既欤？誓何为而畔？会何为而疑？俗何以不若结绳？治何以不若画像？以政凝民，以礼凝士，以《天保》《采薇》治内外，忧勤危惧，仅克有济，何帝王劳逸之殊欤？抑随时损益，道不同欤？及夫六典建官，盖为民极，则不过曰治、曰教、曰礼、曰政、曰刑、曰事而已，岂道之外，又有法欤？自时厥后，以理欲之消长，验世污隆，阴浊之日常多，阳明之日常少。刑名杂霸，佛老异端，无一毫几乎道，驳乎无以议为。然务德化者，不能无上郡、雁门之警；施仁义者，不能无末年轮台之悔。甚而无积仁累之素，纪纲制度，为足维持凭藉者，又何欤？朕上嘉下乐，夙兴夜寐，靡遑康宁。道久而未洽，化久而未成，天变洊臻，民生寡遂。人才乏而士习浮，国计殚而兵力弱。符泽未清，边备孔棘，岂道不足以御世欤？抑化裁推行有未至欤？夫"不息则久，久则徵"。今胡为而未徵欤？"变则通，通则久"。今其可以屡更欤？子大夫熟之复之，勿激勿泛，以副朕详延之意。宝祐四年五月八日。

试题的要求是让考生针对时局问题提出解决办法。针对题目，文天祥从天变与民怨、人才与士习、兵力与国计、虏寇与盗贼四个方面进行了回答。这篇文章写得洋洋洒洒，一气呵成，叙事简约，论证合理。

第一章 生平行迹

此次殿试的主考官是宋朝著名学者王应麟。王应麟初审、审臣复核之后将文天祥的试卷是定为第七，理宗阅毕前十名的试卷后，钦点了文天祥为此次殿试的头名。王应麟对文天祥试卷的评价是："是卷古谊若龟镜，忠肝如铁石，臣敢为得士贺。"（《宋史·王应麟传》）

二十四日发榜，唱名赐第，文天祥第一个出场，"体貌丰伟，美皙如玉，秀眉而长目，顾盼烨然"（《宋史·文天祥传》），一派儒雅气度。与天祥同榜的进士中，还有两位后世的名士。一位是二甲头名的谢枋得，一位是二甲二十七名的陆秀夫。此榜真可谓名士之榜！

唱名赐第之后，按照规矩理宗皇帝要赐闻喜宴，当科状元文天祥要上谢宴诗。对于此次科第的高中，文天祥还是十分高兴的，内心充满了对未来政治生活的憧憬与向往。

于皇天子自乘龙，三十三年此道中。悠远直参天地化，升平奂美帝王功。

但坚圣志持常久，须使生民见泰通。第一胪传新渥重，报恩惟有厉清忠。（《集英殿赐进士及第恭谢诗》）

文天祥这首诗歌颂扬了理宗皇帝的帝王功业，但是难免有谀圣之嫌。当时的南宋社会已然不是太平盛世了，在文天祥出生的前一两年，蒙古的骑兵就已经踏破了南宋疆域。1235 年的六月，文天祥出生的前一年，蒙古军就渡过了黄河侵犯大宋，攻陷了枣阳和唐州。1236 年南宋襄阳守军内讧，

文天祥评传

携城投降了蒙古军，蒙古军队随之攻破了郢、荆门军、德安等地。因此着眼于当时的时局，文天祥也对理宗皇帝提出了期望：只要锐意进取，百姓必能过上通泰的日子，国家必定长治久安。当然，文天祥也深深地认识到了自己身上的责任：厉清忠，报国恩，守护大宋江山。

对于这一次的殿试理宗皇帝还是十分重视的，他希望通过此次科举考试选拔出有用的人才来实现国家的繁荣昌盛。理宗皇帝在《赐状元文天祥已下诗》中即对文天祥提出了要求，他希望文天祥力行为治，求真务实，勿沽名誉。理宗皇帝希望新科进士能够为皇家万世开太平。然而现实往往是残酷的，毕竟长期以来朝廷施行的投降政策以及君主对政权的荒废，已经是积重难返。

> 道久于心化未成，乐闻尔士对延英。诚惟不息斯文著，治岂多端在力行。
> 华国以文由造理，事君务实勿沽名。得贤功用真无敌，能为皇家立太平。

此次殿试文璧落榜了，虽然遗憾但还不至于影响文天祥高中状元的心情。但接下来的噩耗一一传过来，给了文天祥沉重的打击。二十五日父亲文仪的病情突然转重，二十八日病重离逝。文天祥兴奋的心情持续了不足一天，就立即撤离了庆典，回父亲身边亲自照料父亲的起居，但是回天乏力，父亲文仪还是没有抵挡住死神的召唤。文仪的身体在年初因为三儿子霆孙的过世就不是很好，没有休息好就陪着两个儿

第一章 生平行迹

子进京赶考，再加上长期入住客栈，心情郁闷，江南五月潮湿闷热的天气又不利于养生。凡此种种，文仪的病情加剧了，最终客死他乡。大概最值得欣慰的事情就是在离世之前收到了儿子高中状元的喜讯吧。

父亲文仪的丧事是由朝廷派官员来承办的。文天祥、文璧兄弟二人扶灵柩归故里时，乡士庶人无不失声痛哭，路祭巷哭不断，七月才返抵故里。文家兄弟护灵柩归故里之后，便闭门谢客，居里守丧，服丧三年。

按宋制进士及第一个月以后，当榜状元要率领所有的同年诣阙谢恩，门谢之后，状元按例授承事郎、签书某军节度判官厅公事的职务。等到三年之后，下一届的殿试放榜之后，上一届的状元再按例授予秘书省正字。文天祥因为父亲去世没有行门谢礼便归故里为父亲守孝三年，故朝廷并没有给他授官。

等到开庆元年正月，文天祥陪弟弟文璧赴京城参加省试。五月，文璧考中了进士。此时，文天祥为父亲守孝之期已满，朝廷按例授予了他承事郎、签书宁海军节度判官厅公事一职。接至圣旨后，文天祥请求辞免，并要求补行门谢礼。文天祥此时选择辞免并不是因为三年的时光消磨了志气，也不是以退为进沽取功名，而是对当时的朝政感到失望而采取的无奈之举。他在《宋少保右丞相兼枢密使信国公文山先生纪年录》中对这段经历有比较详尽地交待："戊午，宝祐六年。八月从吉，时丞相丁大全用事，或劝通书者。予曰：'仕如是其汲汲耶！'郡侯欲为言于朝，除初官，力辞谢，得止。"后来，理宗同意文天祥在补行门谢礼之后上任，从此，文天祥开始了宦海浮沉的政治生涯。

四、宦海浮沉

　　大抵文天祥入京补门谢礼的时候，他想过忠君报国，想过纾解国难，但是可能却未曾想过他的一生将与战事紧密相连，可能也并未曾想过未来的15年他的政治生涯浮浮沉沉，如此坎坷：五次被罢免官职，两次退隐故里。或许他也未曾想过，原来理想的政治总是与残酷的现实相违背，总是如此地难以实现。回忆往事，落魄有之，"石室孤寒，青原落魄。"（《谢何枢密梦然》）无奈有之，"某半生出处，无足为明公道。"（《与前江西赵仓与槄》）壮志难酬亦有之，"一别十年，浮云进退，何足为达者道。"（《与新知太平州赵月山》）

　　文天祥初入官场的第一仗就打得有声有色，掷地有声。开庆元年春，烽烟即起，蒙哥攻打合州。南宋守将王坚凭借钓鱼城得以守死城池，战争一时之间陷入僵局。九月，战争形势却陡转直下，元军打破了之前两军僵持的局面。蒙古军在黄陂一举攻破了长江的防线，包围了鄂州。此消息一经传出，将长江视为抵御蒙古军队天然屏障的朝廷君臣们开始恐慌了。迫于形势，理宗皇帝不得不下一道罪己诏来稳定军心、稳定局势，随后又被迫罢免了"绝言路、坏人才、竭民力、误边防"的奸相丁大全。但是理宗皇帝用"罪己"和罢免权奸来平息恐慌、安定人心的做法，根本没有起到作用。在这种情况下，佞臣董宋臣提出了迁都四明、以避兵事的建议。

第一章 生平行迹

这个策略一出必然惑乱人心。尽管朝堂上有反对的声音,但是鲜有人敢站出来与之针锋相对。可是,当时还没有走马上任的文天祥,却以"敕赐进士及第臣文天祥"的名义,针对时弊上书提出了四项改革主张。同时,文天祥不顾个人名利与安危,上书力陈董宋臣的误国伤民,"臣愚以为今日之事急矣,不斩董宋臣以谢宗庙神灵,以解中外怨怒,以明陛下悔悟之实,则中书之政必有所挠而不得行,贤者之车必有所忌而不敢至。都人之异议,何从而消?敌人之心胆,何从而破?将士忠义之气,何自激昂?军民感泣之泪,何自奋发?"这就是著名的《己未上皇帝书》。

在这篇文章中,文天祥义愤填膺地历数了董宋臣与奸相丁大全所犯下的罪行——"今论者讼江阃之罪,死有余责,则夫使士大夫贸贸焉为聚敛,重失人心,激天下以各怀怨叛,如臣所指之人者,一死讵足道哉!""朝廷清一,言路光明,邪人何自而赫张?民瘼何自而壅隔?人离而陛下何以不觉?寇至,而陛下何以不知?彼其依凭陛下恩宠,以为奸人奥主,故颠倒宇宙,浊乱世界,而得以无忌惮。""使陛下今日讼过于天地,负愧于祖宗,结怨于人民,受侮于夷狄,则岂独一奸人为之哉!"(《己未上皇帝书》)针对当时朝廷内外所存在的弊乱,文天祥提出了"简文法以立事""仿方镇以建守""就团结以抽兵""破资格以用人"四项行之有效的应对策略。

简文法以立事。针对奏议的繁文缛节——"陛下平旦视朝,百官以次奉起居,宰相摺笏出奏,从容不逾时。军国大事,此虽陛下日夜与宰相汲汲而图之,犹惧不既。谋王断国之设施，尊主庇民之蕴蓄，岂能以顷刻交际，而究竟之哉！"文天祥提出了三条具体而微的措施。第一，"陛下莫若稍复古初，脱去边幅，于禁中择一去处，聚两府大臣，日与议军国大事。"第二，"宜仿唐谏官随宰相入阁故事，令给舍台谏，从两府大臣，日入禁中聚议。其有不可，应时论难，不使退有后言。"第三，"移尚书省六房，隶之六部。如吏部得受丞相除授之旨，而行省札；兵部得禀枢密调遣之命，而发符移。其他事权，一仿诸此。"

仿方镇以建守。针对宋代为防藩镇割据弄权分化中央、采取文治武权的措施而造成的国家积贫积弱的局面——"使兵财尽关于上，而守令不得以自专"、各令守"拱手趋约束、卷甲而藏之"。文天祥大声疾呼，"今日之事，惟有略仿方镇遗规，分地立守，为可以纾祸。"针对各州县的具体情况，文天祥提出了不同的分治方法。"臣愚，莫若立一镇于吉，而以建昌、南安、赣隶之。立一镇于袁，而以临江、抚、瑞隶之。择今世知兵而有望者，各令以四州从事。其四州官吏，许以自辟。见在任者，或留或去，惟帅府所为。去者，令注别路差遣。其四州财赋，许以自用。自交事一日始，其上供诸色窠名，尽于帅府。交事以前，见未解数目，亦许截留。其四州军兵，见属伍符者，必寡弱而不振；见行团结者，必分散而不齐。许于伍符团结之外，别出措置，收民丁以为兵。彼一州之紧急者，得三州稍宽缓之力，以为之助；三州之宽缓者，得一州当其紧急，而无后忧。不出二三月，如吉、如袁，其气势当自不同。仿此而行之，江东、广东无不可者。"

就团结以抽兵。关于军力短缺的问题，文天祥认为，"陛

第一章 生平行迹

下忧能委数州立一方镇，莫若俾为帅者，就团结之中，凡二十家取其一人，以备军籍。一郡得二十万家，则可以得一万精卒。例而行之诸州，则一镇新兵，当不下二三万。"至于赋税、财利，"惟于二十家取其一，则众轻而易举，州县号召之无难，数月之内，其事必集。"

破资格以用人。对于当时朝廷的用人现状，文天祥是这样评价的，"凡寮底小官，驰骋于繁剧之会者，盖甚有之。荐引之法，浸弊于私，而改官之格，率为势要者所据。孤寒之中，独无可任大事者乎？三岁一贡士，碌碌成事者众，而气概才识，望于乡里，曾不得一名荐书。"针对这种情况，文天祥的对策是"明诏有司，俾稍解绳墨，以进英豪于资格之外。重之以其任，而轻授以官，俟其有功，则渐加其官，而无易其位。"

以上四个方面内容的分析，表现了文天祥作为一位政客的胆识与见识，他对时局的把握准确，对时局的分析清晰。除了上述内容，根据抵抗侵略的实际情况，文天祥希望理宗皇帝能够有所作为，坚持抗战。

> 方今国势危疑，人心杌陧。陛下为中国王，则当守中国；为百姓父母，则当卫百姓。且夫三江五湖之险，尚无恙也；六军百将之雄，非小弱也。陛下卧薪以厉其勤，斫案以奋其勇，天意悔祸，人心敌忾，寇逆死且在旦夕。

文天祥的这篇文章动之以情，晓之以理，期望能对时局有所裨益。然而，理宗皇帝此时已经在位 30 多年，"（帝）年浸高，操柄独断，群臣无当意者，渐喜狎佞人。"（《宋史·董槐传》）因此他并没有对文天祥提出的任何一条建议作出回应。虽然最终理宗皇帝并没有迁都，但是最终让理宗皇帝打消迁都念头的人并不是文天祥，而是当时的军器太监何子举、御史朱貔。

开庆元年的这场战争，蒙古军队并没能如愿地攻下鄂州。忽必烈在攻打鄂州的时候，接到了他弟弟阿里不哥准备继承汗位的消息，匆忙撤军回朝。之前，南宋阵前统帅贾似道曾经密谋与忽必烈议和未果。此时忽必烈在谋士的建议下，决定与南宋议和。宋廷口头上答应双方划江为界，南宋朝廷每年献岁币二十万两、绢二十万匹。蒙古军撤退的时候，贾似道却做了一件十分不"光彩"的事情——趁元军急于撤兵无暇他顾之际，于元军腹背截杀了 170 名蒙古士兵。此举一方面对元军来说多少有点儿背信弃义的味道，也为将来元军南下灭宋埋下了隐患；另一方面贾似道并没有从战败的失利中汲取教训，却谎报军情、隐瞒事实上表称"鄂州大捷"，回朝后俨然以功臣自居。理宗皇帝对此却深信不疑。贾似道班师回朝，百官相迎。短暂的惶恐之后，临安城又恢复到了往日的歌舞升平、纸醉金迷。在忽必烈安内的几年里，南宋王朝得以苟安。但是暂时的太平并没有让南宋君臣警醒，民族矛盾依然存在，亡国灭种的威胁依然存在。南宋君臣却依然过着掩耳盗铃的生活，大宋王朝也只是在苟延残喘罢了。

或许因为对朝廷的失望，文天祥并没有到宁海军上任，放弃名利，开始追求平淡的生活。理宗景定元年，文天祥在

第一章 生平行迹

《敬书先人题洞岩观遗墨后》一文中借回忆其父亲文仪的往事，表达了自己追求恬淡生活的想法。

> 维先君子，天韵冲逸，神情简旷。使一日脱人事之累，黄冠野服，逍遥林下，真所甘心焉。为子不德，使先志不获遂。捧轴却立，为之泫然。

文天祥的一生，在自己的作品中表达出归隐山林愿望的作品并不在少数。当然这并不能说明他是一名隐士，并不能说明他不关怀世事，并不能说明他在沽名钓誉。大抵文天祥的一生，当国家遭遇麦秀之祸时，他总是能义无反顾地站出来，表现得大义凛然，为了国家大义而奋不顾身；当朝堂的政治陷入困境，奸小当权，无力回天时，他总能抛弃个人恩怨，总能适时地退避到政治权力争斗的中心之外，恬然自守，在山水中颐养性情。因此，在十三世纪六十年代初，在忽必烈忙于可汗之争、南宋朝廷相对稳定之际，文天祥的生活过得相对简单，相对随性。

1260年景定元年二月，朝廷改授文天祥为签书镇南军节度判官厅公事。文天祥不愿前往，自请"祠禄"，即"使任宫观，以食其禄"，不须到职任事，只挂名领俸禄。朝廷答应了他"乞奉宫观香火，以安守分"的请求，任命他为建昌军仙都观主事。文天祥此举，可以算是他对朝政庸腐却无力改变现状的一种消极抵抗，也可以视为他对朝廷、对执政者表达不满的一种方式。

文天祥评传

且自始进而遽早休,当盛年而甘退处;目为猖狂而不辞,置之危地而不改。彼非异人之情也,亦曰:为世道计,吾之心未能已也。与吾相持而不使其直遂者,势也。吾屈势而违心耶?亦求以自尽耶?是故事宁无成,不敢隐忍以讳言;言宁不用,不能观望以全身;身宁终废,不欲玩愒以充位。其必为此不为彼,决绝审固于死生之间,秋毫无所皇惑,是先生之平生也。(罗洪先《重刻文山先生文集序》)

不管出于何种原因,文天祥这段悠闲的日子并没有持续多长时间。景定二年的十月,朝廷降旨任命文天祥为秘书省正字。诏词出自当时文学大家刘克庄之手,刘克庄的诏词对文天祥的个人品行不吝言辞地大加褒奖。

初以远士,奉董生之对;继以卑官,上梅福之书。天下诵其言,高其风,知尔素志不在温饱。麟台之召,其来何迟?(《宋少保右丞相兼枢密使信国公文山先生纪年录》)

文天祥上书辞免,言辞恳切真挚,但若说辞免之词并无牢骚之情、不满之绪,或许也不尽然吧。

某猥以疏贱,叨被圣恩,望阙瞻天,莫知所措。伏念某,自叨亲擢,未历外庸,以读书学从政之方,

第一章　生平行迹

以奉祠为书考之日。方窃山林之眺，敢图台省之登？
(《辞免新除秘书省正字状》)

十二月九日，朝廷任命再下，文天祥才答应就职，并于景定三年四月前往供职。秘书省正字，是前科状元例行担任的职务，主要从事草拟文书、校勘文字的工作。对于这份工作文天祥做得兢兢业业，一丝不苟，不急不躁，进度有度。对于这份工作，文天祥有清醒的认识。

想木天之清峻，望丹地以凌兢，顾非麒麟鸑鷟之英，其如亥豕鲁鱼之谬。深有惭于负乘，敢自己于循墙。(《谢何枢密梦然》)

虽家庭畴昔之教，动欲行其本心，然山林朴野之资，知无补于当世。执经而后，承恩以来，念景行在四海之达尊，而科第非终身之能事。颇欲自拔于常人之类，庶几无负于上帝之衷。(《谢江枢密万里》)

既然接受了这份任职，文天祥的态度还是认真，他还是希望自己的工作能够无愧于自己状元的称号的。大概因为文天祥的工作态度认真负责，担任此职不久，文天祥又兼任了景宪太子府的教授一职，主讲四书五经。因为天祥讲授内容精彩，理宗皇帝非常满意，赐给了他一只金碗作为奖励。关于这只金碗还有一段佳话。文天祥的老师欧阳守道先生因为经济拮据，曾经向文天祥借过这只金碗，将其作为抵押品，拿到质库去贷款。文天祥在给欧阳先生的信中曾提到："山林中亦无用此物，先生傥乏支遣，不妨更质钱用，第常使可赎，足矣。"(《回秘书巽斋欧阳先生》) 由此可见文天祥对金钱名利淡泊的态度，以及对老师的尊重之情。

大概是文天祥给太子讲授课程给理宗留下了深刻的印象吧！不到一年，即景定四年的正月，文天祥被提升为著作佐郎，主管编修国史以及编订历法的工作。二月，又兼任刑部郎官。著作佐郎的任职对文天祥来说是驾轻就熟的，但是刑部郎官一职，却是检验文天祥是否是一名合格的官吏的试金石。刑部长期以来形成的工作拖沓、效率不高的陈规陋习，在文天祥以身作则的示范以及大力改革下，得到了改观。而且文天祥的改革举措得到了同僚们的认可。

> 刑部事最繁重，居官者率受成于吏，号清流者，尤所不屑。为之钩考裁决，昼夜精力不倦，吏不能欺，慑服焉。(《宋少保右丞相兼枢密使信国公文山先生纪年录》)

在这一年里，文天祥的吏治水平得到了锻炼和提高。此外和自己的兄弟文璧的诗文往来，也为他乏味而紧张的生活平添了几分暖意。"十载从游久，诸公讲切精。天渊分理欲，内外一知行。立政须规范，修身是法程。对床小疏隔，恋恋弟兄情。"(《别弟赴新昌》)

然而相对安稳的政治生活很快就被打破了。事情的缘起是这样的：景定四年的八月，三年前被贬出京的宦官董宋臣，

第一章 生平行迹

又重新被理宗召回了朝廷，担任内侍省押班、兼主管太庙，并主管景献太子府事。一瞬间，奸臣变成了文天祥的直属上司。大概文天祥可以直面官场的晦暗不明，大概文天祥可以自得于平淡闲适的生活。但是文天祥自小所接受的忠义观念、远小人亲贤臣的治国思想，使得文天祥对于董宋臣这样的小人的重新被起用却是无法忍受的。文天祥在极度愤恼之下，写下了《癸亥上皇帝书》，情绪高亢，言辞激烈。

宋臣复授内省职事。臣惊叹累日，不遑宁处。继传御批，浸畀兼职，且使之主管景献太子府。臣备员讲授，实维斯邸，此人者乃为之提纲。当其覆出，臣自揆以义，且无面目以立朝，况可与之联事乎？请命以去，臣之分也。然臣端居深念，托故而去，谓之洁身可也。陛下未尝拒言者，言而当于可，陛下未尝不行。臣不言而去，则于事陛下之道，为有未尽，是用不敢爱于言，伏惟陛下，鉴臣之衷而幸听焉！

宋臣前此误国之罪，陛下既赦之而勿问矣，臣何敢追尤往事，上渎圣聪。独为方来计，则嫠纬之忧，不能忘情焉。夫以陛下圣明在上，孤雏腐鼠，亦何敢昼舞夜号，少作喘息。其人心性残忍，群不肖所宗。窃恐复用之后，势焰肆张，植根既深，传种益广，末流之祸，莫知所届。

宋臣之为人，臣实疏远，亦安能以尽知之。惟是天下之恶名，萃诸其身，京国闾巷，无小无大，辄以董阎罗呼之。陛下之左右使令亦众矣,此名不归之他人,而惟此一人是归,则岂不召而自至也哉!陛下毋以其退然谨愿,而谓其未必怙威生事也;毋以其甘言卑词,而谓人言为已甚也。千金之家,强奴悍仆,恣横闾里,至其履役于主人之前,固亦未尝不小廉贼谨而可信也。此事虽小,可以喻大。陛下倘察及此,则亦何爱于此一人,而閟惜英断,以重违天下之心哉!伏望陛下稍抑圣情,俯从公议,纵未忍论其平生之恶,以置之罪,亦宜收回成命,别选纯谨者而改畀之。

臣实何人?辄上封章,以仰及于万乘之所亲信。虻蜉撼木,自速齑粉,可谓愚甚!然臣方备中朝,使其以厚禄糊口,坐取迁擢,岂不得计,而臣子所以事君正义谓何!世道升降之大几,国家利害之大故,奈何坐而视之,喋不发一语。上负天子,下负所学,贻无穷羞?此臣所以不敢强颜以留,亦不敢诡辞以去,忘其婴鳞不测之危,以冀陛下万一听而信之,臣言得行,宗社之利也,臣之荣也。如臣之积忱,未足以仰动天听,坐受斧钺,九陨无悔。
(《癸亥上皇帝书》)

或许人生最痛苦的事情不是你身处困境,人生最痛苦的事情也不是你宦海沉浮,人生最痛苦的事情亦不是你看不到希望,而是你明明知道没有希望,明明知道结局就摆在那里,还要清醒地去拼死一博。对于上书的内容根本不会被理宗皇

第一章　生平行迹

帝接纳这个事实，文天祥是有思想准备的，他认为自己的行为就是蚍蜉撼树。然而，自古以来小人之言行即为君子所不耻，"小人不足大受，倚恃权势，无所不至。"文天祥将董宋臣比之于汉、唐宦官，希望理宗能够收回成命。君子群而不党，小人党而不群。与小人共处一朝，谈论政事，却一言不得发，已不是文天祥愿意做的，更何况是像董宋臣的这样奸臣。因此，在上书的时候，文天祥已经做好了被辞免的准备。万一听之，则荣幸之至；不幸替之，亦在情理之中。这篇文章援事成理、引经据典，表现了文天祥缜密的逻辑性。更重要的是，在这篇文章中我们看到了一位屡败屡战、不与世俯仰、不阿谀逢迎、疾恶如仇的君子形象。

事情果然如文天祥所料，董宋臣没有被罢免，自己的请辞却被理宗皇帝批准了。事情似乎陷入了一个僵局，而打破这个僵局的人竟然是贾似道。无论贾似道是出于收买人心，还是平衡朝廷中的势力，抑或是有其它的想法，总之这件事经过贾似道的斡旋，文天祥没有被免官，而是到瑞州出任地方官。

知瑞州是文天祥第一次担任地方官，当时的瑞州并不是一个富庶的地方，百废待兴。理宗开庆元年秋冬之际，蒙古兵就曾经占领过瑞州。虽然第二年的正月，蒙古军就已经从瑞州撤兵了，但是数月之中，瑞州已经遭到了严重的破坏。

郡兵火后，疮痍乍复，予抚以宽惠，镇以廉静。
郡兵素骄，取其桀黠置之法，张布纲纪，上下肃然。
于交承外，积缗钱万，创便民库。去之日，填兵出前窠名，为楮百万有奇。遗爱在民，久益不忘。
（《宋少保右丞相兼枢密使信国公文山先生纪年录》）

治理瑞州的这一年，也是文天祥政治理想得以实施的一年。以往不能得以实施的执政理念，都在这里得到了实施。他的老师欧阳巽斋先生称赞道："景定庚申春，北兵奄至，焚郡，堂在山巅不得免焉。后四年，余友文君天祥宋瑞，自著庭出守，期月间，百废具兴。"（《碧落堂记》）文天祥的一系列措施，使得瑞州社会稳定，百姓安定有礼。在改善百姓日常生活的同时，文天祥也比较看重教育的作用。利用释菜之机，他还在瑞州西涧书院讲学，并写下了《西涧书院释菜讲义》。

在这篇文章中，文天祥向学员讲解了为学与做人的关系，并号召学员做一个"自拔于流俗"的人，做一个言行一致的真儒。文天祥通过几组关系阐明了自己的观点。首先是德与业的关系："德业如形影，德是存诸中者，业是德之著于外者，上言进，下言修，业之修，所以为德之表也。"其次是文与行的关系："有忠信之行，自然有忠信之文，能为忠信之文，方是不失忠信之行。"同时，文天祥还揭露、批判了当时流行的假道学思想："彼以圣贤法语，止可借为议论之助，而使之实体之于其身，则曰此迂阔也，而何以便吾私。是以心口相反，所言与所行如出二人。"

此外在《西涧书院释菜讲义》一文中文天祥还提出了"一不息"的哲学思想和"法天地之不息"的改革思想，受到四方学子的喜爱，西涧书院也因此名声大振。

第一章　生平行迹

　　除了改革和教育之外，文天祥还整修了当地的名胜古迹，兴造了园林建筑。他在任一年，修复和重修了三贤堂、碧落堂、翠微堂、月朗堂、野人庐、竹庵、秀春亭、松风亭等，又创建了陶靖节堂。其中，最著名的是三贤堂、碧落堂和陶靖节堂。

　　三希堂原是祭祀余靖、苏辙、杨万里的祠堂。瑞州原名筠州，余靖曾因上疏为范仲淹罢官申辩而在庆历年间落职监筠州酒税；苏辙因营救自己的兄长苏轼，于元丰年间、元祐党争之际被贬至筠州监酒税；杨万里因于孝宗淳熙十五年上书得罪了皇帝而被贬至筠州。瑞州人民敬重这三个人，在高安城南街建立了三贤堂来纪念三位先贤。可惜的是此堂之前被蒙古军队毁灭了。文天祥到任后，就着手重建三贤堂，并率诸生行释菜礼，还写下了《瑞州三贤堂记》。大抵因为先贤杨万里与他自己的遭遇相似，文天祥于其文中盛赞了杨万里，"杨公当权奸用事，屡召不起，报国丹心，竟以忧死。"对于三位先贤，文天祥是十分地敬重。他认为三位"在瑞之时，乃心罔不在王室"，所谓的"处江湖之远则忧其君"，文天祥更是以此自喻自勉，即自己虽然身处瑞州，依然心忧王室。

　　碧落堂坐落在州治后面的小山上，山上古木参天，风景迷人。历代文人多来游赏，并留下题记，如苏轼、苏辙、陆游，而杨万里甚至曾经住过碧落堂。因为战乱，碧落堂也只剩下残垣颓壁了。景定五年九月初九重阳节，碧落堂重建竣工。文天祥自题诗《题碧落堂》于其上。

文天祥评传

　　大厦新成燕雀欢，与君聊此共清闲。地居一郡楼台上，人在半空烟雨间。

　　修复尽还今宇宙，感伤犹记旧江山。近来又报秋风紧，颇觉忧时鬓欲斑。

　　文天祥创作这首诗歌的时候，年方29岁，却因记挂国事而时有鬓发斑斑之感。碧落堂重建落成了，但是，物是事非，其间世事变幻难免让人生出黍离之感。我们从这首诗中读出了文天祥对国家命运的高度关注。从"近来又报秋风紧"可以看出文天祥不是一位只知读书求仕进的儒生，而是一位时刻关心国家命运、以国家大事为己任的爱国者。这首诗兴尽悲来、感慨多方的心境也引起了欧阳守道先生的共鸣。他在《碧落堂记》中写道："秋晚风凉，君意更在极目之处，遣使以图与诗遗余。观图使人脩然以喜，观诗使人慨然以悲。"

　　那么，文天祥所感知到的"秋风"到底已经是何种面目了呢？前文提到了因忽必烈回蒙古平定内乱，暂时放下了南下攻宋的计划，所以南宋朝廷得以苟延残喘。但是形式不久就发生了改变。忽必烈在即位称帝之后，不断调整完善内政外交方针，于宋理宗景定五年八月定燕京为中都，将政治中心南移。此举一出，忽必烈的政治策略和野心，已经昭然若揭了。如果此时元蒙大军南下攻宋，怎么还会有落碧堂之荣，落碧堂之兴呢？正如欧阳守道先生于《碧落堂记》中的感慨一样："（然）悼心前事，安得使百万亿苍生，尽免于堕巅崖、受苦卒，然后我处清高隔风雨之地位，再无戚然于中乎？予是以有感于君之诗。"

第一章　生平行迹

后来，有感于陶渊明"不为五斗折腰"的高尚情操，文天祥还在碧落山上创建了"靖节祠"，来祭祀陶渊明。后人为纪念文天祥，又在"靖节祠"的遗址上修建了"文山词"。明代诗人、瑞州知府陶履中曾赞扬过二位先生：文天祥、陶渊明"两先生或隐或显，或危或安，皆千古人伦之表"！

或许是文天祥在瑞州做得太出色了，景定五年八月下旬，在文天祥知瑞州尚不足一年之际，就被召回了京城。当年十月，朝廷任命他为礼部郎官。任命文天祥的那篇诰命出自于礼部侍郎马廷鸾之手：

  尔藻思清新，词华繁茂，荣进素定，非徒诧于高名，慷慨敢言。盖已观其初，节擢从郡最登之郎，闻夫立乎人之本朝，而培养器业，以答扬光宠者，必有在矣。（《文天祥除尚书礼部员外郎制》）

这篇诰命对文天祥的为文、为人、为政褒赞有加。但是在进行授予文天祥礼部侍郎的当月，理宗皇帝突然病到，并于当月的二十六日驾崩。皇太子赵禥继位，是为度宗。新皇上任，万象更新，改任文天祥为江西提刑。大抵是不愿意离开瑞州吧，文天祥上书辞免江西提刑一职，但朝廷不允。就在此时，文天祥收到了家乡庐陵与兴国交界处盗贼蜂起的消息。乡民不胜其扰，纷纷逃难。第二年春天，盗贼又进入了太和王山，王山距离富川只有十五里，形势十分紧迫。在这种情况下，文天祥于咸淳二年二月，在瑞州交接了江西提刑职事，前往江西赴任。到任后立即下令会兵，很快就平定了

41

寇乱。

度宗即位之初，大赦天下。文天祥到任江西，为推广朝廷的恩德，尽可能地宽恕罪犯、释放囚徒。"时大赦后，推广德意，全宥居多，惟平寇扶楮，稍振风采。"（《宋少保右丞相兼枢密使信国公文山先生纪年录》）提刑之职，本就是以狱讼、纠察不法为要。文天祥于江西任上处事公正严明，不徇私枉法，深受民众爱戴。但是令他没有想到的是，一件普通案件的审理，却引起了意想不到的轩然大波。

案件的经过是这样的：临江城中有一个姓陈的银匠，住在金地坊。有一天，陈银匠看见一位路人背着一包关子、会子等纸币经过街市，他无意识地感慨道："我等困苦，止欠此驮耳！"面对困境，人们发发牢骚渲泄一下自己的郁闷之情本无可厚非。但是，不曾想第二天早上这位路人被人杀死于慧力寺后山之中。捕司就开始了巡查缉凶。有一个在街上以挑担叫卖糕点为生的小贩，就把昨天在街上听到的关于陈银匠所说的话，全部告诉了捕司，陈银匠就被拘押了，屈打成招，最终被判为了死刑。陈银匠的母亲不服，向刚到任的文天祥诉冤，并指出了该案件存在的问题。通过调查，文天祥发现杀人劫财另有其人，乃为住在府衙后的李某，并在李家暗阁上的竹笼内搜出了赃款。文天祥据此判决为：以李偿负关、会人死，推司及元捕人偿陈死，官赡养陈母终身。按理说，文天祥的断狱不仅处死了杀人者，还将草菅人命的官吏也绳之以法，并由官府出面抚恤了受冤者家属，是一场非常漂亮的判决。但是文天祥却因为这一案件受到了御史黄万石的弹劾。黄万石称文天祥在此案件的审理过程中失职，建议朝廷

第一章　生平行迹

罢免他。那么，文天祥被弹劾的原因是什么呢？深层次原因，可能是官吏之间盘根错节的关系网被破坏了。文天祥可能无意之间得罪了某官，打破了一直以来大家默认的关系权势平衡体系，因此遭人嫉恨。浅层次原因就很简单了。据文天祥《宋少保右丞相兼枢密使信国公文山先生纪年录》记载，陈银匠临刑前，曾经对他的母亲说："为子不能终养，必宿冤债，无可说者。望吾母焚纸钱于吾死处，告土神，乞指引我到杀人正贼之家。"一个月后，陈银匠果然托梦给陈母，告诉他杀人凶手是府衙后的李某，钱藏在他家暗阁的竹笼内。文天祥相信托梦这个细节，显得文天祥的断案比较草率，因此黄万石弹劾文天祥失职——迷信鬼神之说，无断案能力。但是，如果我们把托梦这个环节理解为是某个不想透露自己姓名的知情者的举报，亦未尝不可。

咸淳二年这一年对于文天祥而言大概真是流年不利吧！随后，一些别有用心的人以不守礼制、违反孝道为由诬蔑文天祥。与此同时，这些人还编写了一本名为《龙溪友议》的小册子，印发了一万多册，来诋毁文天祥的名声。

事情的始末是这样的。文天祥的伯祖母梁夫人去世了，文天祥只需要按照伯祖母的礼制服丧即可。但是事情稍有一点儿复杂。梁夫人是文天祥的亲祖母，因为文天祥的父亲文仪是过继给他的叔父的。对于文仪而言，叔父变成了父亲，亲生父母变成了伯父、伯母；对于文天祥而言，就是亲祖母变成了伯祖母。后来，梁夫人易节再嫁，成为了刘家人。因此，梁夫人去世后，文天祥便申请解除官职"承心制"。所谓的"承心制"，就是只服心丧，即不以侄孙身份穿丧服、行丧礼，更不以嫡亲孙子的身份服齐衰重服。其实，这完全是符合封建礼教的。但是攻讦者却说文天祥隐瞒事实，不为亲人服丧，给他扣上了"违礼""不孝"的帽子。这件事闹得很大。后来文天祥的老师欧阳守道先生、曾凤先生都站出来为文天祥申诉，虽然文天祥最终赢了官司，朝廷也下令允许他承心制了，但是这场官司历时一年之久，耗时耗力耗精神。这大概就是所谓的"木秀于林风必摧之"的道理吧。

这件事所引发的风波平息之后，文天祥决定辞官归隐。如若说这件事对文天祥没有影响，那是不可能的。君子遭遇小人暗算历代都有，人非圣贤，孰能无怨？文天祥自然也会心理不平衡，自然也会心有不甘，心有怨言。但是他很清楚自己追求的是什么——既不是名，也不是利。既然不是名利，那么求仁得仁就好了。

据说文天祥刚辞官之际，有一个叫杨桂岩的相士给他算了一卦，劝他好好做官，前途一定会无可限量。对此，文天祥的态度是平静淡然。

荣悴纷纷未可期，夕多未振已朝披。得刚难免于今世，行好须看有验时。
萱昼堂前惟有母，槐阴庭下岂无儿？好官要做无难做，身后生前是两歧。（《赠桂岩杨相士》）

如果说有什么事情是不以人的意志为转移的，那就是人心。对于封建士大夫来说，最难以揣测的就是皇帝的心思，最难以应对的就是仕途的浮沉。仕途的好坏是无法预料的。

第一章　生平行迹

做好官也并不难，难的是如果想要荣名身后，就得做好生前遭难的准备。世事难预料，荣名不可期。如若放开了功名，那么奉养亲人也不失为一件美事。文天祥一直是清醒的。朝堂是黑暗的，朝政是腐朽的，人事是难测的，忠臣是难容的。但是即使是这样又如何？他已经做好了为"忠义"、为"国家"遭遇不幸的准备。

文天祥在《与朱太博埴》的书信中，回顾了他十年来的官场经历，表达了虽然屡遭小人迫害，但无需怨天尤人之情。对于自己的遭遇以及自己所要追求的理想，他的看法和做法都是理性的。正道本就易遭难，既然不能变天，那么不如顺天！

> 仆十年受用顺境过当，天道反覆，哦者旁午。七八月以来，此血肉躯，如立于砧几之上，斋粉毒手，直立而俟之耳。仆何所得罪于人？乃知刚介正洁，固取危之道。而仆不能变者，天也。（《与朱太博埴》）

文天祥喜读《易》，他总能将自己的思想精髓归纳至哲学的高度。这个哲学的高度不似庄子的寓言，无端无涯，蔓延无边。文天祥在易经的理论中，为自己的行藏取舍找到了合理的理论依据。

> 《屯》曰："云雷屯，君子以经纶。"言阴阳始交而未畅，犹世道方险阻之日，时则君子奋其经

纶,有亨屯之道焉。《需》曰:"云上于天,需君子以饮食宴乐。"言阴阳之气,交感而未成雨,犹君子蓄其才德,而未施于用,时则君子养其气体,和其心志,而居易以俟命焉。《易》象云者二:一以为君子用世之象,一以为君子乐天之象。《易》于进退行藏之义,各有攸当。予闻之,圣贤畏天命而悲人穷,未尝不皇皇于斯世。然方其初也,守其义,不随世而变;晦其行,不求知于人,修其天爵,无所怨怼。一日达,可行之天下,正己而物正,而所性不存焉。呜呼,圣贤非坐视民物之"屯"者,而安于"需"若此,则其道之所存也。(《跋番易徐应明梯云帙》)

在这里,文天祥并不是在高论《易经》的哲学体系,也不是在感发自己不遇之牢骚,而是将自己的人生理想与遭遇和《易经》有机地结合了起来,表达了自己守义不变、达则行于天下,不达则蓄才德以养气、和志的志向。

从咸淳元年四月起,文天祥罢职回归故里,在那里开辟了文山。故乡秀丽的风景,确实给他以滋养。在这心无挂寄、流连山水的心态下,文天祥创作很多怡情山水的诗歌。

日日骑马来山中,归时明月长在地。但愿山人一百年,一年三百余番醉。(《出山》)

一笠一蓑三钓矶,归来不费买山赀。洞天福地深数里,石壁湍流清四时。

第一章　生平行迹

樵牧旧蹊今可马，鬼神天巧不容诗。先生曾有空同约，那里江山未是奇。(《辟山寄朱约山》)

宇宙风烟阔，山林日月长。开滩通燕尾，伐石割羊肠。

盘谷堪居李，庐山偶姓康。知名总闲事，一醉棹沧浪。(《文山即事》)

文天祥笔下的文山无疑是美的，山清水秀，确实怡养性情。文天祥似乎也怡然于这种归隐的山水生活。但是"归隐"无论在何时，对于生于乱世、长于乱世的文天祥而言，都不是首选，仅仅是不达状态下的"无奈"的选择而已。尽管这种"无奈"不是强迫的，而且其中亦有欣喜。大抵如果文天祥不是处于乱世而是身处盛世的话，这种"隐于山林"的生活就会是他的首选了。正如他在《与朱太傅埴》的书中所言："某平生所立谓何，岂有退居林麓、省咎敬威？我自为我，而青蝇纷纷，每使恶声耳。莫为而为，莫致而致，非命也耶！""盈虚消息，道体流行，仁者谓仁，知者谓知，可超然一笑。"

此外，我们从文天祥给文山各景点的命名中，可以对他彼时的想法略窥一二。

自别后，日在山间，搜奇剔怪，得二所，曰"闳微"，曰"上下四方之宇"。幽闲旷邈，超伟轩张，其奇又在中矶两峰之间之上。君再来，足以抵掌大笑。"翠晚"又改曰"浮岚暖翠"，"钓雪"改曰"六月雪","特立"改曰"至大至刚以直"。
（《与胡端逸》）

文天祥将自己对世事的看法，投射到了自然景物之上。从他给景点所起的名字来看，他的品性确实异于时人，确实有其独到之处，也确实说明他不曾一日忘却国家大事，一生以国家的兴衰为己任。在文山的这段日子，大概是文天祥这一生中为数不多的休闲好日子了。在这里他徜徉山水，在这里他与好友谈天论地，在这里他修身养性，以图他日。

咸淳三年九月，朝廷任命文天祥为吏部尚书郎官。任命诰词是冯梦得拟的，其中有云：我理宗亨国，庶几仁祖，取士之数，却又伙焉。当时之选，今其存者，无不登进。独尔以陈情之表，谈礼之文，淹沤在外，尚迟向用。夫风之积不厚，则其负大翼无力。若尔之植立不凡，非特以高科也，而又益培厥栽，则其滋长也孰御？尚左高于郎位，其以是起家。（《宋少保右丞相兼枢密使信国公文山先生纪年录》）文天祥辞免不允，于十二月告别故里，前赴临安就职。紧接着咸淳四年正月，朝廷又让他兼任学士院权直，兼国史院编修，实录院检讨，主要参与撰写朝廷的制、诰、诏、令的草拟以及国史的编修和实录工作。但是文天祥在此任上只一个月的光景，就因为受了御史黄镛的弹劾而被罢官，又匆匆地返回了家乡，再次过起了隐居生活。此时文山经过两年的开辟整修，已经初具了规模。文天祥在他的散文《文山观大水记》中提及了文山优美秀丽的风景。

第一章　生平行迹

　　自文山门而入，道万松下，至天图画，一江横其前。行数百步，尽一岭，为松江亭。亭接堤二千尺，尽处为障东桥。桥外数十步，为道体堂。自堂之右，循岭而登，为银湾，临江再高处也。银湾之上有亭，曰"白石青崖"，曰"六月雪"；有桥曰"两峰之间"。而止焉，天图画居其西，两峰之间居其东，东西相望二三里。此文山滨江一直之大概也。
（《文山观大水记》）

相比于第一次被贬隐居的生活而言，文天祥第二次被贬后，在文山的生活更加地随意、惬意——有诗酒唱和，有山水娱情。咸淳四年五月十四日，文山突然发大水，文天祥闻讯，与好友杜伯杨、永新人萧敬夫、庐陵人孙子安前去观看。文天祥将那一天的经历写成了一篇散文，即上文提到的《文山观大水记》。

　　未至天图画，其声如疾风暴雷，轰豗震荡而不可御。临岸侧目，不得往视。而隔江之秧畦菜陇，悉为洪流矣。及松江亭，亭之对为洲。洲故垤然隆起。及是仅有洲顶，而首尾俱失。老松数十本，及水者争相跛曳，有偃蹇不伏之状。至障东桥，坐而面上游水从六月雪而下，如建瓴千万丈，汹涌澎湃，直送乎吾前，异哉！至道体堂，堂前石林立，旧浮出水，而如有力者，一夜负去。酒数行，使人候六月雪可进与否，围棋以待之。复命曰："水道断。"

遂止。如银湾山势回曲，水至此而旋。前是立亭以据委斩之会，乃不知一览东西二三里，而水之情状，无一可逃遁。故自今而言，则银湾遂为观澜之绝奇矣。(《文山观大水记》)

此段对文山大水的描写，有声有色，景观壮阔动人。"天图画"景，未见其画，但闻其声，洪流之状遂为补充；水淹"道体堂"，曲折汇"银湾"；"松江亭"观洲观松之景，想象奇特；"障东桥"之景飞瀑湍急，气势如虹。其中之壮美有不可言状者。

在如此壮观的景色之前，文天祥与友人唱和赋诗，文人雅会之情，溢于言表。文天祥即兴赋诗曰："风雨移三峡，雷霆劈两山。"杜伯杨赋曰："雷霆真自地中出，河汉莫从天上翻。"萧敬夫和之："八月卷地翻雷穴，万甲从天骤雪骏。"众人所咏之诗，壮志冲天，豪情万丈。当日傍晚，四人离开文山。文天祥作了《山中载酒用萧敬夫韵赋江涨》一诗以纪事：

拍拍春风满面浮，出门一笑大江流。坐中狂客有醉白，物外闲人惟弈秋。
晴抹雨妆总西子，日开云暝一滁州。忽传十万军声至，如在浙江亭上游。

文山这一日的游赏，对于文天祥而言，可算是偷得浮生一日闲了。他将饮酒狂醉的自己比作诗酒自娱的李白，将闲

第一章 生平行迹

坐下棋的弈手比作战国著名的棋手奕秋。在文山赏玩的感受，就像苏子游西湖，就像欧阳游滁州。从文天祥这首诗的内容来看，"归隐中"的他并没有忘怀世事；从此诗的用典情况来看，文天祥没有过多地伤感时事，也没有自暴自弃。他以不得志的李白和被贬任职地方的苏轼、欧阳修自比，既体现了他达观豁达的态度，又体现了他"困境"中的自勉。对于世事荣辱，文天祥的态度是任之以心，积极面对。这一点在《文山观大水记》中亦有体现。《文山观大水记》这篇文章是文天祥文山观大水后当日晚上回来写的，除了描摹了景色外，针对时序的变化，他还发了一番感慨：

> 他日，予读《兰亭记》，见其感物兴怀，一欣一戚，随时变迁。予最爱其说。客曰："羲之信非旷达者。夫富贵贫贱，屈伸得丧，皆有足乐。盖于其心，而境不与焉。欣于今而忘其前，欣于后则忘其今。前非有余，后非不足。是故君子无入而不自得。岂以昔而乐，今而悲，而动心于俯仰之间哉！"予怃然有间。自予得此山，予之所欣，日新而月异，不知其几矣。人生适意耳。如今日所遇，霄壤间万物无以易此。前之所欣，所过者化，已不可追纪。予意夫后之所欣者至，则今日之所欣者，又忽焉忘之。
> （《文山观大水记》）

这段由记而感的文字，源于文天祥前此读到的王羲之的《兰亭集序》。王羲之的《兰亭集序》表达了因时序而产生的

文天祥评传

一种感伤："当其欣于所遇，暂得于己，快然自足，曾不知老之将至。及其所之既倦，情随事迁，感慨系之矣。向之所欣，俯仰之间，已为陈迹，犹不能不以之兴怀，况修短随化，终期于尽。"文天祥的思想和王羲之的略有不同，和魏晋人旷达的时序观念不同。文天祥虽然生活中屡遭贬谪，但是仍能以乐观的精神从容面对。生活中的快乐是时时处处存在的，只要你抱持着一种随意快适的态度即可。

咸淳四年冬，文天祥第二次回归故里不到一年之际，朝廷又任命他为福建提刑。可是朝廷对官吏的任免就像是儿戏。文天祥还没有上任，就又被御史陈懋钦弹劾，朝廷取消了文天祥的任职。当然，文天祥赋闲在家的时间并没有持续多久。咸淳五年三月，朝政出现了转机。此时，江万里出任左丞相，马廷鸾出任右丞相兼枢密使。这两人都是朝廷重臣，且素有名望，不被权贵所折，德高望重。文天祥得知江万里和马廷鸾成为朝廷左、右丞相后，先后给二人写了贺信，称江万里"有报国之大节，以君子不用为我耻，以小人未退为己忧"（《贺江左相》）；将马廷鸾比作皋陶，"知廊庙之有人，为国家而增气"（《贺马右相》）。

文天祥此举并不是为了攀附权贵，也不是为自己谋权营势，完全是出于公心，出于对国家的责任。他认为朝廷重用江、马二人，乃是朝廷之幸、国家之幸。很快，也许是得到了江万里和马廷鸾的推荐，四月十七日三省奉旨遣文天祥知宁国府。关于这次任命，文天祥也是思量再三的。他并没有因为是两位相熟的名臣任要职、或者是因为江万里的关系而愉快地接受任命，考虑再三之后文天祥毅然提出了辞免。

第一章 生平行迹

> 伏念某实无他肠，粗有远志，昔年忧国，冒当事任之难，数岁杜门，宁悔身谋之拙，属明良之胥庆，念岳牧之畴庸。曾谓栖迟，遽叨选用。惟是某省愆已至，贬秩犹新。虽公论至久而愈明，而丹书未谓之无过。倘不量于出处，是自带于颠隮。欲望公朝，特赐敷奏，收回成命，改畀丛祠，使某得以读书养亲，安身寡过。（《辞免知宁国府》）

不知是有名公在朝无需挂念朝政，抑或是有前车之鉴伤了心？总之，文天祥在对自己仕途有利的情况下，提出了辞免。但是文天祥的辞免被朝廷驳回了。咸淳五年的十一月，文天祥赴宁国府就职。在赴任的途中，文天祥路过了四大名楼之一的"滕王阁"。回忆起曾经陪弟弟文璧进京赶考时候的情景，文天祥不禁感伤物非人亦非。人事沧桑，国家衰敝，若之奈何？

> 五云窗户瞰沧浪，犹带唐人翰墨香。日月四时黄道阔，江山一片画图长。
> 回风何处抟双雁？冻雨谁人驾独航？回首十年此漂泊，阁前新柳已成行。（《题滕王阁》）

担任宁国府知州，是文天祥第二次任地方官。宁国府本是江南富庶之地，但是经过战乱，已经变得"凋城败屋，枵然大瓠耳"（《与赵监丞淇》）。这次任职的地方，好像与上次所知的瑞州不同，"问官官靡，问吏吏荒，而民气则愤愤未

53

醒，丝棼莫理。"（《回江州李都承与》）文天祥似乎是无从下手。"大坏积梏，触手病败，虽日夜爬梳，会肯縈然，膏竖浸淫，非剂可药。"（《与知吉州江提举万顷》）宁国府又好像无药可医，以至于宁国府辖治内的名胜古迹，都是一片残败之相，"檐隙委残籀，屋隅连宿莽。荟蔚互低昂，熹微分散聚。城郭谅非昔，山川俨如故。童鬓已零落，姝颜慰迟莫。"（《题宣州叠嶂楼》）

很快，文天祥发现了问题所在。"宁国为郡，居上流斗绝，税务无所取，办则椎剥为民害。"（《宋少保右丞相兼枢密使信国公文山先生纪年录》）于是，文天祥上奏朝廷要求取消宁国府的赋税，"别取郡计以补课额"（《宋少保右丞相兼枢密使信国公文山先生纪年录》）。朝廷下旨免收了宁国府的赋税，百姓欢呼鼓舞。为了从根本上解决问题，文天祥鼓励当地百姓"为士为农，仰事俯育；为忠为孝，勉力以事田畴"（《宣州劝农文》）。

文天祥在宁国府任上只任职了月余，朝廷就下诏命他入朝。临行之前，文天祥给当地百姓留下了一篇著名的《宣州劝农文》。

> 第一劝尔勤耕作，布种及时休落魄。惟有锄头不误人，饱食暖衣良快乐。
> 第二劝尔行孝弟，敬重爷娘比天地。前人做样后人看，滴滴相承檐溜水。
> 第三劝尔勤教子，有子读书家道起。若还饱暖不知书，十万庄田不禁使。

第一章 生平行迹

　　第四劝尔常修善，粜米救荒极方便。但从心上做阴功，管取儿孙多贵显。

　　第五劝尔了王租，莫教人唤作顽都。年年早纳早收纱，那有公人来叫呼。

　　有人认为此篇《宣州劝农文》体现了文天祥思想中的糟粕之处——做阴功以求儿孙显贵。这种思想在今天看来当然有其不当之处，但是我们要看到文天祥此举的出发点是好的，是引人向善的。就这一点而言，我们就不能过分地苛责古人。此外，文天祥思想的可贵之处，还在于他能够找到解决问题的关键——勤耕作、勤教子。这些都是摆脱困境的良方。更难能可贵的是文天祥还提出了让宁国府百姓于解围之后及时交纳赋税的做法。若说这种做法并没有体现文天祥作为王臣的自觉，也不尽然。其实这种做法是通过维护宁国府百姓的尊严的方式来维护王权。人只有自食其力，在享受权力的同时也履行义务，才能有立足之本。只有百姓安居乐业，国家才能长治久安。文天祥还在这篇文章中提出了"五戒"的说法，劝导宣州百姓自食其力，远恶向善。虽然文天祥任宁国府知州的时间很短，但是宁国父老感念他的恩德，在他离任之后"争醵钱立祠"纪念他。

　　第一戒尔莫避役，须知官府难欺诳。从来反坐有专条，重者徒流轻者杖。

　　第二戒尔莫避役，既有田园那避得。今朝经漕明朝仓，到底费钱又何益。

第三戒尔莫拒追，担刀使棒欲何为？有事到官犹可说，杀人偿命悔时迟。

第四戒尔莫尤赖，故杀子孙罪名大。纵逃人祸有天刑，害人不得番自害。

第五戒尔莫夺路，做贼不休终败露。斩斫徒配此中来，能得几钱受此苦。

咸淳六年正月，文天祥入京任军器监兼右司，即尚书右司郎官。四月，文天祥辞官不允，只得赴职。四月初九，朝廷又任命文天祥兼崇政殿说书、兼学士院权直、兼玉牒所检讨官。崇政殿说书一职主要承担着给皇帝讲课的任务；学士院权直即翰林权直，地位仅次于翰林学士，负责起草文书；玉牒所检讨的职责是参与编写皇室家史。这几项工作文天祥做得一丝不苟、尽职尽责，然过于耿直其间难免忤逆权贵。

作为崇政殿说书，文天祥曾经给度宗皇帝讲解《敬天图财易贲卦》。根据理宗皇帝绘制的《敬天图》，文天祥给度宗皇帝讲解了《周易》中的贲卦。根据贲卦的内容和周易的特点，文天祥讲解的内容难免涉及形而上的哲学范畴。但是与哲学家的讲解不同的是文天祥的讲解是落在实处的。他将抽象的哲学内容具体化，通过"天道"和"人事"的联系，向度宗皇帝传达出了"畏天"、"恐惧修省"的观念。

臣窃惟天一积气之耳，凡日月星辰，风雨霜露，皆气之流行而发见者。流行发见处有光彩，便谓之文。然有顺有逆，有休有咎，其为证不一，莫不以

第一章　生平行迹

人事为主。时，时世也。象易圣人不曰天变，而曰时变。盖常变虽丽于天，而所以常变，则系于时。人君一身，所以造化时世者也。故天文顺其常，则可以知吾之无失政。一有变焉，咎即在我。是故天文者，人君之一镜也。观镜可以察妍蚩，观天文可以察善否。且如历家算日食云："某日当食几分。"固是定数，然君德足以消弭变异，则是日阴云不见。天虽有变，而实制于其时。又如旱魃，灾也，才侧身修行，则为之销去；荧惑，妖也，才出一善言，则为之退舍。天道人事，实不相远。自古人君，凡知畏天者，其国未有不昌。先皇帝深识此理，故凡六经之言天文者，类聚而为之图，以便观览，且恐惧修省焉。圣明知敬严父之图，即敬天在此矣。（《熙明殿进讲敬天图周易贲卦》）

文天祥的此段讲解以"观乎天文以察时变，观乎人文以化成天下"的观念为主。从讲解的内容和效果来看，深入浅出，有理有据。道理浅显易懂，例子实用生动。从天象转向人事不嫌生硬，转接自然，并最终以此为依据建议君主敬天畏天、施行仁政。除此之外，作为崇政殿说书，文天祥还给度宗皇帝讲解了《诗·定之方中》篇，以此来劝谏度宗不要在国家危难之际大兴土木营造宫室。

作为翰林权直，文天祥给度宗皇帝上过《轮对札子》。北宋太祖建隆三年制定的百官上疏制度，即为轮对。轮对规定在京的文班朝臣及翰林学士等，每隔五天轮流一人上殿指陈朝政的得失、当务之急以及应对的措施等。关于《轮对札子》，文天祥的论述十分讲究策略，他并不急于直陈自己的观点，而是希望通过引经据典的方式使得度宗皇帝能够鉴往知今，让度宗皇帝自己思古而能念不足，但可惜的是度宗皇帝并没有这份眼界与识见。

在《轮对札子》中，文天祥引用了《尚书》"内作色荒，外作禽荒"来影射度宗皇帝耽溺于酒色而疏于政事的现实；引用了《诗经》"乱匪降自天，生自妇人"的古训对其沉迷女色的荒逸生活进行劝解。文天祥还引用了安史之乱的前车之辙来劝谏度宗，"后世犹自昭阳华清，霓裳羽衣，以阶渔阳之祸。"一番引经据典的说理之后，文天祥还向度宗皇帝提出了解决办法："臣愚，更愿陛下虚心体认，切己省察，每诵一义，善可以为法，即验之身曰：'吾尝有是乎？无则勉之。'每说一事，恶可以为鉴，即揣之心曰：'吾尝有是乎？有则改之。'言则虑其所终，行则稽其所蔽。岂惟制治于未乱，保邦于未危，充道学之用，经论天下之大经，范围天地之化而不过。行而帝，行而王，以卒先帝主张道统之事业，臣何幸身亲见之哉！"（《轮对札子》）其实为政的道理很简单，就是诸事反身切己，一日三省吾身，即如尚书所言"兢兢业业一日二日万机"。

大概给度宗皇帝讲课，讲解什么，怎么讲解，文天祥还是有自己的思考和对策的。但可惜的是，度宗皇帝的昏庸已经不是良言能够拯救的了。自贾似道拥立度宗皇帝继位以来，南宋的朝政就一直把持在贾似道手中。贾似道执政时间越久就愈加地飞扬跋扈，毫无理由地排除异己。在某种程度上，

第一章 生平行迹

毫不讳言度宗任用贾似道加速了南宋王朝的覆灭。此前，在文天祥上任之前，蒙古军队就已经包围了襄、樊两地，形势非常紧急。江万里忧心国事要求增援，但是贾似道以太师、平章军国重事的身份，专擅政权，拒绝增援。江万里在无计可施的情况下，愤而辞职。不仅如此，贾似道玩弄权势，还经常上演以退为进的辞职戏码。咸淳元年三月，贾似道上章要求辞去相位，度宗皇帝多次派人执"御笔信"求贾似道回朝；咸淳二年，贾似道再次辞官，度宗皇帝竟然"至泣涕拜谢之"；咸淳六年，贾似道以病为由乞退，度宗仍然涕泣挽留，并挽留再三。此时正好轮到文天祥起草挽留贾似道的诏书。文天祥草拟了两份诏书，一份只说贾似道的去职有违众意，且没有对贾似道的乞退提出挽留。

> 师相欲去，二府以为不可去，是千万人皆以为不可去矣。朕自师相有请，寝食不为安。朕必不能违众心，师相亦必不忍违朕心。呜呼！尚鉴时忧，永绥在位，师相其听之者！所请，宜不允。(《拟进御笔》)

另一份也只说大臣应以国家为重。若贾似道这样位高权重的师相，更不应该以个人的去留为虑，而应以国事为要。

> 周公相成王，终身未尝归国。孟子当齐世不合，故致为臣。盖常情以去就为轻，惟大臣以安危为重。苟利于国，皇恤其身！若时元勋，为我师相。先帝

付托，大义所存；太母留行，前言可覆。胡为以疾，而欲告休？惟医药所以辅精神，惟安身所以保国家。古者之赐几杖，虽当七十，而不得引年；我朝之重辩章，虽过九旬，而尚使为政。勉厘重务，勿困眇怀！所请，宜不允。（《又拟进御笔》）

两份草拟的诏书均不提及贾似道的功德，以及度宗皇帝涕泪挽留的态度。从语气上来看，第二篇文章写得要更为激烈一些。文天祥从为臣之义、君臣之道、先皇之请入手，层层深入，情绪慷慨激昂。按照贾似道的规矩，草拟的诏书应该先送给他审看一下，他同意了之后再上报给度宗。但是文天祥直接将草拟的诏书呈送给了度宗，此举惹怒了贾似道。于是，贾似道弃用了文天祥草拟的诏书，并指使其他人另写了一份诏书。同时贾似道又授意御史台张志立弹劾文天祥。文天祥再一次被贬。文天祥的诗歌"当年只为青山误，直草君王一诏归"即赋此事。

从理宗景定元年任建昌军仙都观主事开始，到度宗咸淳六年被朝廷免职，文天祥已在宦海中沉浮了十年。在这十年之间，文天祥时浮时沉，或仕或隐，而且每一任官职任职的时间都不长。对于自己的遭遇，文天祥有清醒的认识。他认为自己的禀性中"肮脏难合""自拔于流俗"的性格，很难与世俗相融。于是，这一次决定归隐的时候，文天祥已经做好了不再出山的准备。"进退行藏，惟其所遇，而无心焉。则今奉亲课子，弹琴读书，流水青山，悠然独往。"（《回宁国陈节推容》）似乎为了断绝自己的退路，文天祥在文山修筑

第一章　生平行迹

起了别墅。此山庄"溪山泉石，四妙毕具。委曲周遭，可十余里。盖其景趣，兼盘谷环滁而有之"（《与朱太博埴》）。

文山这个地方也确实风景秀丽，也确实怡养性情，让人流连忘返。

> 山在庐陵南百里，居予家上游。两山夹一溪，溪中石林立。水曲折其间，从高注下，姿态横出。山下石尤奇怪，跨溪绵谷，低昂卧立，各有天趣。山上下流泉四出，随意灌注，无所不至。其高处，面势数百里，俯视万壑，云烟芊绵，真广大之观也。其南曰南涯，可五里，主人日领客其间，穷幽极胜，乐而忘疲。其北曰北涯，以南长潭为止，清远深绝，盖以时至焉。宅基在南涯，其地平旷，长可百丈余，深可三十丈。溪水至其前，泓渟演迤。山势盘礴，如拱如趋，盖融结非偶然者。宅当其会，青山屋上，流水屋下，诚隐者之居也。（《宋少保右丞相兼枢密使信国公文山先生纪年录》）

在这里文天祥亲近山水，以诗书自娱，颇为自得。他在《与刘民章》书中这样写道：诗云"京洛多风尘，素衣化为缁"。又云"栖鸟恋旧林，池鱼思故渊"。青山屋上，流水屋下，归来自有乐地。这种任情山水、不以世务为怀的思想文天祥也不独寄情于古人，他也将这种怡然、惬意的心态与心情寄托在了自己的写景诗作之中。

两两渔舟摇下，双双紫燕飞回。流水白云芳草，清风明月苍苔。

鹤外竹声簌簌，座边松影疏疏。夜深不收棋局，日高犹卧纱厨。

风煖江鸿海燕，雨晴檐鹊林鸠。一段青山颜色，不随江水俱流。（《山中六言》）

东风解冻出行嬉，一阕烟尘隔翠微。自有溪山真乐地，从来富贵是危机。二三辈行惟须醉，多少公卿未得归。明日主人酬一座，小船旋网鳜鱼肥。（《山中漫成柬刘芳斋》）

在隐居故里的这段日子里，文天祥除了游山戏水、垂钓赏景、以文会友以外，还经常以棋琴会友。据说文天祥的棋下得非常好，几乎是战无不胜。文天祥有四位棋友：周子善、萧耕山、刘沐、刘定伯。文天祥曾在《象弈各有等级四绝品四人高下》组诗的跋语中品第四人棋艺的高下：文天祥第一，周子善第二，萧耕山第三，刘渊伯、刘定伯第四。据文天祥记载，刘渊伯的棋艺已经达到了"坐踞河南百战雄，少年飞槊健如龙"的水平，但是他得"穷思一昼夜"，才能与文天祥对垒。（《文丞相督府忠义传》）而刘定伯"嗜弈，最入幽眇，兔起鹘落，目不停瞬，解剥摧击，其势如风雨不可御"（《刘定伯墓志铭》）。第四名棋艺尚且如此，况第一名乎？想来文山归隐之时，在山水之中享受对弈之乐，亦是人生一大快事！

第一章　生平行迹

又公家居，当暑日，喜溪浴，与弈者周子善，于水面以意为秤，行弈决胜负。他人久浸不自堪，皆走，惟公愈久愈乐，忘日早暮，或取酒炙就饮啖。
（《宋少保右丞相兼枢密使信国公文山先生纪年录》）

在文山归隐的这段日子里，文天祥过得恬淡自如，并不像《宋史·文天祥传》记载的那样"性豪华，平生自奉甚厚，声伎满前"。他在文山的这段生活过得还是相当俭朴的。"予于山水之外，别无嗜好。衣服饮食，但取粗适，不求鲜美。于财利至轻，每有所入，随至随散，不令有余。常叹世人乍有权望，即外兴狱讼，务为兼并。登第之日，自矢之天，以为至戒。故平生无官府之交，无乡邻之怨，闲居独坐，意常超然。虽凝尘满室，若无所睹，其天性澹如也。于宦情亦然，自以为起身白屋，邂逅早达，欲俟四十三岁，即请老致仕，如钱若水故事。使国家无虞，明良在上，退为潜夫，自求其志。不知老之将至矣。时之不淑，命也何尤！"（《宋少保右丞相兼枢密使信国公文山先生纪年录》）在这里文天祥说得很清楚，如果国家没有安全之虞，如果国家有贤明的士大夫在辅佐君主的话，那么他就可以安心的归隐了。

从咸淳六年开始，南宋王朝一直在动荡中飘摇。此时的南宋统治更加地黑暗与腐朽，而与此同时蒙古军队的入侵也日益地频繁，形势日益紧迫。从朝廷内部的高层统治来看，朝政由贾似道把持，诏令文书皆由贾似道出，度宗皇帝常常不理朝政，一任贾似道变本加厉地作威作福。贾似道常常整月不朝，甚至连朝飨景灵宫也不从驾。一方面贾似道的日常

文天祥评传

生活极其奢靡，骄奢淫逸；另一方面，对于蒙古军队的消息，贾似道极力封锁，向度宗皇帝粉饰太平。《宋季三朝政要》卷四记载了这样一件事情：有一天度宗皇帝问贾似道，襄阳城被围了三年，应该怎么办？贾似道回答说北兵早就已经撤退，皇帝您怎么得到这个讹传的？度宗皇帝说是一宫嫔说的。贾似道问清楚了这位宫嫔的信息后，就将她杀害了。自此，无论蒙古军队寇边的形势再怎么紧张，都不会有人再向度宗提及了。从外部环境来看，蒙古军的进发势头越发地高昂了。自咸淳四年八月蒙古军队断绝了通往襄阳在白河口的粮道，并在汉中筑台阻止了援救襄阳的宋军开始，到咸淳八年五月为止，襄阳已经被围五个年头了。而且，咸淳七年六月，蒙古军在击败了宋军范文虎部及两淮十万舟师后，士气大振。这一年的十一月十五日，蒙古建国，号称"大元"。

在这种内外交错的混乱局势中，文天祥还是无法做到忘怀世事的，还是无法做到两耳不闻山外事的。作为一位以忠义节气自许的爱国人士，文天祥不曾有一日忘怀过国家大事，不曾有一天丢失过对国家的责任感。这一点我们也可以从文天祥的诗词中看出来。这两首诗写于范文虎部和两淮舟师败绩之后。

> 载酒之东郊，东郊草新绿。一雨生江波，洲渚失其足。青春岂不惜，行乐非所欲。采芝复采芝，终朝不盈掬。大风从何来，奇响振空谷。我马何玄黄，息我西山麓。（《山中感兴》三首之一）
>
> 山中有流水，霜降石自出。骤雨东南来，消长

第一章 生平行迹

不终日。故人书问至,为言北风急。山深人不知,塞马谁得失。挑灯看古史,感泪纵横发。幸生圣明时,渔樵以自适。(《山中感兴》三首之二)

兴尽悲来之感,不是源自时序,不是源于突发事故,而是来自本性当中存在的对国事的牵挂之情、对国家的荣辱与兴衰的关怀之情。此时之"兴",已经完全不同于文天祥刚入文山时欣喜于幽静的景色、恬然的环境时的心境了。咸淳七年冬至,朝廷任命文天祥知湖南运判,可是,这次任命并不是文天祥出山的良机。不久文天祥的这次任命便因御史陈坚的弹劾而作罢。因此,文天祥继续归隐,一方面滋养于山水,一方面不忘怀世情。

咸淳八年六月,归隐中的文天祥患上了疟疾。这场病来得突然,缠绵了月余,才得痊愈。病中的文天祥仍心系朝廷,念念不忘朝事。"卧听风雷叱,天官赦小臣。平生无害物,不死复为人。道德门庭远,君亲念虑新。自怜蝼蚁辈,岂意动苍旻。"(《病甚,梦召至帝所,获宥,觉而顿愈,遂赋》)这才是文天祥九死不悔的动力吧。此时的文天祥心中所念的全是国家,他此时的想法已然与刚归隐时的恬淡、镇定不一样了。他曾在《夜坐》中表达了这种急于报效国家的心情:少年成老大,吾道付逶迟。终有剑心在,闻鸡坐欲驰。《夜坐》这首诗仿效汉魏古体,深得阮籍三味,只不过旨意较之阮步兵直白易懂。时光易逝,有道不行,壮志不改,思图闻鸡起舞。

一位真正的猛士大抵可以在明媚的山水中韬光养晦,但

65

是不可以久困于此。所幸文天祥志不在隐。一位壮志为国、一心思图报国的志士，又怎么甘心于寂寞而沉沦于斯呢？尽管文山的美景之于他是一世的追求，但是大抵只有世事无恙、国家太平，文天祥才会安心地归隐吧。

> 山中度日如年，落叶萧萧，凉月堕砌。起视寥沉，安得知己，握手长吟，写心中之耿耿，在相慰藉耶！（《回谢教授爱山四帖》）

咸淳九年正月，几乎在欧阳巽斋先生去世的同时，朝廷任命文天祥担任湖南提督。出于奉养祖母和母亲的考虑，出于几年来宦海沉浮的考虑，文天祥上书提出辞免，并乞求祠禄。"某少也驱驰，尝有意事功，鸡鸣奋发，壮怀固在，然而亦少衰矣。"（《回汪安抚立信》）朝廷不允，文天祥向朝廷请了三个月的假，在完成了迁葬祖坟等家务之后，便奔赴湖南上任。

此时江万里任湖南安抚大使兼知潭州，他自知年事已高，救国无力，因此以世事相嘱于文天祥："吾老矣，观天时人事当有变。吾阅人多矣，世道之责，其在君乎！"（《宋少保右丞相兼枢密使信国公文山先生纪年录》）文天祥到湖南的职责是主管司法、刑狱和巡查盗贼。湖南一地，"（然楚）俗尚力抵气，杀人为嬉，抚存而调习之，未易为力。"（《与陈直院维善》）文天祥在任八月有余，整顿了吏治，平定了错案，处理了积案。

这一年文天祥刚刚三十八岁，已经鬓发斑白。"忆昔守宣时,白上一根发。去之四五年,一化为七八。今年客衡湘,黑髭已多黄。众黄忽一白,惊见如陵阳。白发已为常,白髭何足怪。岁月不可歇,雪霜日长大。世人竞染缁,厌之固足嗤。谁服芦菔汤?避老亦奚为?少老如春秋,造物以为倩。吾方乐吾天,乐天故不忧。"(《白髭行》)于此诗中,我们虽然看到了文天祥乐天知命不强求的态度,但也感受到了他 38 岁就髭发尽白的悲凉。

五、举兵勤王

咸淳十年是文天祥一生的转折点,这一年发生了很多事情,足以检验人性,足以颠覆整个南宋王朝。从这一年开始,南宋王朝的没落已经势无可挽,文天祥的生活从此再无安定可言,忧国忧民,举兵勤王,无一日可悠闲,无一日不思图复国,万般困苦不可言状。

就内政方面而言,咸淳十年七月,度宗皇帝病逝,时年 35 岁。四岁的赵㬎在贾似道和谢太后的拥立下即皇帝位,太皇太后谢氏"临朝称诏",主持朝政。从外政方面来说,忽必烈经过几年的筹划,决定南下攻打南宋。咸淳十年九月,元廷派丞相伯颜领兵二十万南下。伯颜、阿术一路,博罗欢一路。十二月,阿术率军渡江,宋淮西制置使夏贵溃败,鄂州都统程鹏飞降元。伯颜率军南下,一路上几乎没有受到什么抵抗。黄州、蕲州、江州、德安、六安相继失守陷落,士气低落。而更为深重的打击莫过于南宋名将范文虎在安庆降元了。至此,南宋颓败之势已不可挽。在一片恐慌之中,太

文天祥评传

皇太后谢氏先是督促贾似道出兵迎战，随后又下了一道"哀痛诏"，希望通过道德人伦之说来感化士人，力挽狂澜于危亡。

> 先帝倾崩，嗣君冲幼，吾至衰耋，勉御帘帷。曾日月之几何，凛渊冰之是惧！愤兹丑虏，阚我长江，乘隙抵巇，诱逆犯顺。古未有纯是夷虏之世，今何至泯然天然之经？慨国步之陟危，皆吾德之浅薄。天心仁爱，示以星文而不悟；地道变盈，警以水患而不思。田里有愁叹之声，而莫之省忧；介胄有饥寒之色，而莫之抚慰。非不受言也，而玩为文具；非不恤下也，而壅于上闻。靖言思之，出涕滂若。三百余年之德泽，入人也深；百千万姓之生灵，祈天之祐。亟下哀痛之诏，庶回危急之机。尚赖文经武纬之臣，食君之禄，不避其难；忠肝义胆之士，敌王所忾，以献其功。有国而后有家，胥保而相胥告。体上天福华之意，起诸路勤王之师，勉策勋名，不吝爵赏。故兹诏谕，想宜知悉。（《宋少保右丞相兼枢密使信国公文山先生纪年录》）

此诏书企图以赵宋300年的德行教化去感化士人大夫，并号召各地勤王之师忠君之事。但是在上位者都忘记了"白沙在涅，与之俱黑"的道理，如果整个朝廷都处于阿谀逢迎、追名逐利、推诿逃避、见风使舵、嫉贤妒能等不可枚举的状态之下的话，还会剩下多少有良知、有责任感的忠义之士呢？

第一章　生平行迹

诏书下达之日，各地方将领多持两端之态度，按兵不动。从朝廷到地方，只有文天祥和张世杰两人响应。

德祐元年，文天祥在自己的家乡接到了两份诏书，一份即"哀痛诏"，另一份诏书的内容是："文天祥江西提刑，照已降旨挥，疾速起发勤王义士，前赴行在。"（《宋少保右丞相兼枢密使信国公文山先生纪年录》）文天祥接到诏书之后，泣涕横流，悲痛异常，没有做任何的停留，立即应诏勤王。

由于抵抗元军入侵是符合老百姓的愿望的，也由于文天祥的个人魅力，他很快他就募集了2万多士兵。经费不足，文天祥就毁家纾难，"尽以家赀为军费"（《宋史·文天祥传》）；士兵数量不足，文天祥的同乡、朋友、亲属就被他号召进军营。尽管如此，元军的铁蹄并不是他所募集的义军所能抵抗的。面对这种形式，有人劝文天祥放弃，"今大兵三路鼓行，破郊畿，薄内地，君以乌合万途赴之，是何异驱群羊而捕猛虎。"（《宋史·文天祥传》）然而，大概沧海横流方能显英雄本色吧！文天祥之所以古今鲜有配敌者，即在于他面临泥潭仍百折不挠，仍蹈死不顾的英雄本色吧。"吾亦知其然也。第国家养育臣庶三百余年，一旦有急，征天下兵，无一人一骑入关者，吾深恨于此。故不自量力，而以身徇之，庶天下忠臣义士将有闻风而起者。义胜者谋立，人众者功济，如此则社稷犹可保也。"（《宋史·文天祥传》）

然而，战事总是不以个人的意志为转移的。为政者不思进取、不图改革、互相推诿、胆小做事、依然故我的作风是无法救时弊于倒悬的。元军沿江东而下，南宋许多将领不战而投降。贾似道迫于舆论，亲自出征。由于对当时的敌我劣势心里非常清楚,于是临行前贾似道和殿前指挥使韩震以及知临安府的曾渊子约定:"或江上之师设有蹉跌,即邀车驾航海至庆元,吾当帅师至海上迎驾,庶异时可以入关以图兴复。"(《癸辛杂识·施行韩震》)此举不可不谓明智的便宜之策,思图退路以求来日之兴。然而仅仅这样做还是不够的,贾似道并没有将全副精力用在抗敌上,而是暗中派出15年前在鄂州时向忽必烈求和的使者宋京,继续向伯颜、阿术求和。伯颜邀请贾似道面谈,贾似道不敢前往,因此此次求和以失败告终。元军趁势进军,宋军一败涂地,贾似道逃至扬州后,上书太皇太后,建议朝廷迁都以避祸。

这个时候,南宋朝廷内部也悄然发生了一些变化。一些不满意贾似道这些年来作为的官员纷纷站出来反对他。在这场变故中,失去太皇太后信任的贾似道被免官,贬至循州,并于押解的途中被仇人杀害。似乎擅权15年的贾似道被杀,南宋朝廷应该迎来一股清新之风,然而朝政很快又被投机分子陈宜中把持。曾经上书弹劾丁大全误国的"六君子"之一的陈宜中,为表明自己已经和贾似道不属于同一门庭,主动要求谢太后治贾似道误国殃民之罪。于是,南宋朝政刚出虎口又进了狼窝。谢太后任用陈宜中为右丞相兼枢密使,继续沿用投降苟安的政策。虽然朝廷中有主战派王爚为左丞相兼枢密使,虽然战场上形势很紧张,但是彼时的南宋朝政却因二人的意气相争而无一点起色,"时边事甚急,王爚与陈宜中不能画一策,而日坐朝堂争私意"(《宋史·陈文龙传》)。

这一年的三月初,宋沿江制置大使、建康守将赵溍逃跑,建康陷落。紧接着,其它各州亦相继有守相投降,临安城内

第一章　生平行迹

也是一片混乱。这时谢太后又下了一道诏书，希望此举能够挽回些颓势。"我朝三百余年，待士大夫以礼。吾与嗣君遭家多难，尔大小臣未尝有出一言以救国者，吾何负于汝哉？今内而庶僚畔官离次，外而守、令委印弃城。耳目之司既不能为吾纠击，二三执政又不能倡率群工，方且表里合谋，接踵宵遁。平日读圣贤书，自负为何，乃于此时作此举措？或偷生田里，何面目对人言语，他日死亦何以见先帝？"（《钱塘遗事·朝臣宵遁》）

这封诏书写得与"哀痛诏"的内容并无二致，均是以德行、品性为前提向士人呼吁，希望大家为朝廷贡献力量。其中批判之言、牢骚之语是亦是如梗在喉，时有吐露。但是此时能够向大宋朝廷伸出援助之手的人并不多。文天祥此时已经在吉州待命，朝廷任命文天祥为江西安抚使兼江西提督。文天祥要求入卫都城临安，左相王爚表示欢迎，但是右相兼枢密使陈宜中不同意。理由是江西制置使、投降派黄万石诬蔑文天祥的义军是乌合之众。与此同时黄万石又怂恿抚州、宜黄的地方官上报朝廷，称文天祥的军队抢掠百姓。陈宜中本就是投降派，又听信了谗言，所以不许文天祥入京。

面对这种情况，文天祥心中的愤慨之情可想而知。此时之叹，不独为义军组织难为而叹，更是为报国无门而叹。此时之叹不独为义军组织之难，亦是报国无路之慨。他极力申辨，上表朝廷：

天祥待罪一州，忠愤激发，不能坐视，移檄诸路，冀有盟主，愿率兵以从。人心未易作兴，世事

71

率多沮挠，北兵日迫，血泪横流。伏蒙公朝，除天祥右文殿修撰、枢密都承旨、江西安抚使，续准除江西提刑。天祥极知该恩过当，所当辞免。痛心时危，无暇为平时揖逊，亟凭使名，召号所部。惟是帅司，无兵无将，无官无吏，无钱无米，徒手自奋，立为司存。今已结约赣州诸豪，凡溪峒剽悍轻生之徒，悉已纠集。取四月初一日，提兵下吉州，会合诸郡民丁，结为大屯，来赴阙下。忽得留屯隆兴指挥，观听之间，便生疑惑。缘天祥所统，纯是百姓，率之勤王，正以忠义感激使行；又有官资在前，为之劝励。此曹锐气方新，战斗可望胜捷；若闭之城郭，责以守御，日月淹久，乌合之众，不堪安坐，必至溃逃。(《宋少保右丞相兼枢密使信国公文山先生纪年录》)

但是等到朝廷弄清楚真相，宣召文天祥入京勤王已经是八月下旬了。义军在整个行军的过程中非但没有扰民，而且纪律严明，斗志昂扬。然而这一次的"插曲"并不是文天祥勤王过程中的唯一一次。勤王在文天祥眼里就是一件关乎国家、关乎百姓、关乎民族的大事，而在陈宜中等人的眼中，那就是投降讲和的一个砝码，勤王在他们那儿就是一场闹剧。勤王的过程总是波澜起伏的，总会有出人意料的事情发生。天祥的军队驻扎临安之后，朝廷下诏对文天祥的行为进行了褒奖：

第一章　生平行迹

> 自吾有敌难，羽檄召天下兵，惟卿首倡大义，纠合熊罴之士，誓不与虏俱生。文而有武，儒而知兵，精忠劲节，贯日月，质神明，惟宠嘉之。投袂缨冠，提兵入卫，师律严肃，胜气先见，宗社生灵，恃以为安。（《宋少保右丞相兼枢密使信国公文山先生纪年录》）

然而，激励士气的话言犹在耳，七天后朝廷再次下的诏书给了文天祥又一次打击，"文天祥依旧工部尚书兼都赞，除浙西江东制置使兼江西安抚大使，知平江府事。"（《宋少保右丞相兼枢密使信国公文山先生纪年录》）文天祥入临安是来勤王的，而不是来知平江府的。随后，谢太后又追加了一道圣旨："令文天祥，不候辞朝，疾速前去之任。"（《宋少保右丞相兼枢密使信国公文山先生纪年录》）在敌军大举压境的情况下，朝廷竟然不用义军勤王。无奈中文天祥甚至动了归隐的念头："至临安，两月，累奏乞终丧；又奏：'古有墨衰从戎，无墨衰登要津者。乞仍枢密副都承旨、江西安抚使，领兵国门。'皆不许。"（刘岳申《文丞相传》）文天祥此时的心情大概是哀莫大于心死吧！不如此，何出此言？

此时的南宋朝政把持在右相陈宜中和左相留梦炎手里。他们都是主降派，他们期望通过与元军的议和换来朝廷的苟安。为了保住南宋王朝，他们甚至不顾廉耻地希望通过襄阳降将、元军先锋吕文焕搭桥来与元军谈判。为了让谈判顺利进行，他们甚至追封吕文焕的哥哥吕文德为和义郡王，迁升他的侄儿吕师孟为兵部尚书，并让吕师孟担任议和使者。这

73

文天祥评传

一切都让文天祥无比愤怒。文天祥对朝廷姑息养奸的行为进行了毫不留情的批判:"朝廷姑息牵制之意多,奋发刚断之义少,乞斩师孟衅鼓,以作将士之气。"(《宋史·文天祥传》)与此同时,针对战事节节败退、军事力量薄弱的情况,文天祥又提出了自己的见解:

> 故敌至一州则破一州,至一县则破一县。中原陆沉,痛悔何及。今宜分天下为四镇,建都督统御于其中。以广西益湖南而建阃于长沙;以广东益江西而建阃于隆兴;以福建益江东而建阃于番阳;以淮西益淮东而建阃于扬州。责长沙取鄂,隆兴取蕲、黄,番阳取江东,扬州取两淮,使其地大力众,足以抗敌。约日齐奋,有进无退,日夜以图之,彼备多力分,疲于奔命,而吾民之豪杰者又伺间出于其中,如此则敌不难却也。(《宋史·文天祥传》)

明代杨慎曾这样评价过文天祥策略:"若从四镇屯兵计,何至三君接踵危。"(《念一史弹词》)杨慎此语或许过于绝对,但是从中我们可以看出文天祥"四镇屯兵计"的价值。其实文天祥的这段军事策略并不是第一次提出。十六年前他在《己未上皇帝书》中就已经提出了类似的观点:仿方镇以建守。所以说,文天祥"四镇屯兵计"观点并不是一时激愤之下提出来的,而是经过深思熟虑、经过缜密思考而提出来的。然而惜其遇主不淑,将未遇良主,人未尽其才。倒退十六年实施此计,其形势如何,或未可言。

第一章　生平行迹

　　文天祥带兵进驻平江时，元军南下之大势已很难挽回了。元军兵分三路南下攻宋，直取常州。平江离前线常州很近，常州地理位置十分重要，常州一旦失守，平江、嘉兴、临安三城元军将唾手可得。此时朝廷也已经派出了由张全率领的2000名淮兵前往支援。文天祥此时坐镇平江，派手下尹玉、朱华和麻士龙三人率领3000人归张全节制。然而令文天祥没有想到的是张全为人心胸狭窄，目光短浅，毫无统帅的才力与气度，又缺乏爱国热情与大局观，导致此役惨败。

　　战争伊始，张全率领淮兵驻扎于横林，在虞桥设局，却让麻士龙与元军交锋在先。这场战役中，麻士龙因寡不敌众阵亡，张全却坐壁上观，不仅不支援，反而撤退，把淮军带到常州东南的五木驻扎。随后，元军攻打五木，朱华率领战士从辰时一直战到未时，张全却一兵不发，甚至在朱华军队后撤时，残忍地下令斩断那些泅水时抓住张全军队船只的士兵的手指。傍晚，元军绕过山头攻打尹玉的义军。面对数倍于己的元军，尹玉率领500名义军，誓死奋战，决不投降。元兵的四枝长枪架在他的脖子上，用木棍将其活活打死。这场战役一直持续到第二天天亮，500名义军中只有四人脱险，其余全部牺牲，无一人投降。此役不可谓不壮烈、不悲壮。事后，文天祥在《吊五木》诗序中评价到："呜呼！使此战张全稍施援手，可以大胜捷。一夫无意，而事遂关宗社。"此役结束后文天祥想要处置张全，但张全不受文天祥节制，只能交给陈宜中查办。随后此事不了了之。

　　五木之战后不久，常州即陷落。常州知州姚訔、通判陈炤牺牲，常州统制刘师勇仅以八骑突围走平江，统制王安节被俘但坚决不投降。伯颜见常州军民死守城池，一怒之下下令屠城，全城只有七人伏桥坎下而幸免于难。与此同时，独松关告急。朝廷命令文天祥放弃平江，进驻余杭，增援独松关。文天祥觉得平江也很重要，不应该放弃。他想分出一部分兵力去支援独松关，但是朝廷驳回了他的建议。文天祥无奈之下只得将平江防守重任交给了通判王举之和都统王邦杰，自己率军奔赴独松关。谁料文天祥的队伍还未到达独松关，独松关已经失守。而且令文天祥措手不及的是，文天祥前脚出平江，王举之和王邦杰就向元军投降了。如此，独松关失守之后，平江降城之后，无处可归的文天祥只得返回京城临安。

平江失守的消息传开之后，不了解真相的人们议论纷纷。有人认为文天祥投降了，有人认为他临阵逃脱了。大家觉得南宋王朝没有希望了，因为像文天祥这样忠肝义胆之人都胆怯了，南宋朝廷还能指望谁？为了平息舆论，为了挽回不好的影响，文天祥不得不将朝廷给他下达的两次调兵文书悬挂于朝天门上。至此才坚定了人们心中残留的那一点点信心。

尽管独松关、平江失守了，但此时文天祥手下尚有 3 万兵马，张世杰手下尚有 5 万兵马，临安城内外还有 10 多万宋军。如若此时朝廷尚能采取恰当的作战方针，也许南宋灭亡的脚步会迟缓一些。当时朝廷内部的主战派只剩下张世杰和文天祥两人。文天祥对张世杰说："今两淮坚壁，闽广全城，王师与之血战，万一得捷，则罄两淮之兵以截其后，国事犹可为也。"（《钱塘遗事》卷八）两人曾联名上奏朝廷请战，但是朝廷以陈宜中为代表的投降派否决了他们的作战计划，

第一章　生平行迹

而且谢太后也主张"王师务宜持重为说"。他们的决策与其说是"持重以后图",勿宁说是"投降以苟安"。虽然此时文天祥官任签书枢密院事,在最高军事机构中参与决策,但是文天祥根本没有决策权。

这个时候闻名一时的状元宰相留梦炎见大势已去,自己先偷偷逃跑了,于德祐二年降元。大抵乱世之中方显英雄本色吧！高才者世世有之,然高才而高德者不常有,高才、高德而又矢志报国者更是世代罕有。同样是状元宰相,文天祥的才性、品性、言行可谓百世难遇其匹。

投降派在谢太后的授意下,积极加紧议和。大宋请求称侄、称侄孙,每年纳银二十五万两、纳绢二十五万匹以求苟安。但是被伯颜拒绝了。正月初五,谢太后任命吴坚为左丞相来顶替留梦炎,但是中午来慈元殿听宣的只有六名文官。至此局面已经失去了控制。文天祥认为与其守死,勿宁与元决战。文天祥将军队的主力调到了富阳,留下了2000人守卫宫廷。他向朝廷建议,请太皇太后谢氏、太后全氏、恭帝入海,吉王赵昰、信王赵昺分驻闽广,以图他日复兴。谢太后起初不同意,后来在宗亲的反复请求下,朝廷将吉王改封益王,判福州、福建安抚大使；将信王改封为广王,判泉州、南外宗正司。但是三宫并没有入海。

当是时,张世杰手握重兵,屯于六和塔下。文天祥提出了想与张世杰并肩作战的想法："公又请于世杰：京师义士可二十万,背城借一,以战为守。世杰勉公归据江西,已归淮堧,以为后图。"(《宋少保右丞相兼枢密使信国公文山先生纪年录》)由此可见,虽然张世杰手握兵权,虽然他也是主战派，但是他缺乏大局观，他不懂得在乱世中如何把握机会。张世杰没有想过拒绝和文天祥的联手，如果临安被元军攻破，宋军又如何后图？正如后来文天祥对他的评价："宜中实无经纶。"

这边文天祥正思图以武力反击元军，那边南宋朝廷却在加紧议和。谢太后表示，"苟存社稷，称臣，非所较也。"（《续资治鉴》）随即派监察御史刘岊到伯颜营中，奉表称臣，上尊号。正月十六，伯颜率元军进驻长安镇，约丞相陈宜中去议事，但是陈宜中胆怯不敢前往。十七日，伯颜进军临平镇；十八日进驻临平镇南的皋亭山，此地距临安城只有三十里。南宋朝廷此时派出监察御史杨应奎奉上传国玉玺和恭帝的降表，恭帝自称"国主"。

> 宋国主臣谨百拜奉表言，臣眇然幼冲，遭家多难，权奸似道背盟误国，至勤兴师问罪。臣非不能迁避，以求苟全，今天命有归，臣将焉往。谨奉太皇太后命，削去帝号，以两浙、福建、江东西、湖南、二广、两淮、四川见存州郡，悉上圣朝，为宗社生灵祈哀请命。伏念圣慈垂念，不忍臣三百余年宗社遽至陨绝，曲赐存全，则赵氏子孙，世世有赖，不敢弥忘。（《宋史·瀛国公赵·本纪》）

在南宋朝廷最危急也最尴尬的时刻，丞相陈宜中逃离临安跑到了温州；张世杰、刘师勇等人各率领所部兵马离开了临安。伯颜指明要丞相前去洽谈，但此时陈宜中已经逃亡。

第一章 生平行迹

正月十九日，朝廷在无人可用的情况下，太皇太后谢氏任命文天祥为右丞相兼枢密使都督，出使元营，进行洽谈。

> 时北兵已迫修门外。战、守、迁皆不及施。缙绅大夫士萃于左丞相府，莫知计所出。会使辙交驰，北邀当国者相见。众谓予一行为可以纾祸。国事至此，予不得爱身，意北亦尚可以口舌动也。初奉使往来，无留北者。予更欲一觇北，归而求救国之策。（《指南录后序》）

对于此次放弃军权出使元营的行为，文天祥后来是追悔莫及。当然他并没有后悔自己在危难之中接受了任命，而是"深悔一出之误"，试图以口舌去说服元蒙统治者的想法无疑是天真的。文天祥一行出使元营见到伯颜，虽身处劣势但亦不失大国风度。本着讲和但不乞和、谈判但不投降的原则，文天祥大义凛然，慷慨陈辞。"二十日，以资政殿旧职诣北营，见伯颜，陈大谊。词旨慷慨，虏颇倾动，留营中不遣。"（《宋少保右丞相兼枢密使信国公文山先生纪年录》）正因为文天祥一身正气、决不投降的态度让元朝统治者心生佩服，或许是内心惶恐不安吧，他们扣押了文天祥，不许其南归。

> 丞相（伯颜）温语慰之，遂遣吴坚、邓惟善、谢堂、贾余庆还临安。丞相顾文天祥举动不常，疑有异志，惟留文天祥于军中。文天祥坚请归国，丞相但笑而不听。文天祥于是怒目曰："我此来为两国

大事，实是好意，况彼各男子已各释之，何故将我执留？"丞相以温语答曰："君勿怒，汝为宋氏大臣，责任非轻，此来既是好意，今日之事，正当与我共之，愿为数日之留。"遂令忙古歹、唆都馆伴羁縻焉。（元刘敏中《平宋录》）

由此可见，文天祥此去虽然是被迫的，虽然在形势上是弱于对方的，但是在气势上绝无示弱之举。众所周知，大宋投降的文表并不是文天祥送过去的，而且代表大宋议和的丞相并不是文天祥。《宋少保右丞相兼枢密使信国公文山先生纪年录》注云："二十一日，宰相吴坚、贾余庆等以国降，且降诏副以省札，俾各州县归附。"因为文天祥被扣留元营，南宋朝廷改贾余庆为右丞相，来办理与投降相关的事宜。对于此事，文天祥的看法是"贾余庆者，逢迎卖国，乘风旨使代予位。"（《指南录自序》）

正月二十一日，吴坚、贾余庆、谢堂等人向伯颜呈上了太皇太后谢氏签署的投降表。此时此刻，文天祥心中充满了愤懑之情。一方面他悔恨自己的轻率，另一方面他痛恨贾余庆等人的卖国行径。在走投无路、无可奈何的情况之下，文天祥依然没有损害国家和民族的尊严，依然一身浩然正气。于元营中痛斥卖国降臣吕文焕、吕师孟叔侄的言辞，真是酣畅淋漓，气冲云天。

正月二十日至北营，适与文焕同坐，予不与语。越二日，予不得回阙，诟虏酋失信，盛气不可止。

第一章　生平行迹

文焕与诸酋劝予坐野中。以少迟一二日，即入城，皆绐辞也。先是，予赴平江，入疏言叛逆遗孽，不当待以姑息，乞举春秋诛乱贼之法。意指吕师孟，朝廷不能行。至是，文焕云："丞相何故骂焕以乱贼。"予谓："国家不幸至今日，汝为罪魁，汝非乱贼而谁？三尺童子皆骂汝，何独我哉？"焕云："襄守六年不救。"予谓："力穷援绝，死以报国，可也。汝爱身，惜妻子，既负国，又隳家声，今合族为逆，万世之贼臣也。"孟在旁甚忿，直前云："丞相上疏欲见杀，何为不杀取师孟？"予谓："汝叔侄皆降北，不族灭汝，是本朝之失刑也。更敢有面皮来做朝士，予实恨不杀汝叔侄！汝叔侄能杀我，我为大宋忠臣，正是汝叔侄周全我，我又不怕！"孟语塞，诸酋皆失色动颜，唆都以告伯颜，伯颜吐舌云："文丞相心直品快，男子心。"唆都闲云："丞相骂得吕家好。"（《纪事四首》序）

德祐二年二月初五，南宋六岁的恭帝率领君臣在祥曦殿举行了退位仪式，元军入临安城接管了南宋王朝。至此偏安一隅历时一百四十八年的南宋王朝宣告结束了。二月初七，伯颜要求已经投降的南宋朝廷派出要员作为祈请使北上，奉祈降表北谒元世祖忽必烈，并听候处置。谢太后命令左相吴坚、右相贾余庆、枢密使谢堂、参政家铉翁、同知刘岊五人北上元大都。本来文天祥不在其列，但是伯颜想借此机会将文天祥困于北方，故提出让文天祥作为祈请使北上的要求。

文天祥评传

文天祥在出发的前一天晚上，就安排好了后事，"拟翌日定行止，行则引决。"后来文天祥在家铉翁的劝解下放弃自引，对未来仍抱有希望，"犹冀一日有以报国"。

文天祥一行十二人是乘船北上的。在这段日子里，文天祥将自己的心情用诗歌的方式记录了下来。"初修降表我无名，不是随班拜舞人。谁遣附庸祈请使，要教索虏识忠臣。"（《使北》）这些诗歌语言朴实，具有纪实的特点。

二月初十，元军押解文天祥到了谢村。这一夜文天祥差一点就逃脱了元军的魔掌。"自入北营，未尝有鸡唱。因泊谢村，始有闻。是夜，几与梅壑逃去。二更，遣刘百户二三十人拥一舟来，逼下船。遂不果。"（《闻鸡》序）此次，文天祥之所以没有逃脱，是因为贾余庆的告密。贾余庆一直都知道文天祥力图恢复大宋江山的宏愿，他也知道文天祥一直在寻找机会逃跑。于是，毫无原则的贾余庆建议元人将文天祥囚禁在沙漠中，甚至一再叮嘱元人："文丞相别有心肠。"元人为防文天祥逃跑，将其关押在一条船中，严防死守。

这就是南宋末年的士人！！！我们不仅看到了壮怀激烈的、英勇为国的、矢志不渝的英雄，如文天祥、杜浒、麻士龙、尹玉、朱华；我们还看到了不以投降为耻反以投降为荣的"名臣"，如吕文焕、吕师孟叔侄；我们还看到了虽然主战但是拥兵自重、不懂相机而动的统帅，如张世杰；我们更看到了一群身居高位、不以社稷为重反以自身安危为要的统治阶层，如太皇太后谢氏、贾似道、陈宜中。而其中最让人无法忍受的是一群在元蒙贵族面前卑躬曲膝的、厚颜无耻的"重臣"，如贾余庆之流。文天祥在《指南录》中记载了这样一

第一章　生平行迹

段文字：

> 十一日，宿处岸上，有留远亭。北人然火亭前，聚诸公列坐行酒。贾余庆有名风子，满口骂坐，毁本朝人物无遗者，以此献佞，北惟亶亶笑。刘岊数奉以淫亵，为北所薄。文焕云："国家将亡，生出此等人物。"予闻之，悲愤不已。及是，诸酋专以为笑具于舟中。取一村妇至亭中，使荐刘寝，据刘之交坐，诸酋又唉妇抱刘以为戏。衣冠扫地，殊不可忍，则堂（家铉翁）尤愤疾云。（《留远亭》序）

如果说文天祥无法忍受吕文焕、吕师孟叔侄投降派的嘴脸，那么他又何忍于败亡之中见到如此斯文败类呢？如果说投降失之于"义"，那么，如此下作不免失之于"仁"吧！人而无仁，其有义乎？世风日下到如斯地步，冀乎何人救之？由此我们可以想见文天祥的愤懑无奈之情。

船过平江，文天祥心中既有悔悟，亦有感慨。悔悟的是为救独松关而弃守平江，丧失了战死沙场的机会；感慨的是平江吏民的念旧与真情。"楼台俯舟楫，城郭满干戈。故吏归心少，遗民出涕多。鸠居无鹊在，鱼网有鸿过。使遂睢阳志，安危今若何？"（《平江府》）

二月十九日，文天祥到达镇江后，与坐镇于瓜洲的平章政事阿术会面。在这次会面中，阿术企图以气势凌于宋使之上。盛势之下各位重臣的表现真可谓"穷形尽相"。贾余庆、刘岊之类阿谀奉迎，吴坚、家铉翁之类亦难免奉承，只有文

83

文天祥评传

天祥一人处于敌营之中,怒目而视,不卑不亢,尽显英雄本色。

在镇江停留期间,文天祥终于寻到了一个脱身的机会。一直到这一年的三月初一,旬月间文天祥经历了各种险境,其中甘苦、惊险唯其自知。于是文天祥脱京口之后,写下了十五首诗歌,备述逃亡之难。

> 南北人人若泣岐,壮心万折誓东归。若非研案判生死,夜半何人敢突围?(《定计难》)

> 一片归心似乱云,逢人时漏话三分。当时若也私谋泄,春梦悠悠郭璞坟。(《谋人难》)

> 烟火连甍铁甕关,要寻间道走江干。何人肯为将军地?北府老兵思汉官。(《踏路难》)

> 经营十日若无舟,惨惨椎心泪血流。渔父疑为神物遣,相逢扬子大江头。(《得船难》)

> 百计经营夜负舟,仓皇谁趣渡瓜洲?若非绐虏成宵遁,哭死界河天地愁。(《绐北难》)

> 老兵中变意差池,仓卒呼来朽索危。若使阿婆真一吼,目生随后悔何追。(《定变难》)

> 罗刹盈庭夜色寒,人家灯火半阑珊。梦回跳出铁门限,世上一重人鬼关。(《出门难》)

> 不时徇铺路纵横,小队戎衣自出城。天假汉儿灯一炬,旁人只道是官行。(《出巷难》)

> 袖携匕首学衔枚,横渡城关马欲猜。夜静天昏人影散,北军鼾睡正如雷。(《出隘难》)

第一章 生平行迹

待船三五立江干，眼欲穿时夜渐阑。若使长年期不至，江流便作汨罗看。(《候船难》)

蒙冲两岸夹长川，鼠伏孤篷棹向前。七里江边惊一喝，天教潮退阁巡船。(《上江难》)

空中哨响到孤篷，尽道江河田相公。神物自来扶正直，中流半夜一帆风。(《得风难》)

自来百里半九十，望见城头路愈长。薄命只愁追者至，人人摇桨渡沧浪。(《望城难》)

岸行五里入真州，城外荒荒鬼也愁。忽听路人嗟叹说，昨朝哨马到江头。(《上岸难》)

轻身漂泊入銮江，太守欣然为避堂。若使闭城呼不应，人间生死路茫茫。(《入城难》)

从正月二十日入元营谈判被囚起，至二月二十九日从镇江脱险，至三月初一进入真州，文天祥经历了40余天的生死煎熬，终于摆脱虎口。在再次踏上宋土之际，不禁百感交集。"一入真州，忽见中国衣冠，如流浪人乍归故乡，不意重睹天日至此！"(《真州杂赋》序)

进入真州之后，文天祥感觉此时复国还是大有可图的。他在《真州杂赋》诗序中提到："诸宰执自京城陷后，无复远略。北人之驱去，皆俯首从之，莫有谋自拔者。予犯死逃归，万一有及国事，志亦烈矣。"而且此时真州知州苗再成向他提出了一个复兴计划："两淮兵力，足以复兴，惜天使李公怯不敢进，而夏老与淮东薄有嫌隙，不得合从。得丞相来通两淮脉络，不出一月，连兵大举。先去北巢之在淮者，江南可传檄定也。"(《议纠合两淮复兴》序）尽管这个计划在当时没有实施的可能——从元军方面来看，一方面元蒙贵族已经控制了京湖、两淮以及长江中下游的大部分地区，另一方面淮西制置使夏贵早已经投降；从宋军方面来看，在元军屠城与招降的政策下，江浙一带除了少数宋臣还在坚守外，基本上其余的宋臣不是逃了就是降了，根本不具备与元军再战的实力与条件了。但是文天祥此刻却异常地振奋欣喜。他们在《议纠合两淮复兴》的诗序中称："予喜不自制，不图中兴机会在此。即作李公书，次作夏老书。"

虽然文天祥暂时脱离了虎口，但是潜藏的危机却在慢慢地靠近他，将他逼入了新一轮的流亡之中。三月初二，苗再成接到了李庭芝从元营回来的朱七二等人的招供，"有一丞相，往真州赚城。"对于这个说法，李庭芝是信之不疑的，苗再成是将信将疑的，于是苗再成派王都统将文天祥一行骗出了真州城。此时的文天祥才是真的百感交集吧！委屈有之，愤懑有之，无奈有之，痛心有之，酸楚亦有之。于是文天祥作诗对李庭芝进行了批判，"一别迎銮十八秋，重来意气落旄头。平山老子不收拾，南望端门泪雨流。"（《出真州》）有的时候，文天祥还是太善良了，他竟然不相信自己是奸细的消息是元营放出来的。"扬州遣提举官来真州见害，乃三月初二日午前发。予以二月晦夕逃，朔旦北方觉，然不知走何处。是日使遣人诈入扬州，殆无此理。看来只是吾书与苗守复帖初二日早到，制使不暇深省，一概以为奸细而欲杀之。"（《出真州》序）文天祥出了真州城后，苗再成担心文天祥真的是元朝的奸细，派了两名小兵前去百般试探。在相信文天

第一章　生平行迹

祥不是叛徒后，让两名小兵送文天祥去扬州。此时之试探，倘若文天祥的回答有一句失虑，怕是已经身首异处了吧。正如文天祥在《出真州》诗中所言"荒郊下马问何之，死活元来任便宜。不是白兵生眼孔，一团冤血有谁知。"

出了真州，文天祥是想奔赴扬州的。但是奈何形势紧迫，元兵追逼在后，宋兵阻挡在前，真是走投无路。文天祥当时的心理是极其矛盾的。

予出真州，实无所往。不得已趋扬州，犹冀制臣之或见谅也。既至城下，风露凄然，闻鼓角有杀伐声，徬徨无以处。

制臣之命真州也，欲见杀。若叩扬州门，恐以矢石相加。城处去扬子桥，甚近不测，又有哨，进退不可。（《至扬州》序）

关于是否进扬州避难，文天祥部下的观点也不一致，且各执己见。杜浒坚决反对进扬州，"（杜架阁）以为制臣欲杀我，不如早寻一所，逃哨一日，却夜趋高邮，求至通州，渡海归江南，或见二王，伸报国之志，徒死城下无益。"（《至扬州》序）金应则极力反对趋高邮，"（金路分谓）出门便是哨，五六百里而后至通州，何以能达？与其为此受苦而死，不如死于扬州城下，不失为死于南，且犹意使臣之或者不杀也。"（《到扬州》序）后来文天祥决定取道高邮、通州，渡海去江南。在奔赴高邮的途中发生了一件令人痛心疾首的事情——余元庆、李茂、吴亮、萧发临阵逃脱，带着钱财逃跑了。在恶劣的环境和巨大的压力之下，临时逃脱是极有可能发生的。但是对于文天祥而言，却是极重的打击。一直以来并肩作战的兄弟，与之分道扬镳了。从此志不同道不合，相见亦是陌路人了。这是多么痛苦的领悟，这是多么绝望的省悟啊！

在穷途中，一行人跟着先前余元庆领来的卖柴人继续前行，其间困苦难以备述。途中无处落脚，只能在土围子中暂时躲避。既要忍受污秽不堪的环境，又不能引火做饭。居无定所，寝不得安。时而惊醒，时而入睡，无一刻安定。离开真州后第一次遭遇元军的经历就惊险异常。

> 数千骑随山而行，正从土围后过。一行人无复人色，傍壁深坐，恐门外得见。若一骑入来，即无噍类矣。时门前马足与箭筒之声，历落在耳，只隔一壁。幸而风雨大作，骑只径去。危哉危哉，哀哉哀哉。(《至扬州》序)

此处备述了其中之难状，其间惊险不言自明。其间惊惧之情全部融于"危哉危哉，哀哉哀哉"八个字之中，真可谓言短情深，味之弥痛。

后来文天祥在趋高邮的途中，变换了姓名，途中得到了一位樵夫的帮助。行至扬州至高沙之间的贾家庄时，他们遇到了前来巡查的宋军，其中挥刀恐吓之状，比之元军恐怕有过之而无不及。"五骑驰来号徼巡，咆哮按剑一何嗔。金钱买命方无语，何必豺狼骂北人。"(《扬州地分官》)还是钱财能

第一章 生平行迹

通神啊,其间无可奈何之状,痛恨之情溢于言表。

此去高邮途中,最为凶险的一幕发生在一次迷途中。迷途又兼雾露,无途可辨,无人能识。迷雾中文天祥一行艰难地躲避着元军的搜索。在这次搜索与反搜索中,文天祥一行损失惨重。王青被元军俘虏;张庆右眼被箭射伤,颈上挨了两刀,发髻也被割掉;杜浒和金应被抓,用随身携带的黄金赎身才得复返;邹捷躺在一堆烂叶下躲过了被元军囚系的命运,但是他的脚却被元军的坐骑踩伤;文天祥躲在了乱草丛中,元军几次从他的身边经过,侥幸脱险。

> 是役也,予自分必死。当其急时,万窍怒号,杂乱人声。北仓卒不尽得,疑有神明相之。马既去,闻其有焚林之谋,亟趋对山,复寻丛篁以自蔽。既不识路,又乏粮食,人生穷戚,无以加此。(《高沙道中》序)

此番险阻之后,文天祥等人只能徒步而前。到高邮时,一行人抬着文天祥,张庆血流满面,众人狼狈、憔悴之相备显。尽管高邮守军相信他们不是元营的奸细,但是李庭芝的命令仍在,守军并没有让文天祥一行入城。既然无法进入高邮,文天祥一行只能取道去泰州,好在一路无甚惊险。安全到达泰州时,文天祥的心情也是相对轻松的。

> 羁臣家万里,天目鉴孤忠。心在坤维外,身游坎窞中。长淮行不断,苦海望无穷。晚鹊传佳好,

文天祥评传

通州路已通。(《泰州》)

文天祥在泰州停留了十日,此去通州再无险故,但是老将金应却意外病故了,这令文天祥唏嘘不已。"予之北行也,人情莫不观望。僚从皆散,虽亲仆亦逃去,惟应上下相随,更历险难,奔波数千里,以为当然。盖委身以从,死生休戚,俱为一人者。"(《哭金路分应》序)

自二月二十九日至三月下旬,在这将近一个月的时间里,文天祥历尽艰辛,看遍世间炎凉,心志虽备受摧残,但愈挫而弥坚。至此终于获得了让文天祥喜不自禁的好消息:益王和广王在永嘉江心寺建立了元帅府。于是在闰三月十七日,文天祥一行辞别了通州守将杨师亮,乘船南下。

从北上元营开始,文天祥认为此番遭遇几于死地者达18次之多。他将此次遭遇的甘苦详尽地记于《指南录后序》之中。

呜呼!予之及于死者不知其几矣!诋大酋,当死;骂逆贼,当死;与贵酋处二十日,争曲直,屡当死;去京口,挟匕首以备不测,几自到死;经北舰十余里,为巡船所物色,几从鱼腹死;真州逐之城门外,几彷徨死;如扬州,过瓜洲扬子桥,竟使遇哨,无不死;扬州城下,进退不由,殆例送死;坐桂公塘土围中,骑数千过其门,几落贼手死;贾家庄几为巡檄所陵迫死;夜趋高邮,迷失道,几陷死;质明,避哨竹林中,逻者数十骑,几无所逃死;

至高邮，制府檄下，几以捕系死；行城子河，出入乱尸中，舟与哨相后先，几邂逅死；至海陵，如高沙，常恐无辜死；道海安、如皋，凡三百里，北与寇往来其间，无日而非可死；至通州，几以不纳死；以小舟涉鲸波，出无可奈何，而死固付之度外矣。呜呼！死生，昼夜事也，死而死矣，而境界危恶，层见错出，非人世所堪。痛定思痛，痛何如哉！

六、劫后起兵

幸而在南宋灭亡之际，像文天祥这样的忠臣义士依然没有放弃希望，坚守着自己的理想，使得死者尚可慰藉，生者仍有希望和尊严。伯颜进驻皋亭山的时候，驸马都尉杨镇和杨亮节已经奉命送二王去了婺州。此时，以元朝之兵力，断不是二杨兵力所能抵挡的。危难之际，杨镇前往范文虎营中施以缓兵之计，而杨亮利用争取到的时间，乘机与二王在附近山中藏了七天七夜以避难。暂时躲过危机后，二王在陆秀夫、苏刘义等人的保护下进入了永嘉的江心寺，为后人以赵宋名义号召群众抗元留下了希望。当此际，投机分子又开始上演弄权的把戏。有人从清澳召来了陈宜中，张世杰也从定海率部来会。他们假托了太皇太后谢氏的手诏，以益王担任天下兵马都元帅，以广王为副元帅，在东南沿海举兵抗元。

然而此时的崇明岛南面江中的岛屿已经为元军所占领，文天祥此时南下只能从海路走永嘉，必须绕道走崇明岛北面的水路，再从扬子江口南下，方可至永嘉。尽管前路艰辛，文天祥的抗元心情在希望之火的指引下异常地坚定，在这种情绪的感召下，文天祥创作了那首闻名遐迩的作品：几日随风北海游，回从扬子大江头。臣心一片磁针石，不指南方不肯休。(《扬子江》)

四月八日，文天祥马不停蹄地赶到了永嘉，但是益王和广王却已奔赴了福州。五月一日，陆秀夫、陈宜中、张世杰在福州拥立益王为帝，即为端宗，改元为景炎，将福州改为福安府。朝廷封广王为卫王，陈宜中为左丞相兼枢密使、都督诸路兵马，张世杰为枢密副使，陆秀夫为签书枢密院事，苏刘义为殿前指挥使，陈文龙为参知政事。文天祥于二十六日到达福州，被任命为通议大夫、右丞相兼枢密使、都督诸路军马。任命诏书出自陆秀夫之手：

> 具官某：骨鲠魁落之英，股肱忠力之佐。仁不忧，勇不惧，坎维心之亨；国忘家，公忘私，蹇匪躬之故。适裔虏之猾夏，率义旅以勤王。慷慨施给铠之资，豪杰雷动；感激洒登舟之泪，忠赤天知。虽成败利钝逆睹之未能，然险阻艰难备尝之已熟。独简慈元之爱，爰升次辅之联。方单骑以行，惊破夷虏之胆；及免胄而入，大慰国人之心。天地之所扶持，鬼神亦为感泣。(《授文天祥通议大夫右丞相枢密使都督诸路军马诏》)

但是这个任命文天祥并没有接受，原因即在于朝政仍把

第一章 生平行迹

持在陈宜中和张世杰的手里。对于这两个人，文天祥还是颇多微词的。陈宜中在元兵围攻临安之际仓皇逃跑，弃城自保，"当奉两宫与二王同奔，奈何弃其所重。"（无名氏《昭忠录》）张世杰弃朝廷不顾，出走临安，领兵南下，文天祥辞不受命，"国方草创，陈宜中尸其事，专制于张世杰，余名宰相，徒取充位，遂不敢拜，议出督。"（《集杜诗·至福安第六十二》序）

时局紧张之际，本应同仇敌忾，求同存异，共同抗敌。然本性如此，为之奈何？文天祥逃亡在通州的时候，通州守将杨师亮曾经与之商量，准备筹建海军，以此来收复两淮、浙东一带。同时文天祥也与台州的张哲斋商定了由海上收复两浙的方案。但是"玉秀于林风必摧之"，文天祥建议由他自己率军队从永嘉收复两浙时，陈宜中竟不以公心、从私心出发，对他们的计划不予以支持，并多方推阻，还派人到通州去核查所谓的实情。并不是所有的人都如文天祥一样的坚强，也许爱国的有之，也许忠肝义胆的有之，也许能历艰越险的有之，但是能历尽千辛万难又矢志不渝的人却少之又少。因此气愤与失望之下，杨师亮投奔了元军。至此，抗元阵营中又少了一名忠肝义胆的志士。

七月，文天祥到达了福建的南剑州，建立了根据地，准备在江西起兵。文天祥此次高举义旗，应声附和者甚多。文天祥在汀州的作战计划有攻有守，并没有一味地退守自保。文天祥让参谋赵时赏、咨议赵孟溁攻打宁都，让邹㵯接应；让参赞吴浚攻取雩都；刘沐、萧明哲、陈子敬从江西举兵策应。但是由于寡不敌众，邹㵯战败，攻取吉州永丰县的罗开

文天祥评传

礼也因兵败被囚，死于狱中。大势所趋，危亡之中建立起来的小朝廷实在是难以左右动荡的局势。而此时元朝统治者一方面加紧对南宋行朝攻伐的脚步——在六月元军南下时，元军就已经攻占了袁州、连州、衡州、郴州、广州；另一方面又全面实施了招降策略。在大兵压境的情况下，知处州李珏、知瑞安府方洪降元，知南剑州王积翁弃城逃走。此时宋军尚有士兵17万人、民兵近30万，如果运用得当或尚可一搏。然而，陈宜中、张世杰不敢与元军正面交锋，匆忙间将端宗和卫王转移到了海上，而此后南宋小朝廷开始了海上的漂泊生活。随后，因为知福安府的王刚中、知泉州的田真子相继投降，朝廷又南移至广东潮州，最后又移到了惠州甲子门。

  元将李恒趁机派降将吴浚对文天祥进行诱降。此时已经升任为右丞相的元将唆都，自认为在伯颜大营看管过文天祥，与他有些交情，就命令降将王积翁和淮军的旧将罗辉再一次劝降文天祥。面对这种人心难安的局面，文天祥果断地采取措施，处死了两名不守军纪的校官，宣布了吴浚罪状，并复信唆都稳定了人心：

> 天祥皇恐，奉禀制使都承侍郎。天祥至汀后，即移建，以次沦失。朝廷养士三百年，无死节者。如心先生，差强人意，不知今果死否？哀哉哀哉。坐孤城中，势力穷屈，泛观宇宙，无一可为，甚负吾平生之念，三年不见老母，灯前一夕，自汀移屯至龙岩，间道得与老母相见，即下从先帝游，复何云。（唆）都相公去年馆伴，用情甚至，常念之不

第一章　生平行迹

忘，故回书，复遣罗辉来。永诀永诀。伏乞台照。

文天祥以此信表达了自己死节的志向。危难之中，文天祥仅有一个心愿就是能与三年不曾见面的母亲见一次面。幸天从人愿。三月间，文天祥的军队收复梅州时，他与辗转来此地的母亲及家人重逢了。战地他乡重逢，其中欣喜与酸苦不言而喻。但是，此时的抗元形势已经不是他起兵勤王之际的状况了——京师临安早已经陷落，江南大部分地区已经为元军所占有，闽、广一带的州县屡屡告失，端宗的小朝廷也漂浮在海上。当然此时的利好消息也是有的，那便是由于元蒙朝廷内部出现诸王在北边叛乱的情况，忽必烈将注意力转移到了北方，也因此放松了对残留宋军的剿杀。这给文天祥的复兴之路带来了一丝喘息之机。

出江西，开府兴国县。淮西野人原寨刘源等兵，复黄州、寿昌军，用景炎正朔者四十日；潭州衡山县赵璠等，起兵岳下；张琥起兵邵、永间，跨数县；抚州何时，起兵应同都督府；分宁、武宁、建昌三县豪杰，皆遣使诣军门受要束。七月，督谋张汴监军，率赵时赏、赵孟溁等盛兵薄赣城；招谕邹㵦率赣诸县兵捣永丰、吉水；招抚副使黎贵达率吉诸县兵攻太和。时赣惟存孤城，吉八县复其半，半垂下。临、洪诸郡豪杰，送款无虚日。大江以西，有席卷包举之势。福建斩汀州伪天子黄从，淮西兵复兴国军黄州，复寿昌军，湖南所在起义兵不可数计，四

方响应。(《宋少保右丞相兼枢密使信国公文山先生纪年录》)

此外，张世杰处也有利好的消息。张世杰将端宗小朝廷转移到了广州浅湾，自己率领军队从海上攻打泉州，讨伐降元的蒲寿庚；张世杰的部下率领部队进军闽北，打败了邵武军。在福安一带溃散的宋军，也暗中准备谋杀降官王积翁，响应张世杰。

尽管文天祥和张世杰的部队取得了不俗的战绩，但是南宋小朝廷此时已是那被蚂蚁吞食过的房屋，徒有其表，内实虚空，根本不堪一击。忽必烈在内乱平定之后，马上采取措施南下攻宋。至元十四年七月，忽必烈在江西设置了行中书省，以塔出为右丞相，麦术丁为左丞相，李恒、蒲寿庚、程鹏飞为参知政事，行江西省事。这一年的八月，李恒率领元军兼程奔赴赣南镇压文天祥的军队。至此，南宋小朝廷的败亡迫在眉睫，颓势已不可挽。

泰和，钟步与黎贵达率领的督府军一千多士兵、数千民兵，与元军相遇，民兵没有什么作战经验，溃不成军。

赣州，张汴、赵孟溁、赵时赏率领的督府军主力，遇到了前来支援的李恒部队。百余骑骑兵冲破了全是步兵的督府军的防线。

兴国，遭遇李恒率领的元军主力的攻击。因文天祥没有料到元军会大批猝然而至，兵败撤至永丰。

永丰，邹洬所率领的数万民众被元军击败，文天祥被迫向西南方向撤退。

第一章 生平行迹

八月十七日，李恒在庐陵东固的方石岭追上了文天祥，因为巩信的舍命掩护，文天祥才得以脱险。此中险状与悲惨，实是难以尽言。"北元帅李恒等，以大军乘其弊，追及于东固方石岭下。都统巩信率数十卒，短兵接战，北帅骇其以寡拒众，疑山中有伏，敛兵不进。信坐巨石，余卒侍左右，箭雨集，屹不动。北愈疑，获村夫引间道，逾岭至山后，阒无人焉。就视信等，创遍体，死未仆耳。以此北骑稽滞，公遂得远去。"（《宋少保右丞相兼枢密使信国公文山先生纪年录》）此行若无巩信，断无退路可走。"都统制巩信驻军岭上，力战，箭被体不动，犹手杀数十人，乃自投崖谷死。"（刘岳申《文丞相传》）

文天祥逃至空坑时，大军已经溃散。士兵们一路奔波，此时早已疲累不堪，均和衣而眠。不料刚入睡不久，元军即至。文天祥在陈师韩的带领下得以从小路逃亡。元兵追至空坑时，没有见到文天祥，便血洗了空坑。空坑之役，文天祥虽然脱险了，但是部分的家人却被俘虏，小儿子佛生也走丢了。

> 欧阳夫人曰：空坑败，溃卒意公所向，疾至随护。公命五百拿手，斫山树为鹿角，池隘道。顷之，数人负伤至，则五百拿手已摧踣不支。公即去。夫人惊问故，则追骑已林立于前。夫人与佛生、柳小娘、环小娘、颜孺人、黄孺人等，皆为俘虏。夫人沿路意有深水险崖，即投死，而一路坦平。至元帅所，已失佛生。必有爱其俊秀，养为己子矣。（《宋

文天祥评传

少保右丞相兼枢密使信国公文山先生纪年录》)

　　文天祥虽然从空坑脱险了，但是危险并没有远离他，元军一直对他穷追不舍。文天祥此时能够脱险，有赖于赵时赏。当时雾气弥漫，元军拦住了一顶轿子，见里面的人"风姿雄伟"，且又回答姓"文"，元军便认定假扮文天祥的赵时赏是文天祥本尊，抓了回去准备领赏。后来，赵时赏被李恒抓来的俘虏指认了出来，李恒一气之下将其严办。在隆兴府一起慷慨赴死的义士有刘沐、赵时赏、吴文炳、林栋、萧敬夫、萧焘夫等。

　　空坑之役后，江西一带的抗元形势越发地难有大作为了。面对严重的打击，文天祥并没有灰心丧气，退守到了福建汀州。在汀州，文天祥把母亲和儿子一起接了过来。此情此景，物是人非，半年前还是一家十余口共享天伦，此刻已是老少相聚相顾仅三人了。尽管如此，文天祥仍积极地联系南宋小朝廷，力图收拾残局。"收散兵复入汀，而南剑、建宁、邵武多有归正者，诸畬军皆骚动。寻为大兵收复，天祥兵出会昌，趋循州。是冬，天祥兵屯南岭。"（陈仲微《广王本末》）

　　在文天祥于江西失败的同时，南宋小朝廷在张世杰的统领下日子过得也不甚安稳。端宗在浅湾的时候，曾经想把行宫迁到广州，但是十一月的时候，元军统领刘深从水路攻打了浅湾，张世杰迎战失利，行朝被迫迁至了秀山。时至于此，陈宜中见狂澜之不可挽，借口前往占城联络而遁走。十二月端宗又将行朝退至井澳。但是屋漏偏逢连夜雨，宋军在这里又遭遇了飓风海啸的袭击，损失惨重。"十二月丙子，昰至井

第一章 生平行迹

澳,飓风坏舟几溺死,遂成疾。旬余,诸兵士始稍稍来集,死者十四五。丁丑,刘深追昰至七州洋,执俞如珪以归。"(《宋史·本纪四十七》)

景炎三年三月,流亡中的行朝迁至了碙洲。时年四月十六,年仅十岁的端宗病逝,其遗诏将皇位传与了他七岁的弟弟卫王赵昺。

朕以幼冲之资,当艰厄之会。方大皇命之南服,黾勉于行。及三宫胥而北迁,悲忧欲死。卧薪之愤,饭麦不忘。奈何乎人犹托于我,涉瓯而肇霸府,次闽而拟行都。吾无乐乎为君,天未释于有宋。强膺推戴,深抱惧惭!而夷虏无厌,氛祲甚恶,海梓浮避,澳岸栖存。虽国步之如斯,意时机之有待。乃季冬之月,忽大雾以风,舟楫为之一摧,神明拔于既溺。事而至此,夫复何言!矧惊魂之未安,奄北哨其已及。赖师之武,荷天之灵,连濒于危,以相所往。沙洲何所,垂阅十旬,气候不齐,积成今疾。念众心之巩固,忍万古以违离。药非不良,数不可逭。惟此一发千钧之托,幸哉连枝同气之依。卫王某,聪明凤成,仁孝天赋,相从险阻,久系本根,可于柩前即皇帝位,传玺绶。丧制以日易月,内庭不用过哀,梓宫毋得辄置金玉,一切务从简约。安便州郡,权暂奉陵寝。呜呼!穷山极川,古所未尝之患难;凉德薄祚,我乃有负于臣民。尚竭至忠,共持新运。故兹诏示,想宜知悉。(《宋少保右丞相

兼枢密使信国公文山先生纪年录》)

诏书由当时文坛名宿陆秀夫起草,言辞之中有一种江河日下、王气黯然的衰飒之气。诏书读罢,时任朝官见大势已去,均准备各自散去,被陆秀夫慨然制止:"度宗皇帝一子尚在,将焉置之?古人有以一旅一成中兴者,今百官有司皆具,士卒数万,天若未欲绝宋,此岂不可为国耶?"(《宋史·陆秀夫传》)行朝由此方得以继续存在。朝廷据遗诏立赵昺为帝,史称帝昺。新帝任命张世杰为少傅、副枢密史,陆秀夫为左丞相,两人共同执政。五月初一,改元为祥兴。

祥兴元年五月,文天祥终于和行朝联系上了,上书言过,请求朝廷督责自己兴师不利之过。当然行朝对此并没有求全责备,而是降诏对文天祥大加褒奖:

> 才非盘错,不足以别利器;时非板荡,不足以识忱臣。昔闻斯言,乃见今日。卿早以魁彦,受知穆陵,历事四朝,始终一节。房氛正恶,鞠旅勤王;皇路已倾,捐躯殉国。脱危机于虎口,涉远道于鲸波。去桀就汤,可观伊尹之任;归周避纣,咸喜伯夷之来。方先皇侧席以需贤,乃累疏请身而督战,精神鼓动,意气慷慨。以匈奴未灭为心,弃家弗顾;当王事靡盬之日,将母承行。忠孝两全,神明对越。虽成败利钝非能逆睹,而险阻艰难亦既备尝。如精钢之金百炼而弥劲;如朝宗之水万折而必东。(《宋少保右丞相兼枢密使信国公文山先生纪年录》)

第一章　生平行迹

此后文天祥又上疏请求表彰那些追随他而为行朝屡战沙场的忠义之士，并授予新职，行朝也很快就依奏批复了。似乎此时文天祥的所有提议都得到了朝廷的正面批复与认可，大抵他的政治主张也应该可以实行了，但是实际情况并非如此。此时的朝政把持在张世杰的手中，前文已经提过张世杰虽然为人不坏，但是心胸狭窄，目光短浅。"闽之再造，实赖其力。然其人无远志，拥重兵厚赏，惟务远遁，卒以丧败。"（《集杜诗·张世杰第四十一》序）在此存亡之际，文天祥曾多次上书提出移军入朝，但是以张世杰为中心的行朝不同意，"以迎候宜中还朝为辞"。八月间，行朝加文天祥为少保，封信国公。以张世杰为代表的行朝想法很明确——文天祥的军队对于行朝来说就是久旱逢细雨，毫无实际作用。但是文天祥入行朝会降低张世杰等人在朝廷中的声誉和地位，朝廷中人会唯文天祥马首是瞻。因此他们可以加封文天祥，但是坚决不同意他带兵入朝。可是以文天祥之耿直，他是无法认可张世杰等人世故城府的做法的。因此文天祥给陆秀夫写了封信，表达了他的不满："天子幼冲，宰相遁荒，制诏敕令出诸公之口，岂得不恤军士，以游词相拒？"（《宋少保右丞相兼枢密使信国公文山先生纪年录》）就这一点而言，文天祥还是天真的，他竟然还是看不透陆秀夫也仅仅只是一个奉命写诏书的丞相而已，真正的朝政还是把持在张世杰的手中。

所谓的福难双至，祸不单行，大概就是在此时吧。就在文天祥忧心不能入行朝护卫君主的同时，军中爆发了一场疫病。这场疫病来势凶猛，病死了好几百人。九月初七，文天祥的母亲病故；十月初，长子道生又在惠州辞世。深受打击的文天祥几次病倒，病愈后身体也大不如前。在这种情况下，文天祥依然不改初衷，心存复兴之念。十一月份进驻潮州潮阳县的时候，文天祥认为如果在此地"增兵峙粮"，即可"以立中兴根本"，而潮州亦"吾国之莒、即墨也"。文天祥此时将潮州当作了春秋战国时期的莒和即墨，是大宋赖以中兴的根本，他甚至打算把督府迁至潮州。当然此时也有一点利好的消息。文天祥的老部下邹泗、刘子俟从江西率兵来援。三支队伍合兵一处，军事实力有所增强。

然而事情往往就坏在一些细节上。就在文天祥图谋东山再起的时候，一个意外使得整个局势急转直下，断送了所有可以中兴的希望。潮州一带有一个大盗陈懿，兄弟五人趁南宋季末之乱占潮州为王。文天祥招安了此人，上书请行朝封陈懿为右骁卫将军、知潮州，兼管安内抚使。但是陈懿此人不想受督府节制，又叛降了元军。文天祥起兵讨伐陈懿，陈懿逃窜到了山中。此时的文天祥万万没有想到，陈懿的逃亡竟然给他、给行朝带来了毁灭性的灾难。

十二月十五日，督府军俘获了一艘遇大风浪漂泊至潮阳县的元军船只，督府军从被俘的元兵口中得到了一个消息：忽必烈已经派张弘范南下攻宋，水陆并进，向广东东南沿海进发。得到消息的文天祥，积极布署，一方面向行朝报告消息，一方面移督府于山中。万不得以之时，文天祥准备入南岭结山寨，据险要之地以图来日之兴。

文天祥想着元军水陆并发速度一定不会太快，于是率督府军移入山中的步伐较慢。谁料窜入山中的陈懿因被文天祥

第一章　生平行迹

招安而心怀恨意，投降元军给元军作了向导，引领着张弘正部队的二百多名轻骑兵从小路去追赶督府军。

十二月二十日这一天中午，文天祥的队伍正准备在五岭坡吃午饭时，元军突然出现，措手不及之下，督府军大败。文天祥在准备逃亡的时候，被元军千户王惟文捕获。匆忙之中，文天祥吞服脑子自尽，但竟没有死去。

邹㳽眼见文天祥被俘，自责护卫不效，横刀自刎。邹㳽虽当时未死，但十日后病发而亡。与此同时，刘子俊在另一个地方被捕，但是他并不知道文天祥已经被俘，效仿赵时赏，声称自己就是文天祥，欲将元军的注意力吸引到自己的身上，给文天祥制造逃亡的机会。抓住刘子俊的元兵本想以此邀功，奈何在押解刘子俊去大营的途中，遇上了另一伙捕获了文天祥的元兵，细问之下方知被骗的元兵，盛怒之下将刘子俊烹死。

元兵将文天祥押解至张弘正营中，因文天祥总是"大骂求死"，张弘正无奈只好将其送至张弘范的营中。至营中，张弘范要求文天祥下跪行礼，文天祥义正言辞地拒绝了。"吾不能跪。吾尝见伯颜、阿术，惟长揖耳。"（刘岳申《文丞相传》）文天祥称虽不能跪拜但可以死。此时有人主张杀了文天祥，但张弘范没有答应，他认为，"杀之名在彼，客之名在我。且天祥见伯颜皋亭山，吾实在傍。"（《宋少保右丞相兼枢密使信国公文山先生纪年录》）张弘范的意思是当年文天祥见伯颜的境况他是知道的，杀了文天祥反而成就了他的名声，不如以客之礼待之。于是张弘范将文天祥囚于海船之中，命人严加看管。

至此，文天祥开始了他的囚禁生涯。

七、行朝覆灭

大抵人生最痛苦的事情就是亲眼看着自己最在意的东西在自己的眼前化为泡影。囚禁于船上的日子，文天祥亲眼目睹了行朝的覆灭，其中之痛苦、愤恨、无奈，千载之下亦可以想见。

在文天祥五领坡被俘之后，其在潮、惠的督府军也全军覆没。此时可以抵抗元军的宋军主力只剩下张世杰手中的军事力量了。张世杰原来想以雷州半岛作为行朝的根据地的。因此于祥兴元年五月派张应科和王用攻打雷州，但是三战三败，且王用归降了元军。祥兴六月，张应科再次出击雷州，战败身亡。张世杰见雷州久攻不下，且伤亡惨重，被迫将行朝迁往厓山。

张弘范消灭了督军府的力量之后，集中了全部兵力，以水陆两路同时全力进发，准备消灭南宋行朝。祥兴二年正月初六，张弘范率领元军水师从潮阳入海，将文天祥囚于船中跟随部队一起出发。正月十二，船队路过珠江口外的零丁洋，文天祥感慨不已，写了流传千古的名作《过零丁洋》。

辛苦遭逢起一经，干戈落落四周星。山河破碎风抛絮，身世飘摇雨打萍。
皇恐滩头说皇恐，零丁洋里叹零丁。人生自古谁无死，留取丹心照汗青。

第一章 生平行迹

第二日，元军船队到了厓山。张弘范派李元帅去请文天祥给张世杰写招降书，此举遭到了文天祥的断然拒绝，"我不能救父母，乃教人背父母，可乎？"（《宋少保右丞相兼枢密使信国公文山先生纪年录》）并将《过零丁洋》这首诗交给李元帅以明志。张弘范看过此诗后，也不再催逼文天祥招降张世杰了。

张弘范率水师到达厓山后，发现宋军的水师力量还是很强大的。张弘范没有冒然行动，而是派兵占据了海口，堵住了宋军的后撤路线。随后张弘范安营扎寨，与宋军形成了对峙的态势。"己卯正月十三日，虏舟直造厓山。世杰不守山门，作一字阵以待之。虏入山门，作长蛇阵对之。"（《集杜诗·祥兴第三十四》序）这个阵法是张世杰惯用的水战方法，在之前与元军交战的过程中，已屡次使用过。咸淳十年鄂州之战时，张世杰利用此阵法将千余艘战船列于汉水江面，用铁索连住数十艘大船，此役此法迫使元军不能渡江，只能绕过鄂州方能南下。一年后的镇江府焦山一役，不知张世杰作何想？张世杰以十艘船连为一舫应敌，元将阿术和阿塔海看出了其中的破绽，以火攻之，宋军全军覆没。"宋军既碇舟死战，至是欲走不能，前军争赴水死，后军散走。"（《元史·阿术传》）不知是张世杰没有看过《三国志》，还是元将熟读了赤壁的战例？这一次的厓山决战，表面上看张世杰吸引了前次战败的经验教训，为了防范元军的火攻在战船的外面涂上了一层厚厚的泥。但是这个阵法只适用于防守，不适于进攻。故此在厓山水师力量稍占上风的情况下，张世杰丧失了进攻元军的良机。对此役文天祥有更为精到的分析。

105

初，行朝有船千余艘，内大船极多。张元帅大小船五百，而二百舟失道，久而不至。北人乍登舟，呕晕执弓矢不支持，又水道生疏，舟工进退失据。使虏初至，行朝乘其未集击之，蔑不胜矣。行朝依山作一字阵，绑缚不可得动。于是不可以攻人，而专受攻矣。先是，行朝以游舟数出得小捷。他船皆闽浙水手，其心莫不欲南向。若南船摧锋直前，闽浙水手在北舟中必为变，则有尽歼之理。惜世杰不知合变，专守□法。呜呼，岂其天哉！（《集杜诗·祥兴第三十六》序）

尽管我们说张世杰是一位眼光有限、不懂得把握时机的将军，但是不可否认他一位懂得礼义廉耻的正直君子。张弘范多次派张世杰的外甥去说降张世杰，但三去三返，屡遭拒绝——"吾知降，生且富贵，但为主死不移耳。"（《宋史·张世杰传》）

由于张世杰失去了发动突袭元军的有利时机，而元军又占据了厓山的入海口，两军对阵的优劣形势渐渐倾转。元军切断了宋军的淡水来源，断水十余日的宋军不得已饮用海水时，又引发了集体腹泄，这又导致了宋军战斗力的下降。另一方面元军统帅李恒率领着缴获来的三百艘战船，从广州前来支援，厓山元军的战斗力瞬间得到了提升。但是即使在这种情况下，张世杰依然坚持与元军作战，坚决不投降。

祥兴二年二月初六，元军开始对厓山的宋军发起总攻。按照部署，张弘范命令李恒率领北面的军队趁涨潮之时进攻，

第一章 生平行迹

潮落之后撤退。待第二次涨潮宋军的船只东移之际，元军四路军马从四个方向发起围攻，但不可以主动进攻。在张弘范帅船鼓乐大作之后，方可展开进攻。事实证明，张弘范也确实是个帅才，他所料之事全中。待张弘范帅船鼓乐齐作之时，宋将士却误以为这是元军在吃午饭而没有多加提防。待元军包围过来时，宋军只能仓促应战。虽然宋军全力抵抗，但最终还是无法扭转败局。张世杰见状，抽调精兵护卫中军，元军又趁机攻打中军，至此宋军全部溃败。

当是时天色已晚，雾气沉重，又兼风雨大作。张世杰派人乘小舟接帝昺离开帝船，到自己的帅船。但是陆秀夫见天色深沉，而来迎接帝昺的船只又很小，没有战斗力，他担心是元军的诈兵，遂拒绝了来人的请求。眼见形势无可逆转，陆秀夫决定与帝昺一起殉难，"国事至此，陛下当为国死。德祐皇帝辱已甚，陛下不可再辱！"（《宋史纪事本末》）于是，陆秀夫背着八岁的帝昺投海自尽。而当日后宫、大臣投海者甚众，"二月六日，虏乘潮进攻，半日而破，死溺者数万人。"（《集杜诗·祥兴第三十四》序）

面对颓势，张世杰想移师占城，却遭到部下的反对。于是张世杰移师南恩州海上的螺岛，收集残兵以图再战。然天将灭宋，其又奈何？五月间，张世杰的舰队又遭受了飓风的袭击，张世杰亦不幸从舵楼坠海溺亡。临死前登楼时张世杰曾言："我为赵氏亦已至矣。一君亡，复立一君，今又亡，我未死者，庶几敌兵退，别立赵氏以存祀耳。今若此，岂天意耶？"（《宋史纪事本末》）至此，南宋最后一支军事力量也消亡了。

文天祥评传

以帝昺殉难为标志，南宋王朝彻底败亡了。而作为这场海难的见证者，文天祥的心情是难以描述的。"厓山之败，亲所目击，痛苦酷罚，无以胜堪。时日夕谋蹈海，而防闲不可出矣。失此一死，困苦至于今日，可胜恨哉。"（《集杜诗·南海序》）海难当天晚上，当元军高歌欢呼庆祝胜利的时候，文天祥怀着沉痛的心情含泪写下了这篇具有纪实性的厓山实录。

长平一坑四十万，秦人欢欣赵人怨。大风扬沙水不流，为楚者乐为汉愁。兵家胜负常不一，纷纷干戈何时毕。必有天吏将明威，不嗜杀人能一之。我生之初尚无疚，我生之后遭阳九。厥角稽首并二州，正气扫地山河羞。身为大臣义当死，城下师盟愧牛耳。间关归国洗日光，白麻重宣不敢当。出师三年劳且苦，咫尺长安不得睹。非无虓虎士如林，一日不戈为人擒。楼船千艘下天角，两雄相遭争奋搏。古来何代无战争，未有锋蝟交沧溟。游兵日来复日往，相持一月为鹬蚌。南人志欲扶昆仑，北人气欲黄河吞。一朝天昏风雨恶，炮火雷飞箭星落。谁雌谁雄顷刻分，流尸漂血洋水浑。昨朝南船满厓海，今朝只有北船在。昨夜两边桴鼓鸣，今朝船船鼾睡声。北兵去家八千里，椎牛酾酒人人喜。惟有孤臣两泪垂，冥冥不敢向人啼。六龙杳霭知何处，大海茫茫隔烟雾。我欲借剑斩佞臣，黄金横带为何人。（《二月六日，海上大战，国事不济，孤臣天

第一章 生平行迹

祥,坐北舟中,向南恸哭为之诗曰》)

这首诗文天祥以纪实的方式将其抗元失败的经过以及崖山海战的经过叙述了出来。笔法类似老杜,情感真挚沉痛,有新乐府之遗风。

崖山失败后,文天祥一直在等待就义的机会。三月十三日,元军将文天祥押解至了广州。但是张弘范非但没有要处死文天祥,反而对他礼遇有加,"礼貌日隆,尽取公所亡妾婢仆役以奉之。"(《宋少保右丞相兼枢密使信国公文山先生纪年录》)十四日张弘范宴请文天祥,因言:"国亡矣,忠孝之事尽矣。正使杀身为忠孝,谁复书之?"张弘范本想以此劝降文天祥,奈何文天祥一听"国亡"二字,情绪激动难抑,慷慨陈辞道:"国亡不能救,为人臣者死有余罪,况敢逃其死而贰其心乎?殷之亡也,夷、齐不食周粟,亦自尽其义耳,未闻以存亡易心也。"(《宋少保右丞相兼枢密使信国公文山先生纪年录》)文天祥的一番话震惊了一席人。张弘范将此番对话上奏给了忽必烈。忽必烈认为每朝都有自己的忠臣,遂于四月初一下诏命张弘范善待文天祥,并将其押解至元大都。文天祥听闻忽必烈的诏书后,认为自己没有死于战乱却被囚禁押解北上乃是命运使然。他要坚持正义,求仁得仁,从容就义。为此他写下了《言志》诗以明心志,不学"李陵卫律罪通天,遗臭至今使人吐","平生读书为谁事?临难何忧复何得?"要像子路一样,从容不迫,结缨而死。

但是文天祥被捕之后的详情并不是所有人都知道的,他的志向也不是所有的人都了解的,其中也包括他的朋友。其中，王炎午的担忧之情尤甚。文天祥五领坡被执之后，王炎午就一直在等待文天祥就义的消息。但是消息却迟迟未传出，他担心文天祥会叛变投降，于是写下了著名的《生祭文丞相文》。

> 维年月日，里学生、旧太学观化斋生王鼎翁，谨采西山之薇，酌汨罗之水，哭祭于丞相文山先生未死之灵而言曰：
> 呜呼！大丞相可死矣。文章邹、鲁，科甲郊、祁，斯文不朽，可死。丧父，受公卿俎奠之荣；奉母，极东南迎养之乐：为子孝，可死。二十而巍科，四十而将相，功名事业，可死。仗义勤王，受命不辱，不负所学，可死。华元踉跄，子胥脱走，丞相自叙几死者数矣。诚有不幸，则国事未定，臣节未明。今鞠躬尽瘁，则诸葛矣；保捍闽、广，则田单、即墨矣；倡义勇出，则颜平原、申包胥矣。虽举事卒无所成，而大节已无愧，所欠一死耳，奈何再执？
> （王鼎翁《生祭文丞相文》）

此文以"大丞相可死"领起，以四可死、几数死为继，从文天祥的德行文章功业等方面入手，阐述了其可死之情状。又以故事为典，叙述了丞相平生的功绩，表达了"所欠唯一死耳"的思想。王炎午和刘尧举将此文誊写了十份，"自赣至洪，于驿途、水步、山墙、店壁贴之，冀丞相经从一见，虽不自揣量，亦求不负此心耳。"他们希望文天祥能够以死全

节。(王鼎翁《生祭文丞相文》)

在广州的最后几天,文天祥见到了自己的老战友杜浒。厓山海战时,杜浒被俘虽未被处死,但此时已经是身患重病,瘦骨嶙峋。与文天祥见面后没几天就辞世了。在广州的最后几天,文天祥还见到了以惠州降元的弟弟文璧。关于文璧投降一事,文天祥没有指责只有理解。"庙社沦亡,吾以备位将相,义不得不殉国;汝生父与汝叔姑全身以全宗祀。惟忠惟孝,各行其志矣。"(《狱中家书》)

八、被解北上

至元十六年四月二十二日,张弘范派石嵩和囊家歹两人护送文天祥从广州北上元大都。与文天祥一起北上的,除了自愿跟随的徐榛外,尚有七人。其中就有邓光荐。邓光荐也算得上是一位义士,厓山兵败,投海自尽而未遂。邓光荐此人文采出众,擅长诗文。有赖于邓光荐与其一路唱和,文天祥北上的生活方得苦中有乐。"自广达建康,日与中甫邓先生居,具知吾心事,吾铭当以属之。"(《宋少保右丞相兼枢密使信国公文山先生纪年录》)

从广州出发,一路上文天祥每经一地,就即事为吟,感怀世事,却志向不移。途经越王台,有感于元军血洗广州城的惨状,文天祥写了《越王台》。五月四日,路出梅岭;五月二十五日,到达南安军。踏上故土,文天祥感慨万千,写下了《南安军》。

梅花南北路，风雨湿征衣。出岭谁同出，归乡如不归。

山河千古在，城郭一时非。饥死真吾志，梦中行采薇。

本着不食周粟、狐死首丘的想法，文天祥想在自己的家乡结束自己的生命。为此他做了精心的准备。在到达南安军那天，文天祥就开始绝食了。他事先写好了《告先太师墓文》，准备让孙礼先赶往庐陵，在文仪墓前诵读。但是押解文天祥的石嵩、囊家歹看出了苗头。一方面他们担心江西人截囚，一方面担心文天祥有所举措，所以进入江西地界后，二人就决定改走赣江水路，把文天祥囚禁于船舱之中，封闭船篷。由于水涨流急，六月初一文天祥一行提前一天到达了吉州，失掉在家乡死节的机会。到了六月初四，文天祥决定放弃死守节的想法。"自离南安军，五日而至庐陵。七日过临江。八日至丰城。余虽不食，未见其殆。众以饮食，交相逼迫。予念既过乡州，已失初望。委命荒滨，立节不白。且闻暂止金陵郡，出坎之会，或者有陨自天，未可知也。遂复饮食，勉徇众情。初，众议以予渐殆，欲行无礼，掩鼻以灌粥酪。至是遂止。乃知夷齐之心事，由其独处荒山，故得行其志耳。"（《集杜诗·过临江第八十三》序）

途经安庆，文天祥想起了当年伯颜攻安庆时范文虎降城的经历，写下了《安庆府》。途经鲁港，文天祥想起了鲁港之役，想起了贾似道，写下了《鲁港》。路过采石，文天祥想起了虞允文率领一万八千人抵抗十万金军。大败金军的经

第一章 生平行迹

历,写下了《采石》。六月十二日,文天祥到达了建康,看到建康如今的衰败、荒凉,不禁感慨万千,写下了《金陵驿》。感伤之情自然流溢。

> 草合离宫转夕晖,孤云飘泊复何依。山河风景元无异,城郭人民半已非。
>
> 满地芦花和我老,旧家燕子傍谁飞?从今别却江南日,化作啼鹃带血归。

行至建康的第二天,邓光荐就病倒了,因病情渐趋恶化留在了建康天庆观就医。而文天祥则继续北上。八月二十四日,文天祥离开建康奔向扬州。在扬州期间,文天祥原本有逃亡的机会,但是事情最终不就。"八月二十四日,石嵩等以公自东阳渡,江淮士有谋夺公江岸者,不果;以弘范命兵卫夹舟,陆至扬州故也。"(《宋少保右丞相兼枢密使信国公文山先生纪年录》)

九月一日文天祥一行到达了淮安军。一过淮河就意味着离开了南宋的国土。住宿阙石镇时,文天祥写下了悲凉的《过淮河宿阙石有感》。九月初九重阳节,过徐州时,有感于古今兵家重镇,写下了《燕子楼》。九月十八日过平原时,因缅怀抵抗安禄山的颜真卿与颜杲卿二人而写下了《平原》。九月二十日,途经河间时,遇到了随"祈使团"至元大都的家铉翁。家铉翁虽到元地但义不降元,忽必烈最终将他置于河间。家铉翁在那里给学生讲授《春秋》以及宋朝兴亡的历史。有感于此,文天祥写下了《河间》三首以赠家铉翁。

十月初一清晨，文天祥结束了五个月零十一天的长途跋涉，到达了元大都。

九、囚禁大都

从至元十六年的十月初一开始，文天祥一直被囚困于元大都，至至元十九年十二月初九就义，文天祥一共被囚禁了三年两个月零九天。在这期间，文天祥受尽了肉体上和精神上的折磨。但无论情况多么糟糕，文天祥矢志不移，从未向敌人卑躬屈膝，从未放弃过对理想的坚守与追求。

文天祥到达大都后，元廷就着手准备对文天祥的劝降工作。对于文天祥的强硬态度，对于劝服文天祥投降过程的艰难与漫长，元廷还是有思想准备的，因此劝降的步骤与层次是非常得清晰的。在派什么人来劝降文天祥的问题上，元廷还是下了一番功夫的。首先，元廷派出了南宋降臣留梦炎。留梦炎和文天祥的相似点即在于二者都是状元丞相，元廷似乎想通过状元丞相身份相同但际遇不同的这一点，来诱降文天祥。但是留梦炎的人品一向为文天祥所不耻，文天祥就不更会接受他的劝降了。事后，文天祥写下了《为或人赋》来讽刺留梦炎。

元廷派出的第二位劝降者是德祐皇帝赵㬎，即当时的瀛国公。九岁的他自然不会说出什么劝降的大道理，但是元廷打的就是瀛国公与文天祥曾经君臣一场的感情牌。文天祥的做法是"一见，北面拜号，乞回圣驾"（《宋少保右丞相兼枢密使信国公文山先生纪年录》）。

第一章 生平行迹

　　元廷派出的第三位劝降者是当时权倾一时的平章政事阿合马。元廷试图通过阿合马嚣张的气焰来压制文天祥，以此来逼文天祥投降。但是以文天祥之气节，其结果可想而知。

　　元廷见招降的策略无法发挥作用，又派出了博罗在朝廷上审讯文天祥。博罗有意挫文天祥的锐气，故意连续几天未予以接见，然而文天祥愈挫愈勇，一改之前的文弱形象，凛然不可侵犯。

　　在使用招降、威吓的招术的同时，元廷又对文天祥进行着肉体上的折磨。张弘范命人给文天祥带上枷锁，关至土牢。这间土牢条件十分恶劣，"风前泣灯影，日下泣霜花。钟信忽然动，屋阴俄又斜。闷中聊度岁，梦里尚还家。地狱何须问，人间见夜叉。"（《己卯十月一日，至燕越，五日罹狴犴，有感而赋》之八）到了夏季暴雨来临之际，土牢常常积水成灾。在这种条件下，文天祥的身体情况每况愈下。

　　大抵对文天祥而言，最痛苦的折磨不是肉体上的，而是精神上的。招降和恐吓这些方式都不足以对其造成多大的伤害，最痛苦的折磨莫过于在大都见到自己的亲人。囚禁中，文天祥收到了女儿柳娘的来信，才知道自己的夫人和女儿身着道袍，在大都宫中念诵经书，过着囚徒般的生活。这是何种痛苦，他不仅无力改变自己的现状，更无力改变自己亲人的现状。这种无力感对文天祥的折磨无疑是更大的。

　　　　故国斜阳草自春，争元作相总成尘。孔明已负金刀志，元亮犹怜典午身。
　　　　肮脏到头方是汉，娉婷更欲向何人？痴儿莫问

115

今生计,还种来生未了因。(《得儿女消息》)

到底是一种怎样的无奈与伤感,竟然能让文天祥不仅放弃了与儿女所结的今生情缘,而且舍弃了再结来世之因缘?!此中痛苦,何可言状?随后,文璧来到了大都。关于文璧到大都是为了劝降文天祥的说法,郑思肖《文丞相叙》中有一孤证,"璧已授伪爵,尝以鞑钞四百贯遗兄,公曰:'此逆物也,我不受。'璧惭而卷归。"文天祥在得知文璧到大都后,写下了《闻季万至》一诗。

去年别我旋出岭,今年汝来亦至燕。弟兄一囚一乘马,同父同母不同天。

可怜骨肉相聚散,人间不满五十年。三仁生死各有意,悠悠白日横苍烟。

虽兄弟一场,但不可休憩于同一屋檐之下,再见面已经是物非人亦非。对于文天祥而言,求仁得仁,英勇赴义对他而言是种解脱。但是最痛苦的莫过于忠孝难两全,尽忠的难尽孝,尽孝的难尽忠。兄弟二人虽然手足情深,但人生自此只能是陌路。大概其间的痛苦,远不似诗歌表面所说的"生死各有意"那么简单吧!

大概在被囚大都三年多的时间里,文天祥可以聊以自慰的就是能够随时写写诗歌抒发一下自己的情感,另一件值得他高兴的事情就是与汪元量的往来、酬唱。汪元量为文天祥演奏了一曲《胡笳十八拍》,"琴罢,并索予赋胡笳诗。"后

第一章　生平行迹

来，文天祥将集杜诗所成的《胡笳十八拍》送与汪元量。汪元量以"必以忠孝白天下"勉励文天祥。

至元十九年元旦刚过，文天祥又病倒了。邓光荐说："正月二十后，公卧病发热，右臀谷道旁患痈。二月四日，流脓，平生痛苦未尝有此。"（《宋少保右丞相兼枢密使信国公文山先生纪年录》）在病痛的折磨中，文天祥于五月初二度过了他的四十七岁生日。此时之文天祥又生了眼疾，左眼渐渐失明。然文天祥此生所受苦痛虽多，但绝不会因为病体的折磨而丧节失志的。《生日》一诗不仅将文天祥一生的行藏交代得很清楚，而且也明明白白地表明了他的心迹。

忆昔闲居日，端二逢始生。升堂拜亲寿，抠衣接宾荣。载酒出郊去，江花相送迎。诗歌和盈轴，铿戛金石声。于时果何时？朝野方休明。人生足自乐，帝力无能名。譬如江海鱼，与水俱忘情。讵知君父恩，天地同生成。旄头忽堕地，氛雾连三精。黄屋朔风卷，园林杀气平。四海靡所骋，三年老于行。宾僚半荡覆，妻子同飘零。无几哭慈母，有顷遭溃兵。束兵献穹帐，囚首送空图。痛甚衣冠烈，甘于鼎镬烹。死生久已定，宠辱安足惊！不图坐罗网，四见槐云青。朱颜日复少，玄发益以星。往事真蕉鹿，浮名一草萤。牢愁写玄语，初度感骚经。朝登蓬莱门，暮涉芙蓉城。忽复临故国，摇摇我心旌。想见家下人，念我涕为倾。交朋说畴昔，惆怅鸡豚盟。空花从何来？为吾舞娉婷。莫道无人歌，

时鸟不可听。达人贵知命，俗士空劳形。吾生复安适？拄颊观苍冥。(《生日》)

其实关于是招降任用文天祥还是杀文天祥，元廷一直没有达成一致意见。至于忽必烈为何未杀文天祥，大抵是因为一方面他钦佩文天祥的为人，另一方面他爱慕文天祥的才气吧！"我世祖皇帝以天地有容之量，既壮其节，又惜其才，留之数年，如虎兕在柙，百计驯之，终不可得。"(《宋史·文天祥传》)起初，忽必烈并不一定非要杀文天祥的，但是至元十九年三月发生的一件突发事件改变了忽必烈的想法。这一年的三月忽必烈去上都避暑，留阿合马守卫大都。益都人王著与高和尚等人秘谋举事。十七日他们窃用了皇太子真金的仪仗，伪称太子回京城作佛事，进入了元大都。十七日夜，王著用藏于袖子内的铜锤击杀了出迎太子仪仗的阿合马。虽然，最终的结局是王著和高和尚被抓，但是这场暴动给忽必烈的触动非常大——隐藏于朝廷中的汉人官僚如果心存异心是一件非常可怕的事。因此，忽必烈做出了迁瀛国公赵㬎往上都、尽快处决文天祥的决定。当然，在处决文天祥之前，忽必烈还是试图软化招降他的，并于大殿上亲自接见了他。但是文天祥只作揖不跪拜，忽必烈的近侍为了强迫文天祥行跪拜礼甚至弄伤了他的膝盖。对此，刘岳申的《文丞相传》有详细的记述。

召天祥至殿中。天祥长揖不拜，极言宋元不道之君，无可吊之民，不幸母老子弱，权臣误国，用

第一章　生平行迹

舍失宜。北朝用其叛将叛臣，入其国都，毁其宗社。天祥相宋于再造之时，宋亡，天祥当速死，不当久生。上使谕之曰："汝以事宋者事我，即以汝为中书宰相。"天祥对曰："天祥为宋状元宰相，宋亡，惟可死，不可生。"又使谕之曰："汝不为宰相，则为枢密。"对曰："一死之外，无可为者。"遂命之退。

至元十九年十二月初九，文天祥的生命走向了终点。当天元大都戒备森严，气氛异常紧张。刑场设在了柴市，"过市，意气扬扬自若。观者如堵。临刑，从容谓吏曰：'吾事毕矣。'问市人：'孰为南北？'南面再拜就死。"（明胡广《丞相传》）当时因禁于邻近囚室的宋宗室、翰林学士赵与𢅣，目击了事件的始末。"时翰林学士赵与𢅣，以宋宗室，亦被监闭一室，诸卫士弓刀环席地坐。闻门外弓马驰骤声者久之，人竞穴窗窥，乃是出丞相。顷之，又闻驰骑过者，及回，乃闻有旨，教再听圣旨，至则已受刑。"（《宋少保右丞相兼枢密使信国公文山先生纪年录》）文天祥就义后的元大都依然数日戒严，"时连日大风埃雾，日色无光，都城门闭，甲卒登城街，对邻不得往来，行不得偶语。"（《宋少保右丞相兼枢密使信国公文山先生纪年录》）"其日大风扬沙，天地昼晦，咫尺不辨，城门昼闭。南士留燕者，无不悲悼，或以酒渑酹奠。"（元赵𪾢《文文山传》）

在文天祥于刑场就义后，据说有十位江南义士冒着生命危险为其处理后事，并于衣带间发现了文天祥写于当年春天的绝笔信。"'吾位居将相，不能救社稷，正天下，军败国

文天祥评传

辱，为囚虏，其当死久矣。顷被执以来，欲引决而无间。今天与之机，谨南向百拜以死。'其赞曰：'孔曰成仁，孟曰取义，惟其义尽，所以仁至。读圣贤书，所学何事，而今而后，庶几无愧。宋丞相文天祥绝笔。'"（《宋少保右丞相兼枢密使信国公文山先生纪年录》）

文天祥辞世后的第二年，他的灵柩被运回了庐陵。第三年，归葬故乡富田东南的鹜湖。

文天祥逝后，世人多通过撰写哀祭文章来寄托对文天祥的哀思。哀祭文中写得最深情的莫过于王炎午的《望祭文丞相文》。在此之前，王炎午因担心文天祥被劝降写下了《生祭文丞相文》。当他知晓文天祥慷慨赴难的情状时，写下了这篇痛彻肺腑的《望祭文丞相文》：

呜呼！扶颠持危，文山、诸葛，相国虽同，而公死节。倡义举勇，文山、张巡，杀身不异，而公秉钧。名相烈士，合为一传，三千年间，人不两见。事谬身执，义当勇决。祭公速公，童子易箦。何知天意，佑忠怜才。留公一死，易水金台。乘气捐躯，壮士其惑，久而不易，雪霜松柏。嗟哉文山，山高水深。难回者天，不负者心。常山之舌，侍中之血，日月韬光，山河改色。生为名臣，死为列星，凛然劲气，为风为霆。干将莫邪，或寄良冶，出世则神，入土不化。今夕何夕，斗转河斜，中有光芒，非公也耶！

第一章　生平行迹

　　文天祥这一生确实当得起王炎午所说的丞相烈士几千年来概莫能见。他这一生，荣誉有之，状元丞相；悠闲有之，退守故乡；高雅有之，诗词自娱。然而这些些许的快乐都抵不过他这一生的艰辛与困苦，但是即便如此又能奈文天祥何？政见相左有之；宦海沉浮有之；千里勤王有之；被俘脱险有之；逆境坚守有之；囚禁守志有之；苦肉分离有之；父母见背有之……大抵人这一生所能品尝的苦痛，文天祥都尽尝之，但是甘之如饴，矢志不移。如何而能如此？或许也只有文天祥自己能够准确无误地表达出他自己的心情吧！

　　呜呼！予之生也幸，而幸生也何所为？求乎为臣，主辱臣死，有余戮；所求乎为子，以父母之遗体，行殆而死，有余责。将请罪于君，君不许；请罪于母，母不许；请罪于先人之墓，生无以救国难，死犹为厉鬼以击贼，义也！赖天之灵，宗庙之福，修我戈矛，从王于师，以为前驱，雪九庙之耻，复高祖之业，所谓誓不与贼俱生，所谓鞠躬尽力，死而后已，亦义也。嗟夫！若予者，将无往而不得死所矣。向也，使予委骨于草莽，予虽浩然无所愧怍，然微以自文于君亲，君亲其谓予何！诚不自意，返吾衣冠，重见日月，使旦夕得正丘首，复何憾哉！复何憾哉！（《指南录后序》）

第二章　文天祥的思想

　　文天祥的思想研究并不复杂，主要包括哲学思想、道学思想、为政思想、军事思想四个方面。其中哲学思想主要研究的是文天祥对于哲学问题的看法，其中主要着眼于文天祥对易的理解；道学思想以儒学思想为根本，参之以当时流行的程朱理学来探究文天祥的道学思想的核心；为政思想，主要植根于文天祥的政治理念；军事思想主要着眼于文天祥的兵法策略。

一、哲学思想

　　文天祥的哲学思想比较全面，他的哲学思想包括我们今人所说的唯物观、辩证法、认识论三个方面。但这并不是说文天祥是以哲学家自许的。文天祥的哲学思想，主要是为他的政治思想张本的，为政治教化服务的。除了专门为进讲所谈的周易理论外，文天祥的哲学思想基本上都是依附于他的政治思想的，都是为了有利于朝政的，都是落在实处的。

第二章 文天祥的思想

1. 唯物观

文天祥认为世界的本原是物质的,"元气"是构成万物的基础。"溯其本原言之,茫茫堪舆,块圠无垠;浑浑元气,变化无端。"(《御试策》)我们都知道文天祥的《御试策》并非哲学作品,而是他的殿试作品,更是集中表现他政治主张的作品。唯物哲学观在《御试策》中出现的原因乃是文天祥要用周易的哲学思想为他的政治思想寻找理论依据,从这一点我们可以看出文天祥治学、为学、为论的缜密性。

文天祥的唯物观不是静止的,而是发展的、变化的。他沿用了中国传统的道、阴阳五行的观念来解释他的唯物观。"所谓道者,一不息而已矣。道之隐于浑沦,藏于未雕未琢之天。当是时,无极太极之体也。自太极分而阴阳,则阴阳不息,道亦不息,阴阳散而五行,则五行不息,道亦不息。"(《御试策》)"道不息"的观点并不是文天祥议论的终点,既然万物都是"与阴阳同其化,与五行同其运,与乾坤生生化化之理同其无穷"(《御试策》),那么"人事"又独何不然呢?"人者,天地之德,阴阳之交,鬼神之会,五行之秀也。人以其血肉之躯,而合乎太虚之生气,夫然后絪缊化育,人之质已成,而健顺五常之理,附而行焉。"(《王通孙名说》)但是,每个人所禀受之气不同,故人所形成的气质也大不相同。"天地之间,生人之数,殆未可量也。……宇宙民物之众,谓一日止于生十二人,岂不厚诬。而星辰之向背,日月之远近,东西南北天地之气,所受各有浅深,则命之布于十二时者,不害其同。而吉凶寿夭,变化交错,正自不等。"(《又赠朱斗南序》)当然,人所禀之气不同的说法,并不是为了方便统治阶级的统治而提出来的。关于这一点，文天祥还有补充。"圣贤岂别一等天人为之，苟有六尺之躯，皆道之体，不可以其不可能，而遂自暴自弃也。"(《何晞程名说》)此两处观点应合而观之。

概言之，文天祥认为这个世界的本原是由变化的、发展的物质构成的，"一不息而已"。世间万物都应该顺应其变，无论是人还是其它的生命体概莫能外。但是，由于万物所禀受之气不同，故世间万事万物生来即有不同，即人生来就是不同的，具有独特的品性。

2. 辩证法

文天祥的辩证思想来源于《周易》"天行健，君子以自强不息"的观念。

> 上下四方之宇，往古来今之宙，其间百千万变之消息盈虚，百千万事之转移阖辟，何莫非道。所谓道者，一不息而已矣。道之隐于浑沦，藏于未珊未琢之天，当是时，无极太极之体也。自太极分而阴阳，则阴阳不息，道亦不息；阴阳散而五行，则五行不息，道亦不息。(《御试策》)

文天祥在这篇文章中论证的不仅仅是物质论，更是辩证法，即所谓的道是运动不息的。在这篇文章中，文天祥还以"水"来形象地类比了"道"是如何运动不息的。"天运无端，发微不可见，充周不可穷，天地之所以变通，固自其不自息者为之……道之在天下，犹水之在地中，地中无往而非

第二章 文天祥的思想

水,天下无往而非道。水一不息之流也,道一不息之用也。""其体则微,其用甚广。贯显微,兼费隐,包小大,通物我。"(《御试策》)此外,文天祥还认为世界万物的运动并不是一种形式一成不变的,而是多式多样的。"天久而不坠也以运,地久而不聩也以转,水久而不腐也以流,日月星辰而常新也以行,天下之凡不息者,皆以久也。"(《御试策》)

文天祥的辩证法基本上是在他的《御试策》中提出来的,基本上体现了他哲学思想的辩证高度。

3. 认识论

文天祥哲学思想中的认识论也是颇有价值的。他的认识论打破了程朱理学"知先行后"的观点。他认为知识来源于现实,学习就是认识事物本身的规律。他在《王通孙名说》中提到:"且夫人有此身,即有此理。诗曰:'有物有则。'孟子曰:'形色天性也。'圣贤之学,主乎践形,而不愿乎其外。"世间的万事万物都有其存在之理,且是可以认知的。"夫源之深者流必长,本之固者末必茂,此自然之理,已然之验也。"(《燕氏族谱序》)而"理"之可识之观点亦可施之于人事,"臣闻圣人之作经也,本以该天下无穷之理,而常足以拟天下无穷之变……圣人知有理而已,合于理者昌,违于理者僵。"(《轮对札子》)既然万物皆有理,而圣人之理又是拟万物而来,那么只要遵循万事万物的规律,社会自然会繁荣昌盛。这种知行合一的观点与程朱理学的"理在事先"的观念已然完全不一样了。

文天祥反对人"生而知之"的观点,他认为人是需要通过学习来增长见闻、来知道明理的。例如他在《深衣吉凶通

125

服说》里提到,"礼之时义,大矣哉。器数之精微,制度之详密,虽以夫子之圣,不敢自谓生知,而屈意于一问。区区何人,乃敢率其胸臆,评论千载之上,多见其不知量也。"既然圣人都难免有疑问,又况凡人乎?又怎敢以"生知"而自称?不如"尊其所闻,行其所知"(《轮对札子》)。由此可见,文天祥认为知"道"固然重要,但是行"道"才是重中之重。这种想法与程朱理学中的"知先行后"的思想相比,与读书、静坐、涵养的方法相比无疑是进步的。

知识来源于实践,而不是静坐涵养。文天祥为两部医书《金匮》和《洗冤录》所写的序就鲜明地表达了这个观点。

> 齐高疆曰:"三折肱知为良医。"楚辞曰:"九折臂而成医。"言屡尝而后知也。曲礼曰:"医不三世,不服其药。"言尝之久,而后可信也。(《金匮歌序》)

> 近世宋氏《洗冤录》于检覆为甚备。宋氏多所扬历,盖履之而后知。吾邦赵君与揲甫阶一命,而能有志乎民,反复驳难,推究其极,于宋氏有羽翼之功矣。(《赵维城洗冤录序》)

更难能可贵的是,文天祥并没有把知与行看成是静止的,而是将其看成了一个积累的过程。文天祥发挥了张载的"惟知学然后能勉,能勉然后日进而不息可期矣"的观点,提出了"积累"的方法。"进者行之验,行者进之事。进百里者,吉行三日。进千里者,吉行一月。地有远行,无有不至,不

第二章 文天祥的思想

至焉者，不行也，非远罪也。""不行而望进，前辈所谓游心千里之外，而本身却只在此，虽欲进，焉得而进诸？"（《题戴行可进学斋》）

毫无疑问，文天祥的哲学观念是进步的，尤其是他的唯物观和认识论，对当时和后世的哲学发展都具有启发性的意义和价值。

二、儒家思想

文天祥一生服膺儒家传统的孔孟学说，一辈子对儒家传统思想中"三纲五常"的观念是信之不疑的。"夫大君宗子，居天位者也，宗子之家相，理天职者也。自一命以上，所以辅赞大君，弥缝家相者，皆将以分奉天之责者也。"（《上丞相》）因此，"忠君""爱国"的思想是一以贯之于文天祥的思想之中的。

1. 法三代之治

由理想政治而演生出来的是对三代政治的钦羡与追求。他不只一次在自己的作品中提及，应该按照三代的标准来治理国家。"以势而论之，则夏之治不如唐虞，商之治又不如夏，周之治又不如商。""上下二三千年间，牵补过时，架漏度日，毋怪夫驳乎无以议为也。"（《御试策》）"先儒尝论汉唐诸君，以公私义利分数多少为治乱……臣愿陛下监汉唐之迹，必监汉唐之心，则今日之功化证效，将超汉唐数等矣。"（《御试策》）"先皇帝欲为唐虞三代之治，殆留与陛下使了此事。"（《轮对札子》）文天祥如此三番地谈及三代圣治，无外

文天祥评传

乎是想借用三代的治国策略来解决当时朝廷腐败、奸人当道、国家危殆、民不聊生的状况。但是文天祥并不是腐儒，他做事情并不拘泥于形式而是比较讲究变通。他认为如果三代的政治无法适应改革的需要，就要以"可以纾祸"为原则，以"通变而推移之"为方法来改变现状。(《己未上皇帝书》)

2. 尊崇孔孟

文天祥极其推崇孔孟之道，其身上之浩然正气，与孟子之养气说亦有一定的联系。对于儒家的仁爱思想所宣示的人生理想、道德境界，文天祥是终生践行的。"舍生取义""居仁由义"的理想道德，在文天祥的身上表现得尤为突出。有鉴于世俗对于"利"的竞奔——"陛下以为今之士习何如耶？今之士大夫之家，有子而教之。方其幼也，则授其句读，择其不戾于时好，不震于有司者，俾熟复焉；及其长也，细书为工，累牍为富。持试于乡校者，以是；较艺于科举者，以是；取青紫而得车马也，以是；父兄之所教诏，师友之所讲明，利而已矣，其能卓然自拔于流俗者，几何人哉？……心术既坏于未仕之前，则气节可想于既仕之后，以之领郡邑，如之何责其为卓茂、黄霸；以之镇一路，如之何责其为苏章、何武；以之曳朝绅，如之何责其为汲黯、望之。奔竞于势要之路者，无怪也；趋附于权贵之门者，无怪也；牛维马絷，狗苟蝇营，患得患失，无所不至者，无怪也。"(《御试策》)针对此种情况，文天祥提出了师习孔孟之道以求进于道的想法。

自汉儒以大中训极，而极之流，遂为苟容。至

第二章 文天祥的思想

先儒以极为四外标准，而学者始知极。自唐儒以博爱谓仁，而仁之道，遂为小惠。至先儒以仁为包四德，而学者始识仁旨。汉晋以来，有恕己恕人之说，而恕之弊，遂为姑息。至先儒以恕为如心，而学者始明恕。圣人浸远，道学无传，于是汉人之中庸，唐人之模棱，皆足以自附于此三字之义。天下之不见圣，久矣，尚赖伊洛诸君子，出而抉圣经千载之秘，而后之学者，遂得袭其遗余，以求进于道。（《徐应明恕斋说》）

文天祥一生践实着孔孟之道，求仁由己，不求明哲保身。他继承了孔孟强调立场的观念，以仁爱为先导，以志士精神自许，涵养浩然之气，以身殉道，从而达到理想的人生境界，实现美好的道德。人虽然生来禀气不同，但是不可一日而自暴自弃。"圣贤岂别一等天人为之。苟有六尺之躯，皆道之体，不可以其不可能，而遂自暴自弃也。"（《何晞程名说》）人生只有通过不断地砥砺向学，方能达到理想的境界，以追先贤之遗则。"是邦学者，世修欧、周之业，人负胡、杨之气，如有用我，执此以往。"（《吉州州学贡士庄记》）

3. 敬辞以立诚

文天祥受学于程朱后学欧阳守道先生，所以程朱理学对他的影响还是颇深的。客观地讲，虽然从为政的角度，文天祥对"理学"思想中的某些知行思想进行了纠正，但是无庸置疑的是，文天祥对于程朱理学的涵养功夫、诚敬思想还是十分认可的。

文天祥评传

比方说涵养的功夫。文天祥认为:"凡道各有入处,凡学各有悟处。程氏以敬,张氏以礼,示人以从入也。而游于程、张之门者,或得于静坐,或得于主一,或得于去一矜字,悟之不必同也。凡人皆以悟,凡悟皆可入。"(《题贾端老不忘室》)

既然谈到"悟",就不得不提及"敬"的修养功夫。"吾所以从事,则又取二程上蔡和靖晦翁凡诸言敬者,识诸座右,易以养正为圣功,而养之方,未之及也。吾独见自得,乃从敬入,则岂泛然而用乎吾力也欤?夫川之水,道之体也;山之泉,性之象也。是故善尽道乾,以敬而操存之,则犹之川而不息焉。善尽性者,以敬而涵育之,则犹之泉而不杂焉。盖有欲则息,惟敬为能不息;有欲则杂,惟敬为能不杂。君之所以见易,其犹程子之所以见夫子欤?虽然,川上之事,纯亦不已,诚者之天也。泉犹性也,泉动而出,犹性动而为情也。是则有几焉:诚无为,几善恶,始以敬而持此几,终以几而达此诚,则山泉其川水之源,川水其山泉之流。会而通之,混然一贯。故曰:敬者,圣学成始而成终者也。"(《吴郎中山泉说》)此段所谈论的守"敬"的观念,文天祥并不是从"行"与"敬"的角度出发的,而从"欲"与"敬"的角度来考虑的,自有其不可颠仆之处。

其实,除了上文所提及的"欲"与"敬"的问题,"敬"的观念还涉及到"敬天"的问题。

臣窃窥先皇帝作图之旨,以敬天为名,基于贲卦,实摘取"观乎天文以察时变"一条。臣谨按图

第二章 文天祥的思想

义而为之辞。臣窃惟天一积气耳，凡日月星辰风雨霜露，皆气之流行而发见者。流行发见处有光彩，便谓之文。然有顺有逆，有休有咎，其为证不一，莫不以人事为主。时，时世也，象易圣人不曰天变，而曰时变。盖常变虽丽于天，而所以常变，则系于时。人君一身，所以造化时世者也。故天文顺其常，则可以知吾之无失政，一有变焉，咎即在我。是故天文者，人君之一镜也。观镜可以察妍媸，观天文可以察善否。且如历家算日食云：某日当食几分。固是定数。然君德足以消弭变异，则是日阴云不见。天虽有变，而实制于其时。又如旱魃，灾也，才侧身修行，则为之销去；荧惑，妖也，才出一善言，则为之退舍。天道人事，实不相远。自古人君，凡知畏天者，其国未有不昌。先皇帝深识此理，故凡六经之言天文者，类聚而为之图，以便观览，且恐惧修省焉。圣明知敬严父之图，即敬天在此矣！呜呼，曷其奈何不敬？（《熙明殿进讲敬天图周易贲卦》）

此处文天祥又进一步阐发了"敬"的观念。敬天实际就是畏天，如果为政者有敬天畏天的观念，那么执政者必然勤谨。这样朝政就不会混乱不堪，国运也不会江河日下了。

除了上述提及的"敬"的思想以外，"修辞立诚"也是文天祥道学观念的主要体现。文天祥曾经在西涧书院为诸生主讲过"忠信进德，修辞立诚"两个科目。文天祥认为无论

文天祥评传

是治学,还是为人,都离不开"立诚"两个字。

> 天地间只一个诚字,更撅扑不碎。观德者,只观人之辞,一句诚实,便是一德。句句诚实,便是德进而不可御。

为人以诚,即天地之间最重要的真理,如何以诚呢?修辞立诚。"言忠信,则修辞立诚之谓也。未有行笃敬,而言不忠信者;亦未有言不忠信,而可以语行这笃敬者也。(《西涧书院释菜讲义》)

很明显一个人是否忠诚,其他人只能通过这个人的言行来观察,如何能够让别人看到自己的忠诚呢?文天祥认为必须通过"修辞"的方式,让自己的言行符合标准,通过合乎规范的言语来表现自己的"诚"。因此,文天祥又对"修辞"所修之"辞"提出了自己的看法。文天祥认为人之"辞",应该本乎心,只有本于内心的言辞,方能不虚浮、肤浅,方能通过言辞立诚。

> 人之于其辞也,其可不谨其口之所自出,而苟为之哉?
> 嗟乎,圣学浸远,人伪交作,而言之无稽甚矣。诞谩而无当,谓之大言;悠扬而不根,谓之浮言;浸润而肤受,谓之游言;遁天而倍情,谓之放言。此数种人,其言不本于心,而害于忠信,不足论也。
> (《西涧书院释菜讲义》)

第二章　文天祥的思想

文天祥认为人不应该仅仅关注那些说出口的言论，还应该谨慎为文。只有发自内心、贯穿孔孟程朱道德思想的文字，才能算得上有文采的文章。只有好文章，才能立诚。但是如果只有好的言辞与文辞，言辞只是文章的装点，而不是发自肺腑的言语。那么这样的言辞即使再优美，也无法真正地表达人们的思想。这样的"修辞"根本是没有必要的。

> 而其于文也亦然，滔滔然写出来，无非贯串孔孟，引接伊洛，辞严义正，使人读之，肃容敛衽之不暇。然而外头如此，中心不如此，其实则是脱空诳谩。先儒谓这样无缘做得好人，为其无为善之地也。外面一幅当虽好，里面却踏空，永不足以为善。盖由彼以圣贤法语，止可借为议论之助，而使之实体之于其身，则曰此迂阔也，而何以便吾私。是以心口相反，所言与所行如出二人。呜呼！圣贤千言成语，教人存心养性，所以存养此真实也，岂以资人之口体而已哉？（《西涧书院释菜讲义》）

文天祥认为只要一个人想做一个诚心善良的人，那么向善永远不嫌过晚。学习的过程就是修辞立诚的过程。不断地勉励自己向善、鼓励自己学习，就是一个人精进的过程，一个人完善道德修养的过程。

> 人患不知方耳，有能一日涣然而悟，尽改心志，求为不谩不妄，日积月累，守之而不懈。则凡所为

人伪者，出而无所施于外，入而无所藏于中，自将销磨泯没，不得以为吾之病。而纵横妙用，莫非此诚，乾之君子在是矣。(《西涧书院释菜讲义》)

修辞立诚，永远不是一天两天之事。"天行健，君子以自强不息。"为人处事，守之于心，坚持以言，知言守志，方能日有所进。

4. 践行以悟道

虽然文天祥深受程朱理学的影响，但是因之文天祥的学识、学养、才情以及对世事的观察，他的理学思想又与程朱的略有不同。无论是进学识还是修诚心，文天祥的践行观念都不是停留在静坐、涵养功夫上的而是践行上的。宋儒为学、为道强调"悟"，但是"悟"不应该是形而上的。文天祥认为只通过形而上的整日思考去实现道是不现实的，还必须要通过身体力行的方式去践实。"且夫人有此身，即有此理。诗曰：有物有则。孟子曰：形色天性也。圣贤之学，主乎践形，而不愿乎其外。"(《王通孙名说》)

君子之所以进者，无他，法天行而已矣。进者，行之验；行者，进之事。进百里者，吉行三日。进千里者，吉行一月。地有远行，无有不至。不至焉者，不行也，非远罪也。戴君行可，以进学名斋，垂二十年，前之进军，予不得而考也；后之进军，予不得而量也。独有一言，愿献于君者，曰行。行，固君字也。书曰：行之惟艰。语曰：行有余力。中

第二章 文天祥的思想

庸曰：利行。曰：勉行。曰：力行。皆行也，皆所以为进也。不行而望进，前辈所谓游心千里之外，而本身却只在此，虽欲进，焉得而进诸？（《题戴行可进学斋》）

文天祥大胆地批判了那些假道学，那些空言心性之人。"今人有好为尊大，以道统属己自任，终日瞑目，夜半授侫己者二三言，曰："道在是矣。"隐居授书，孺子取履；昔人以为近于鬼物，往往类是。"（《送李秀实序》）即使服膺程朱理学，但是对于他们所持有的存天理、灭人欲的思想，文天祥也是不敢苟同的。文天祥认为为人应该"不纯乎理，不纯乎欲，而出入乎理欲之间"（《御试策》）。

5. 批判佛老

因为文天祥推崇孔孟之道、服膺程朱理学，所以对佛老思想极力排诋。"自佛入中国，其徒牢护其说，遂与儒者之教，并立于天下。太颠止于海上，韩公屈与之交，当时羁穷寂寞之余，以其聪明识道理，姑与之委曲于人情世故之内。其于变化其气质，移易其心志，攘除其师之教，未必有焉。以今敬观之，则其崛起于浮屠之中，而若有得于圣贤君子之说，而凡精业勤行，以学韩之学者，又与之周旋一室，以上下于其间，其为聪明识道理也，多矣。陈良，楚产也，悦周公仲尼之道，北学于中国，孟子推为豪杰，然则敬师，非僧之豪杰也欤！"（《送僧了敬序》）

有宋一代，社会动荡不安。统治者为了维护统治，也有意识地向民众宣传佛教。其中北宋的真宗皇帝就直言佛教的好处:"释道二门,有助世教。"但是僧尼、道士不事生产,又占地费财,给国家带来的负面影响委实不小。文天祥从国家经济发展的角度指出了佛教的危害,"自异学兴,缁黄之宫遍天下,其徒蚕食,阡陌相望。"(《建昌军青云庄记》)"而琳宫梵宇,照耀湖山,土木之费,则漏卮也。"(《御试策》)

佛老思想的盛行,给社会带来的弊端不仅仅体现在经济方面,还体现在社会生活的方方面面。例如许多士大夫将大量的时间放在坐禅修行上,炼丹以期成仙。文天祥又从理论上对佛老思想进行了批判。

> 今邹高士居其观,亦以炼丹名。或曰:"高士,仙人之徒与?"予诘其所以为丹,则高士之丹,非仙人之丹也。仙人之所谓丹,求飞升也;高士之所谓丹,求伐病也。仙人之心,狭于成己。高士之后心,溥于济人。且乎兼人己为一致,合体用为一原,吾儒所以为吾儒也。重己而遗人,知体而忘用,异端之所以为异端也。高士非学吾儒者,而能以济人为心。噫,高士不贤于仙人欤!(《送隆兴邹道士序》)

佛教宣传轮回的思想,要求世人在现世做好事,以求来世之善报。这种思想的理论前提是形死而神不灭。文天祥用气之一元论的唯物观,对佛老的轮回之说进行了批判。"人以其血肉之躯,而合乎太虚之生气,夫然后絪缊化育,人之质已成,而健顺五常之理,附而行焉。其聚也翕然,其散也霍然。天地之化,盈虚消息,往过来续,流行古今,如此而已。

第二章 文天祥的思想

轮回之说，佛者有之，苟自孔氏，不当以为信然。"（《王通孙名说》）

对于佛教徒心中的西方净土，文天祥从历史、传统文化的角度入手，对"西方说"给予了批判。"天有南极北极，北极天帝所居，南极惟南海上仿佛可见，非天之南北也。自中土而论，为人世南北之极耳。天之所极，实不可知。《淮南子》言：'禹使大章，步自东极，至于西极；竖亥步自北极，至于南极。'此亦姑举地之极而言。观《禹贡》所载：禹迹不为甚远，《淮南子》之说，信有之乎？惟汉张骞，曾穷西方几万里而还。不知是时，骞何以未尝及佛土？后佛自西域来，又不知佛生处，与骞所经历，相隔几何。敢问济和尚：'西方有极处无极处作么生？'和尚未对。旁有童子谓予曰：'日入处不知去人几千万里，吾举目即见。吾不学佛，佛何必西方。'"（《与济和尚西极说》）

文天祥还对禅宗的渐悟、顿悟思想进行了批判。禅宗著名的"得法偈"是渐悟与顿悟思想的典型代表。神秀认为："身是菩提树，心如明镜台。时时勤拂拭，勿使惹尘埃。"惠能认为："菩提本无树，明镜亦非台。本来无一物，何处惹尘埃。"前者主参禅渐修，后者主参禅顿悟，对此文天祥均予以了批评，"心如明镜台，此言出浮屠。后来发精义，并谓此台无。此台已是赘，何况形而器。圆释正超然，点头会意思。多谢城山翁，一语迎禅锋。顾我尘俗人，与物方溶溶。"（《京城借永福寺漆台占似王城山》）

此外，文天祥还批判了佛教所宣传的灭情绝欲的观念，他认为七情六欲本就是人与生俱有的本能，不应该毫无原则

137

地只批判不接受。"老云五色令人盲,面壁不视佛慧生。彼皆去眼绝人伪,孰知涂者出天成。有口能谈贵人命,有耳能听贵人声。此中一片光明藏,嗜欲浅处天机深。"(《赠涂内明》)

6. 唯物辩证的天命观

古代卿士大夫往往将自己穷困不达的现状,视为运命不好,因此,"贤士不遇"便成为了古代文学作品创作的一个重大主题。文天祥的运命观与他的天命观是紧密相连的。文天祥从唯物的角度出发,批判了当世流行的天命主宰人事的说法。"命者,令也。天下之事,至于不得不然,若天实使我为之,此之谓令,而自然之命也。自古忠臣志士,立大功业于当世,往往适相邂逅,而计其平生,有非梦想所及。盖不幸而国有大灾大患,不容不出身扞御,天实驱之,而非夫人之所欲为也。""圣贤所谓知命、俟命、致命,皆指天理之当然者而言。"(《赵维城洗冤录序》)

既然天命是唯物的,是不以人的意志为转移的,那么就没有所谓的"天人感应"之说。文天祥认为,"书曰:'天工,人其代之。'又曰:'钦哉!惟时亮天功。'又曰:'天命有德,天讨有罪,天叙有典,天秩有礼。'韩愈曰:'天付人以贤知才能,岂使自有余而已。忧畏天命,而悲人穷也。'天命人事,常判然不相俟,而前言往传,动必以天为训者。人虽藐然,万物备于我。苟为凡民则已,大之为圣贤,秀之为士,天地万物,孰非一己之责,任重致远,皆性命之后当然也。"(《上丞相》)

对于天命与人事遭遇的关系,即命与遇的问题,文天祥

第二章 文天祥的思想

从唯物辩证的角度，谈论了这个问题。"天地之间，生人之数，殆未可量也。""而吉凶寿夭，变化交错，正自不等。譬之生物，松一类也，竹一本也，或千焉，或万焉，同时而受气也；然其后，荣者枯者，长者短者，曲者直者，被斧斤者，历落而傲年岁者，其所遭遇，了然不侔。夫命之同有矣，而其所到，岂必尽同哉！"（《又赠朱斗南序》）

和命与遇相似的论题，还有性与命的话题。关于后两者之间的关系，文天祥在肯定天命必然性的同时，更强调了人的主观能动性。

> 彭叔英以秀才精躔度，推予命，谓刚星居多，意若他日可为国家当一面者。巽斋欧阳先生以三命折之，具为之说，与叔英辨予命。叔英既错下一筹，又累先生齿颊，顾区区何足以当之？抑叔英所以许予，谓主命得火，行限得金字罗计，故至于有主杀伐等语。虽然，此一论项籍、关羽、敖曹、擒虎之流则可，而世固有不必如此而为名将帅者矣，非叔英之所知也。予独以为阴阳大化，絪缊磅礴，人得之以生。其为性不出乎刚柔，而变化气质，则在学力。如叔英之说，某星主刚，某星主柔，得刚者必不能柔，得柔者必不能刚。则是学力全无所施，而一切听于天命，圣贤论性等书，俱可废已。予性或谓稍刚，殆柳子所谓奇偏者，凛焉朝夕，惟克治矫揉，惧陷于恶，敢以命为一定不易之归乎？（《送彭叔英序》）

7. 达观之生死观

文天祥的生死观比较旷达，近于儒家思想，即重生、悦生但并不厌死、惧死。人到中年的文天祥看到自己的白髭渐生，并没有要服食芦菔汤以避老，而是以达观的态度面对。

忆昔守宣时，白上一根发。去之四五年，一化为七八。今年客衡湘，黑髭已多黄。众黄忽一白，惊见如陵阳。白发已为常，白髭何足怪。岁月不可歇，雪霜日长大。世人竞染缁，厌之固足嗤。谁服芦菔汤，避老亦奚为。少老如春秋，造物以为俦。吾方乐吾天，乐天故不忧。（《白髭行》）

文天祥的生死观不独以达观为重，更重要的在于他的生死观对理想人格、忠义思想的影响。"人生天地间，一死非细事。识破此条贯，八九分地位。赵岐图寿藏，杜牧拟墓志。祭文潜自撰，荷锸伶常醉。此等蜕浮生，见解已不易。齐物逍遥游，大抵蒙庄意，圣门有大法，学者必孔自。知生未了了，未到知死地。原始则返终，终始本一致。后来得西铭，精蕴发洙泗。吾体天地塞，吾气天地帅。一节非践形，终身莫继志。舜功禹顾养，参全颖锡类。伯奇令无违，申生恭不贰。圣贤当其生，无日不惴惴。彼岂不大观，何苦勤兴寐。吾顺苟不亏，吾宁始无愧。人而有所忝，旷达未足智。卓哉居士翁，方心不姿媚。蒙谗以去国，七年无怨怼。风雨三间茅，松楸接苍翠。斯丘亦乐哉，未老先位置。宇宙如许大，岂以为敝屣。当其归去来，致命聊自遂。天之生贤才，初意

第二章 文天祥的思想

岂无为。民胞物同与,何莫非己累。君方仕于朝,名高贵所萃。乾坤父母身,方来日川至。西铭一篇书,顺事为大义。请君观我生,姑置末四字。"(《赠莆阳卓大著顺宁精舍三十韵》)这种观点引发了他对生死的思考,一则重生死之抉择,"人生天地间,一死非细事";一则重生死大义,"臣有一死,惟义之从"。

文天祥一生以节气自许,与他读圣贤书、行圣贤路的想法有关。在某种程度上,文天祥是儒家思想培养出来的英雄人物。历来的文人志士对他的德才、气节都是赞许备至的。"自古志士,欲信大义于天下者,不以成败利钝动其心,君子命之曰'仁',以其合天理之正,即人心之安尔。商之衰,周有代德,盟津之师不期而会者八百国。伯夷、叔齐以两男子欲扣马而止之,三尺童子知其不可。他日,孔子贤之,则曰:'求仁而得仁。'宋至德佑亡矣,文天祥往来兵间,初欲以口舌存之,事既无成,奉两屠王崎岖岭海,以图兴复,兵败身执。我世祖皇帝以天地有容之量,既壮其节,又惜其才,留之数年,如虎兕在柙,百计驯之,终不可得。如虎兕在柙,百计驯之,终不可得。观其从容伏质,就死如归,是其所欲有甚于生者,可不谓之'仁'哉!"宋三百余年,取士之科,莫盛于进士,进士莫盛于伦魁。自天祥死,世之好为高论者,谓科目不足以得伟人,岂其然乎!(《宋史·文天祥传》)

三、为政思想

文天祥的前半生仕途坎坷,关于朝政和世事,他有着比

文天祥评传

较清醒的认识。对于挽救南宋朝廷之弊，国势日渐衰败的状况，他不高淡，不阔论，他的政治理想朴实，实用。关于他的政治思想，主要体现在他高中状元时写的《御试策》和之后创作的《己未上皇帝书》中。

1. 法天不息、简政重职

文天祥的政治思想是以他的哲学思想为基础的。为了提出"简文立事"的观点，他从哲学"一不息"的观点入手，将其作为自己政治理论的依据。

> 臣闻天地与道同一不息，圣人之心与天地同一不息。上下四方之宇，往古来今之宙，其间百千万变之消息盈虚，百千万事之转移阖辟，何莫非道。所谓道者，一不息而已矣。道之隐于浑沦，藏于未雕未琢之天，当是时，无极太极之体也。自太极分而阴阳，则阴阳不息，道亦不息；阴阳散而五行，则五行不息，道亦不息；自五行又散，而为人心之仁、义、礼、智、刚、柔、善、恶，则乾道成男，坤道成女，穹壤间生生化化之不息，而道亦与之相为不息。然则道一不息，天地亦一不息；天地之不息，固道之不息者为之。圣人出，而为天地立心，为生民立命，为往圣继绝学，为万世开太平，亦不过以一不息之心充之。充之而修身治人，此一不息也；充之而致知，以至齐家治国平天下，此一不息也。充之而自精神心术，以至于礼乐刑政，亦此一不息也。(《御试策》)

第二章 文天祥的思想

圣人之心与天地之心相同，那么圣人也应该是一不息的。"臣闻圣人之心，天地之心也；天地之道，圣人之道也。分而言之，则道自道，天地自天地，圣人自圣人。合而言之，则道一不息也，天地一不息也，圣人亦一不息也。"（《御试策》）

文天祥认为儒家的经典不独告诉我们要行忠孝仁义之事，更要告诉为政者天理人事其实是相通的，要"一不息"。"言不息之理者，莫如大《易》，莫如《中庸》。大《易》之道，至于乾道变化，各正性命，保合太和。而圣人之论法天，乃归之自强不息。中庸之道，至于溥博渊泉，上天之载，无声无臭。而圣人之论配天地，乃归之不息则久。岂非乾之所以刚健中正纯粹精也者，一不息之道耳。是以法天地者，亦以一不息。《中庸》之所以高明博厚悠久无疆者，一不息之道耳；是以配天地者，亦以一不息。以不息之心，行不息之道，圣人即不息之天地也。"（《御试策》）

不独如此，上古的帝王们也是在"一不息"的指引下勤于王政、治理国家的。大抵文天祥的意思是既然古之贤王可以做到"一不息"，而且兢兢业业，敬天畏天，不敢掉之以轻心，那么今日帝王也应该做到。

> 臣闻帝王行道之心，一不息而已矣。尧之兢兢，舜之业业，禹之孜孜，汤之慄慄，文王之不已，武王之无贰，成王之无逸，皆是物也。三坟远矣，五典犹有可论者。臣尝以《五典》所载之事推之。当

是时,日月星辰之顺,以道而顺也;鸟兽草木之若,以道而若也;九功惟叙,以道而叙也;四夷来王,以道而来王也;百工以道而熙;庶事以道而康;光天之下,至于海隅苍生,盖无一而不拜帝道之赐矣。垂衣拱手,以自逸于土阶岩廊之上,夫谁曰不可?而尧舜不然也。方且考绩之法,重于三岁,无岁而敢息也;授历之命,严于四时,无月而敢息也。凛凛乎一日二日之戒,无日而敢息也。此犹可也,授受之际,而尧之命舜,乃曰:允执厥中。夫谓之执者,战兢保持而不敢少放之谓也。味斯语也,则尧之不息可见已。《河图》出矣,《洛书》见矣,执中之说未闻也,而尧独言之,尧之言赘矣。而舜之命禹,乃复益之以人心惟危,道心惟微,惟精惟一之三言,夫致察于危微精一之间,则其战兢保持之念,又有甚于尧者,舜之心,其不息又何如哉!(《御试策》)

圣人所面对的世界也不总是太平盛世,亦有世风日下之时,但是圣人知道如何以"不息"之心,行"不息"之世事。"太朴日散,风气日开,人心之机械日益巧,世变之乘除不息。而圣人之所以纲维世变者,亦与之相为不息焉。""道之散于宇宙间者,无一日息。帝王之所以行道者,亦无一日息。帝王之心,天地之心也。尚可以帝者之为逸,而王者之为劳耶?"(《御试策》)

因为南宋当兵革战乱之际,君主欲行不息之事,必当以

第二章　文天祥的思想

非常之道，故文天祥针对时事提出了"简文法以立事"的观点。

>　　今国势抢攘，固犹未至如马上之急。然寇入腹心，事干宗社，陛下为皇皇拯救之谋，不得不略仿马上治之之意。今陛下焦劳于上，两府大臣黾勉于下；君臣之间，不可谓非日计军实而申儆之者。然尊卑阔绝，礼节繁多，陛下平旦视朝，百官以次奉起居，宰相缙笏出奏，从容不逾时。军国大事，此虽陛下日夜与宰相汲汲而图之，犹惧不既。谋王断国之设施，尊王庇民之蕴蓄，岂能以顷刻交际，而究竟之哉？陛下退食之暇，虽时出内批，以与宰相商论，宰相又时有奏报，以出其建明。然天下事得于面论者，利害常决于一言；笔墨所书，或反复数百言而不足。事机交投，寸阴可惜。使宰相常有此等酬酢，则一事之末，固有费其口力者矣。其于几务，岂不有所妨哉？古者，天子之于大臣，或赐坐，或赐食，或奏事至日昃，或论事至夜分，凡皆以通上下之情，为国家至计也。赐茶之典，五代时犹有之。惟国初范质王溥颇存形迹，此事遂废。陛下莫若稍复古初，脱去边幅，于禁中择一去处，聚两府大臣，日与议军国大事。陛下赐之款密，亲是非可否于其间，众议惟允，则三省画时施行，上下如一，都俞嘘咈之间，必将有超然度外之举。天下何事不可为？何难不可济？（《己未上皇帝书》）

145

文天祥评传

对于内政，文天祥认为应该法古，提出用赐坐、赐食的方式来当场即时解决时政问题。这样就可以省去三省图谋划策、讨论的时间，使事情当场得以解决。不仅皇帝要亲力亲为，而且还能达到了简文法立事的效果。文天祥认为"一不息"的方法除了便于中央政府政策的实施外，还可以用于人才的选拔。

> 至于除授，尤有关系。且如近者重臣建阃之事，方帅海门，随迁建邺，甫镇建邺，又进上饶。布置变换，如奕棋然。卯诏辰行，奔命不给。大者措画之如此，小者迁徙之更多。人无定志，事无成谋，当此艰危，岂不误事？继自今始，陛下宜与大臣熟议，某人备某职，某人任某事，人物权衡，当而后用。朝廷命令，奠而后发。如此，则观听者不至皇惑；驱驰者不至迟回。人知其令出惟行，则无轻朝廷之心；士大夫知其可以展布四体，则鞠躬尽瘁而无观望。其于国家，厥非小补。又如用一人也，或出于陛下之拔擢，或出于宰相之启拟。中书已费行移，后省方及书读。或有不当，又至缴驳。比其不缴驳也，则书黄径下，其人径受命矣。台谏始从而有所指陈。是致国论纷纭，而内外职守，迁移如传舍。施之平时，虽有体统，用之今日，恐误事机。臣愚，以为陛下宜仿唐谏官随宰相入阁故事，令给舍台谏，从两府大臣，日入禁中聚议。其有不可，应时论难，不使退有后言。如此，则国事无聚讼之

第二章 文天祥的思想

议，宸命无反汗之失，事会无濡滞磋跌之悔，岂不简便易行哉？（《己未上皇帝书》）

为政以简，一方面要加强职事者之责任感，一方面要精简繁冗的机构。例如可增强宰相的重责，减去那些繁杂的过程，以突显中心。对于朝政来说，就是突显宰相的职责。

若夫中书，乃王政之所由出；宰相之重，又天子之所与论道经邦，而不屑其他者也。今宰相来于仓卒之中，而制千里之难；立于败坏之后，而责一旦之功；此虽敏手，不能以大有为。须是博采四方之谋，旁尽天下之虑，而后不偾于事。侧闻军期文书，填委丛积，宰相以其开诚布公之岁月，弊弊焉于调遣科降之间，侍从近臣，且日不暇接矣。诸葛亮以区区之蜀，抗衡天下十分之九，究其经济大要，则曰："集众思，广忠益。"今众思不暇集，忠益不暇广，宰相不得已，竭其一心，役其两耳目，日与文书期会相寻于无穷，此岂其才之后不逮乎？我朝三省之法，繁密细碎，其势固至此也。柳宗元有言："失在于制，不在于政。"为今之计，惟有重六部之权，可以清中书之务。今六部所司，绝是简省，其间长贰，常可缺员；莫若移尚书省六房，隶之六部。如吏部得受丞相除授之旨，而行省札。兵部得禀枢密调遣之命，而发符移。其他事权，一仿诸此。而又多置两府属官，如检正都承之类，使知蜀事者置一员；知淮事者置一员；知诸路事者置若干员。两府日与其属，剸切讲画，以治此寇，而文书行移不与焉。如此，则大臣有从容之暇，可以日见百官，以及四方贤俊。酬应简则聪明全，心志壹则利害审。塞祸乱之路，开功名之门，当自此始。惟陛下思之。（《己未上皇帝书》）

自隋唐以来，国家施行三省六部制，三省相互制衡。到了宋代，是三省与枢密共同行事，中书是政令所出之地，实际上是宰相在担负此职责。道理上讲是如此，但宰相的权利往往被外戚、内侍所夺，宰相之职不得实施。因此文天祥提出应该委宰相以重任，让他权事专一，这样宰辅就能为国家大事定计施道，而国事就不至于被其它的琐事牵绊。而且这样做各部各地方的职责也能更清晰明确，各部门各司其职，不至于互相推诿，不至于政事拖沓。

一曰重宰相以开公道之门。臣闻公道在天地间，不可一日壅阏，所以昭苏而滌决之者，宰相责也。然扶公道者，宰相之责；而主公道者，天子之事。天子而侵宰相之权，则公道已矣。三省枢密，谓之朝廷，天子所与谋大政，出大令之地也。政令不出于中书，昔人谓之斜封墨敕，非盛世事。国初，三省纪纲甚正，中书造命，门下审覆，尚书奉行。宫府之事，无一不统于宰相。是以李沆犹得以焚立妃之诏，王旦犹得以沮节度之除，韩琦犹得出空头敕

第二章 文天祥的思想

以逐内侍，杜衍犹得封还内降以裁侥幸。盖宰相之权尊，则公道始有所依而立也。今陛下之所以为公道计者，非不悉矣。以禽缘戒外戚，是以公道责外戚也。以裁制戒内司，是以公道责内司也。以舍法用例戒群臣，是以公道责外廷也。雷霆发蔀，星日烛幽，天下于此咸服陛下之明。然或谓比年以来，大庭除授，于义有所未安，于法有所未便者，悉以圣旨行之。不惟诸司升补，上渎宸奎。而统帅躐级，阁职超迁，亦以禽缘而得恩泽矣。不惟轩赃湔洗，上劳涣汗。而选人通籍，奸胥逭刑，亦以钻刺而拜宠命矣。甚至闾阎琐屑之斗讼，皂隶猥贱之干求，悉达内庭，尽由中降。此何等蚍虱事，而陛下以身亲之。大臣几于为奉承风旨之官，三省几于为奉行文书之府。臣恐天下公道，自此壅矣。景祐间，罢内降，凡诏令皆出中书枢密院，仁祖之所以主张公道者如此。今进言者，犹以事当间出睿断为说。呜呼！此亦韩绛告仁祖之辞也。朕固不惮自有处分，不如先尽大臣之虑而行之后。仁祖之所以谕绛者，何说也？奈何复以绛之说启人主，以夺中书之权，是何心哉？宣靖间，创御笔之令，蔡京坐东廊，专以奉行御笔为职。其后童贯梁师成用事，而天地为之后分裂者数世，是可鉴矣！臣愿陛下重宰相之权，正中书之体，凡内批必经由中书枢密院，如先朝故事，则天下幸甚！宗社幸甚！（《御试策》）

文天祥评传

总的来说,文天祥看重宰相之职责、提出的简文立事的观点不仅仅是建立在"一不息"的哲学基础之上的,也是源于当时朝政的具体情况的——人无尽其事,才无尽其用,人事推诿,国事不行。要之,对于"一不息"的道理,文天祥讲解得极为透彻,不仅从理论上寻找了依据,亦在古之帝王身上寻找到了张本,他认为只有通过简文立事的方法,方能改变南宋社会积贫积弱、朝政腐败、世风日下的弊状。

2. 重人才建设

人才是一个国家建设的根本,人才培养是一个大工程。文天祥认为国家应该重视人文环境的建设——厚人伦,重经术,使人明礼智廉耻,使人知仁义道德。如此方能为国家储备人才。但是南宋末年的社会状况、教育状况却是很难让人满意。家庭但教人以名利,不教人以礼义,如此之人品若为任地方则祸害一方,为任于中央则败坏朝政。

士习厚薄,最关人才。从古以来,其语如此。陛下以为今之士习何如耶?今之士大夫之家,有子而教之。方其幼也,则授其句读,择其不戾于时好,不震于有司者,俾熟复焉。及其长也,细书为工,累牍为富。持试于乡校者,以是。较艺于科举者,以是。取青紫而得车马也,以是。父兄之所教诏,师友之所讲明,利而已矣。其能卓然自拔于流俗者,几何人哉?心术既坏于未仕之前,则气节可想于既仕之后。以之领郡邑,如之何责其为卓茂黄霸?以之镇一路,如之何责其为苏章何武?以之曳朝绅,

第二章 文天祥的思想

如之何责其为汲黯望之？奔竞于势要之路者，无怪也；趋附于权贵之门者，无怪也；牛维马絷絷，狗苟蝇营，患得患失，无所不至者，无怪也。悠悠风尘，靡靡偷俗，清芬消歇，浊滓横流；惟皇降衷秉彝之懿，萌蘖于牛羊斧斤相寻之冲者，其有几哉？厚今之人才，臣以为变今之士习，而后可也。臣愿陛下持不息之心，急求所以为淑士之道，则士风一淳，人才或于是而可得矣！（《御试策》）

对于当时人才培养、任用的弊端，以及如何改正的措施，文天祥有比较清醒的认识。他认为人是否能行事得体，有利朝政，取决于两个条件。一是人才是否能够被发现，一是选拔人才的机制是否改变。科举考试选拔出来的人才，多是一些读圣贤书的书生，或许他们当中的大多数人的人品没有问题，但这并不意味着他们是全才。他们不可能处理好所有的问题。有很多在某些方面有专长的偏才，却因为他们不擅长科举考试而被埋没了。所以文天祥认为应该改革选拔人才的机制，不能只注重规则而偏废了一些专才。

本朝用人，专守资格。祖宗之深意，将以习天下之才。世虽有贤明忠智之人，英伟奇杰之士，亦必践扬之多，涉历之熟，积劳持久，而后得至于高位，养成远大之器，消弭侥幸之风，人才世道，胥有利赖。然其弊也，有才者，常以无资格而不得迁；不肖者，常以不碍资格法而至于大用。天下卒有变，不肖者当之，而有才者拱手熟视，夫是以常遗国家之忧。臣尝见数年以来，边陲之间，偶缺一帅，陛下彷徨四顾，弄印莫属。挨排应急，不得已，常取监司之风力者为之。赵魏老不可以为滕薛大夫陛下非不知其然也。他人资格或有未及，而彼适可得之。虽其才具，容有不逮，然犹意境外无事，以幸其不致于败缺。比其败缺，则仓皇变易，常至于失声色而后已。呜呼，此平世拘挛之弊也。今天下事势，溃决已甚，一有蹉跌，事关存亡。百夫不可轻择将，一垒不可轻畀守，况其重者乎？今自朝郎以上，凡内之卿监侍从，外之监司郡守，紫朱其绶，唱喝车盖而出者，不知几人。使其中果有非常之才，堪任将帅，则是望实既优，资格又称，一日举而置之万夫百将之上，谁曰不然？然臣意陛下之未有其人也，则夫宗社安危之机，不可轻决于庸人而有资格者之手。世之能办事者，固多矣。三辰不轨，拔士为相；蛮夷猾夏，拔卒为将。事固各论其时也，今何如时？尚拘拘孑孑于资格之末。臣观州县之间，凡寮底小官，驰骋于繁剧之会者，盖甚有之。荐引之法，浸弊于私，而改官之格，率为势要者所据。孤寒之中，独无可任大事者乎？三岁一贡士，碌碌成事者众，而气概才识，望于乡里，曾不得一名荐书；抱膝隆中，杖策军门，固皆缝掖章甫之流也。（《己未上皇帝书》）

第二章 文天祥的思想

此段内容对当时朝廷用人情况的分析十分得细致。文天祥将批判的矛头直指当时朝廷的用人制度,语言犀利,毫不留情。因为用人制度的不恰当,不能人尽其职,根本无法做到"陈力就列"。与其虚位以科第之人,不如给与那些有资格之人,即"不拘一格所选拔"的人才。

另一方面,人才是否能行于当世,取决于在上位者的态度。皇帝的态度决定了世风政风。如果正道之不行,邪佞之当道,还想让人才任用于当世,几近于笑谈矣。

臣闻直道在天地间,不可一日颓靡,所以光明而张主之者,君子责也。然扶直道者,君子之责。而主直道者,人君之事。人君而至于沮君子之气,则直道已矣!夫不直则道不见,君子者,直道之倡也。

今陛下之所以为直道计者,非不至矣。月有供课,是以直道望谏官也。日有轮札,是以直道望廷臣也。有转对,有请对,有非时召对,是以直道望公卿百执事也。江海纳污,山薮藏疾,天下于此,咸服陛下之量。然或谓比年以来,外廷议论,于己有所未协,于情有所未忍者,悉以圣意断之。不惟言及乘舆,上勤节贴,而小小予夺,小小废置,亦且寝罢不报矣。不惟事关廊庙,上烦调停,而小小抨弹,小小纠劾,亦且宣谕不已矣。甚者意涉区区之貂珰,论侵琐琐之姻娅,不恤公议,反出谏臣。此何等狐鼠辈,而陛下以身庇之。御史至于来和事

153

之讥,台吏至于重讫了之报,臣恐天下之直道,自此沮矣。(《御试策》)

综上,文天祥提出重用人才、不拘一格用人才观点的目的,在于强国利民。然而当时的朝堂上下互相推诿、欺瞒、营私舞弊的现象比比皆是,所谓积重难返是也。如何求人才?求之于何人?因此人尽其才从根本上来看又取决于君主的态度。君主如能勤勉朝政,法天利民,必能事事可图;然如若非此,即使人才遍地,又何望焉?

3. 强兵重军以纾民困

有宋一代,国家积弊甚多。官僚机构庞大,军事支出甚费;朝政腐败,对内奸小当道,君子无容,任人不唯贤唯能;对外战争不断,不思进取投降苟安。因此,在这种情况下,南宋内朝外廷机构之运作实难正常。无论是哪种情况都足以造成百姓的流离失所,民困兵乏。"陛下以为今之民生何如邪?今之民生困矣!自琼林大盈,积于私贮,而民困;自建章通天,频于营缮,而民困;自献助迭见于豪家巨室,而民困;自和籴不间于闾阎下户,而民困;自所至贪官暴吏,视吾民如家鸡圈豕,惟所咀啖,而民困。"(《御试策》)

当然解决民困的方法有很多,但是在南宋末年解决民困最好的方式莫过于用强兵之策抵御外敌,以此来解决民困、消弥国难。而兵力的强盛又取决于兵财。如兵财不足,又何以强兵?

夫国之所恃以自卫者,兵也。而今之兵,不足

第二章 文天祥的思想

如此，国安得而不弱哉？扶其弱而归之强，则招兵之策，今日直有所不得已者。然召募方新，调度转急，问之大农，大农无财。问之版曹，版曹无财。问之饷司，饷司无财。自岁币银绢外，未闻有画一策为军食计者。……盖天下之财，专以供军，则财未有不足者。第重之以浮费，重之以冗费，则财始瓶罄而罍耻矣。如此，则虽欲足兵，其何以给兵耶？臣愿陛下持不息之心，急求所以为节财之道，则财计以充，兵力或于是而可强矣。(《御试策》)

强兵不能只赖于军费，最关键的措施还在于提高军队的战斗力，提高统帅的指挥能力。然有宋一代，虽统治者汲取唐代灭亡的教训，取消了藩镇，强化了中央集权。但是此举之弊端给国家带来的困扰尤甚——将领带兵打仗的军事能力被削弱，这直接导致了军容不整，军心涣散，军队的战斗力不强。

有宋一代以文臣任武职，因此军队战斗力不强的根本原因在于出身文职的统帅的带兵打仗的能力根本不足以统帅三军。

今天下大患，在于无兵，而无兵之患，以郡县之制弊也。祖宗矫唐末五代方镇之弊，立为郡县繁密之法，使兵财尽关于上，而守令不得以自专。昔之擅制数州，挟其力以争衡上国者，至此各拱手趋约束，卷甲而藏之。传世弥久，而天下无变，然国

155

> 势由此浸弱，而盗贼遂得恣睢于其间。宣靖以来，天下非无忠臣义士强兵猛将，然各举一州一县之力，以抗寇锋，是以折北不支，而入于贼。(《己未上皇帝书》)

至于如何强兵，文天祥的策略是给统帅一定的自主权和团结抽兵制。这两个方法的好处在于见效快且效果好。

> 州县之事力有限，守令之权势素微，虏至一城则一城创残。至一邑则一邑荡溃。事势至此，非人之愆，若不别立规模，何由戡定祸乱？臣愚，以为莫若立一镇于吉，而以建昌南安赣隶之。立一镇于袁，而以临江抚瑞隶之。择今世知兵而有望者，各令以四州从事。其四州官吏，许以自辟。见在任者，或留或去，惟帅府所为。(《己未上皇帝书》)

> 陛下忧能委数州立一方镇，莫若俾为帅者，就团结之中，凡二十家取其一人，以备军籍。一郡得二十万家，则可以得一万精卒。例而行之诸州，则一镇新兵，当不下二三万。州郡见存之租赋，可以备兵食。见存之财利，可以备军需。(《己未上皇帝书》)

文天祥强调仿方镇团结以抽兵的方式，并不是就否认削除藩镇的好处。对于二者的关系，文天祥有更为通达的看法，想法更趋于成熟。

第二章　文天祥的思想

夫郡县方镇之法，其末皆有弊。所责乎圣人者，惟能通变而推移之。故郡县所以矫方镇之偏重，方镇所以救郡县之积轻。今郡县之轻，甚矣！则夫立为方镇之法，以少变其委琐不足恃之势，真今日之第一义也。陛下一日出其度外之见，不次拔数人之沈鸷英果者，委以数镇，俾各为国家当一面，则郡县之间，文移不至于太密，事权不至于太分。兵财得以自由，而不至于重迟而不易举。旬月之间，天下雷动云合，响应影从，驱寇出境外，虽以得志中原，可也。尚何惴惴宗社之忧哉！（《己未上皇帝书》）

要之，文天祥的为政思想在于图救时弊，故他的为政思想平实、朴实，不以华采取胜，而以实用为长。但可惜的是文天祥的政治主张在其年轻之时，未有施用之所；在其中年之际，亦无用武之地。惜其治图良方，湮没于乱世之中。虽末世雄心未泯，然世道丧乱积重难返，独臂难挽狂澜矣！惜哉，悲哉！英雄末路之悲！

第三章　文天祥诗的文学成就

历史上，文天祥的文学成就往往被他高尚的人格、忠贞的气节所掩盖，人们往往忽略了他的诗歌艺术成就。即便是谈及他的诗歌创作，也多将目光聚焦在他《集杜诗》的艺术成就上。凭心而论，如果我们将文天祥诗歌的艺术成就抬高到李、杜的高度，那也是不切实际的。总的来说，文天祥的诗歌创作可陈之处亦不鲜见，不仅体裁多样，风格亦多样。诗歌创作一任性情，毫不矫柔造作。正如《乡诗摭谈》所云："文山诗为南宋江西之后劲。山谷学杜，文山亦学山谷之所学，但比山谷少变化耳；然而英挺不群之概，咄咄逼人也。"（引自梁昆宋诗派别论所引《乡诗摭谈》）虽然，文天祥不以文人自命，不以诗歌创作为其立身立命之要，但是他的诗歌在整个南宋亦有其独特的存在价值，与时俗不类。明代长谷真逸的《农田余话》对此有所评价："宋南渡后，文体破碎，诗体卑弱；惟范石湖、陆放翁为平正。至晦庵诸子，始欲一变时习，模仿古作，故有神头鬼面之论。时人渐染既久，莫之或改。及文天祥留意杜诗，所作顿去当时之凡陋，

第三章 文天祥诗的文学成就

观指南前后录可见,不独忠义冠于一时,亦斯文间气之发见也。"

文天祥的诗歌创作,以他40岁为界,分为前后两期。从作品的风格来看,前后两期的诗歌创作风格迥异。前期作品风格多样,转益多师,成就略逊;后期作品风格近杜,多慷慨悲歌,遒劲悲壮,沉郁顿挫,动人肺腑。

一、文天祥前期的诗歌创作

文天祥的前期诗歌创作,大致始于理宗宝祐三年,终于度宗咸淳十年。在这20年间,文天祥大概创作了二百五十多首诗歌,与一些大家相比,虽然数量不甚多,但是诸体具备。诸如题赠诗、哀挽诗、咏怀诗、歌行体诗、陶体诗俯拾即是。但是文天祥前期诗歌创作有一个很大的弊端,就是创作态度稍嫌随意,"文章一小伎,诗又小伎之游戏者。"(《跋萧敬夫诗稿》)在这种创作思想的影响下,其诗作的艺术水平和思想水平均不是很高,题赠诗和哀挽诗尤甚。后人因此而訾诟文天祥的前期诗歌作品——或谓"缺乏才气"(胡云翼《中国文学史》),或谓"不脱江湖派风气"(叶庆炳《中国文学史》),或谓"全部都草率平庸"(姜涛《中国文学欣赏精选》),或谓"为相面、算命、卜卦等人做的比例上大得让我们吃惊""全部都草率平庸"(钱钟书《宋诗选注》)。

当然,我们可以更客观地来评价文天祥的诗歌成就。一方面,我们不能因为要替贤者讳,就违心地说文天祥前期诗歌的艺术水平超绝脱俗;另一方面,尽管文天祥前期的诗歌

文天祥评传

创作有这样那样的毛病，就对其过于苛责，正如黄子云的《野鸿诗的》所云："凡题赠、送别、贺庆、哀挽之题，无一非诗，人皆目为酬应，不过掇摭套语以塞责。试问有唐各家集中，此等题十有七八，而偏有拔萃绝群之什者何也？其法要如昌黎作文，寻题之间隙而入于中，自有至理存焉。"余以为此说为的。

因之文天祥前期作品体裁多样，故对文天祥前期诗歌的鉴赏以体裁为编。

1. 酬酢诗

文天祥状元及第、为父丧期服满之后，即开始步入仕途。官场中，臣子之间的日常酬酢在所难免。这类作品的创作要符合文人士大夫的身份，要写得雍荣华贵。文天祥的酬酢诗风格庄重典雅，对仗工整，用语繁丽，用典精巧，语句精雕，格律近体。其风格与北宋的台阁体类似，近于西昆体。

西昆体，始于北宋初年，以杨亿、刘筠、钱惟演为代表，因为他们同登馆阁，又被称为"台阁体"。他们的诗歌主要宗师李商隐，以用典隐密、清贵高雅为要，崇尚俪对，词藻华丽。又因为他们的作品多用于酬唱，一时风头无两。

先毋论此体诗歌创作水平如何，就文天祥于酬酢之体选择西昆体之例而言，就可以看出他对诗歌创作是颇有心得的。此类作品，艺术风格典雅高贵，但是由于内容限于酬唱，表现范畴稍嫌狭窄，故发自肺腑、抒情性灵、感慨人生之作难觅。

奉诏新弹入仕冠，重来轩陛望天颜。云呈五色

第三章 文天祥诗的文学成就

符旗盖,露立千官杂珮环。

燕席巧临牛女节,鸾章光映璧奎间。献诗陈雅愚臣事,况且赓歌气象还。(《御赐琼林宴恭和诗》)

墨洒天奎映籀红,斯堂殿阁与俱隆。方壶圆峤神仙宅,温洛荣河造化工。

列圣文章千载重,诸孙声气一时同。著庭更有邦人笔,稽首承休学二忠。(《敬和道山堂庆瞻御书韵》)

这两首律诗确实乏善可陈,风格也确实类似于西昆体,但与西昆作家的作品相比,无论是在用典方面,还是在词藻华丽方面,都是略逊一筹的。

五鼓端门漏滴稀,夜签声断翠华飞。繁星晓埭闻鸡度,细雨春场射雉归。

步试金莲波溅袜,歌翻玉树涕沾衣。龙盘王气终三百,犹得澄澜对敞扉。(杨亿《南朝》)

因为有骈文功底,大抵此类作品,文天祥做起来亦不费劲儿;而且似乎文天祥也并没有下气力去学西昆的精髓——即用典绵丽隐讳、用词繁饰华彩,和杨亿的西昆体"取材博赡、练词精整"(《四库全书总目提要》)相比,文天祥的作品还是略显直白。

2. 酬赠诗

所谓的"酬赠诗",与士大夫之间的酬酢诗略有不同。

161

文天祥评传

其酬唱的对象主要是那些江湖中的相士、拆字先生、算命先生，从事医药的江湖中人和僧、道等江湖道人。这类诗歌在文天祥的集中数量不少，但乏上乘之作。这些作品基本上属于即事成篇。文天祥于此类创作缺少了一份敬谨之心，诗歌的艺术水平和思想水平均不很高，而且文天祥的诗歌创作被后人訾诟，多属此类作品。

水火坎离紫阳怪，滑波皮骨长坡骇。解州得解解中胶，费家封铺同一解。

唫字从金诗反穷，贝何为分田何同。黄绢幼妇我自乐，竹犬多事雅鹤翁。（《赠拆字嗅衣相士》）

许负眼，祢衡口。巧言甘，莠言丑。（《赠曾兰谷相士》）

理身如理国，用药如用兵。人能保天和，于身为太平。外邪奸其间，甚于寇抢攘。守护一不谨，乘间敌益勍。古有黄帝书，犹今六韬经。悍夫命雄喙，仁将资参苓。羽衣为其徒，识破阴阳争。指授别生死，铮然震能名。道家摄铅汞，肤腠如重扃。到头关键密，六气无敢婴。君方建旗鼓，不敢走且惊。他时櫜吾弓，闭门读黄庭。（《彭通伯卫和堂》）

君不见，而家直臣犯天怒，身死未寒碑已仆。又不见，而家处士承天渥，闭门水竹以自乐。云仍妙参曾扬诀，谓余地宅谁优劣。小烦稳作子午针，灵于己则灵于人。（《赠魏山人》）

第三章　文天祥诗的文学成就

文天祥的酬赠诗，酬赠范围较广，基本上属于有求必应，而且酬赠的对象也比较驳杂，三教九流凡请均有赠。尽管此类诗歌艺术水平不高，但文天祥在创作的时候还是颇费了些心思的。酬赠之诗本就不好做，过于敷衍则对方不喜；过于谀主则天祥不悦。因此，文天祥的酬赠诗基本上能做到从所求之人的职业、身份入手，创作出符合他们身份和职业特点的诗歌。写给避世的山人之作，强调其灵人灵己、娱情山水；写给药师之作，强调其"用药如用兵"的道理。即使均是写给相士的作品，亦有不同。《赠拆字嗅衣相士》的作品强调其擅长拆字的特点，《赠曾兰谷相士》则强调他善于观人且口快直言的特点。

这些诗歌虽然从内容上来说，确有些乏善可陈，但是认真细读之下我们依然可以看出文天祥的用心之处。比如诗歌的体裁，三言游戏之作有之，七言律体有之，五言古体有之，歌行之体有之。当然，文天祥的酬赠之诗，也偶尔有上佳之作，也能窥见文天祥的心性。

贫贱元无富贵思，泥途滑滑总危机。世无徐庶不如卧，见到渊明便合归。

流落丹心天肯未，峥嵘青眼古来稀。西风为语岩前桂，若更多言却又非。（《宣州罢任再赠》）

此别重逢又几时，赠君此是第三诗。众人皆醉从教酒，独我无争且看棋。

凡事谁能随物竞，此心只要有天知。自知自有天知得，切莫逢人说项斯。（《赣州再赠》）

文天祥评传

相士以阅人、鉴人为生。文天祥总共给杨相士写了三首赠诗,从上述两首诗的内容来看,我们看到的更多的是文天祥对世事的看法,对运命的认识——"凡事谁能随物竞,此心只要有天知"——无须争,信天命;不独如此,所谓的知天顺命,也不过是借赠杨相士之机来看透自己的人生罢了——世事艰险,何论富贵?如若不能庙堂显名,不若归隐!

3. 题赠诗

文天祥的题赠之诗,又与酬酢诗、酬赠诗略有不同。酬赠诗与酬酢诗最大的不同在于,二者的创作对象不同,前者以江湖人士为主;后者以庙堂上的僚属为主。酬酢诗与题赠诗最大的不同则在于,二者的情感投入略有不同,前者多属官场应酬之作,所投入的情感不多;后者虽仍然为酬应之诗,但往往因时因地因事因景而有所题赠,感慨颇多。所以较之酬酢诗,题赠诗的艺术水平和思想内容较高。

男儿生作事,豪杰死留名。天运常相禅,江流自不平。

百年多险梦,千古有闲评。诸父渊源在,吾犹及老成。(《题得鱼集史评》)

大厦新成燕雀欢,与君聊此共清闲。地居一郡楼台上,人在半空烟雨间。

修复尽还今宇宙,感伤犹记旧江山。近来又报秋风紧,颇觉忧时鬓欲斑。(《题碧落堂》自注:知瑞州日)

第三章 文天祥诗的文学成就

这两首诗歌，一首题集史评，一首题楼阁。虽然文从字顺，但毫无应酬之感。《题得鱼集史评》一诗，文天祥将自己对时事、历史、天命的感慨系之于诗，既是评史，亦是评己之身世。《题碧落堂》一诗作于时事渐趋紧张之际，诗歌采用先扬后抑的手法——虽欣喜于山水之情，感慨于清闲之娱，但是国事渐难，闻之如何勿伤？鬓发斑白，见之如何无感？

> 城郭春声阔，楼台昼影迟。并天浮雪界，盖海出云旗。
> 风雨十年梦，江湖万里思。倚阑时北顾，空翠湿朝曦。（《题郁孤台》）
> 五云窗户瞰沧浪，犹带唐人翰墨香。日月四时黄道阔，江山一片画图长。
> 回风何处搏双雁，冻雨谁人驾独舡。回首十年此漂泊，阁前新柳已成行。（《题滕王阁》）

以上两首诗歌虽以题赠为目，实则为咏史之作。《题郁孤台》一诗，写景壮阔，写情悲壮。读之不禁使人联想起辛弃疾的《菩萨蛮·书江西造口壁》："郁孤台下清江水，中间多少行人泪。西北望长安，可怜无数山。"其中"倚阑时北顾，空翠湿朝曦"与辛弃疾的"江晚正愁余，山深闻鹧鸪"异曲同工——前者用倚栏北顾的动作细节、后者用江晚愁苦的神态细节；前者用清晨空山湿冷的意境、后者用深夜哀婉的鹧鸪鸣叫声，各自烘托出了一位悲壮的末路英雄形象。《题滕王阁》诗更是借古今之对比，寄托了自己的感慨。宋时之景不同于唐时之貌，十年前之柳容亦不同于如今之柳形。

以上诸诗，或题文集、或题楼阁，感慨系之，实由己出。在某种程度上，与其说是题赠诗，不如说是感怀诗。这些诗歌或因之时事而发感慨，或因之古事而寄感兴。这些题赠诗，约略可窥得文天祥的才性、学识与志向。

4. 感怀诗

其实以"感怀"命名此类诗歌，略失之笼统。这类诗歌大抵有一个共同的特点，即随感。此类诗歌无事不可入，无情不可抒，虽略有随意为之之嫌，但往往这些作品中所体现的情感真挚质朴，亦兼有慷慨悲歌，故其艺术水平较之酬酢诗、酬赠诗为高。这类诗歌风格略近汉魏古诗，语言古朴，析理清晰。从情感表现上来看，诗歌任气、任情，时有运命之叹。

澹澹池光曙，沉沉野色秋。片云生北舍，双雁过南楼。

有见皆成趣，无言总是愁。芭蕉夜来水，噀罢自搔头。（《早起偶成》）

淡烟枫叶路，细雨蓼花时。宿雁半江画，寒蛩四壁诗。

少年老成大，吾道付逶迟。终有剑心在，闻难坐欲驰。（《夜坐》）

大抵早起之忧与夜坐之愁，同一机枢。早起虽不言愁，

第三章 文天祥诗的文学成就

但愁苦自现。澹澹之池光、沉寂之秋色、北舍之片云、南楼之双雁,无不成趣,亦无不成愁。迷蒙中的枫叶路与细雨中的蓼花,就像是文天祥的前路,虽有光亮,又迷茫不甚清晰。人生苦短,逝者如斯,虽剑心仍在,然志向难成,大概就只能"行叹复坐愁"了,而此中愁苦就只能寄之于半江宿雁、四壁寒蛩了。文天祥于两首诗中所表现出来的苦闷,大概与阮籍的"夜中不能寐,起坐弹鸣琴"的痛苦相去不远。

岁月侵寻见二毛,剑花冷落髑鹕膏。睡馀吸海龙身瘦,渴里奔雪马骨高。

百忌不容亲酒具,千愁那解灭诗豪。起来大作屠门嚼,自笑我非儿女曹。(《病中作》)

瞿塘滟处真重险,勾漏坡前又一滩。世事不容轻易看,翻云覆雨等闲间。

病中忽误通真理,静处专寻入定工。雨汗淋头都不管,须臾和气自冲融。(《又二绝》)

一病忽两月,蓬头夏涉秋。形羸心自壮,手弱笔仍遒。

昨夜灯如喜,今宵谍莫愁。问谁驱五疟,正与五穷谋。(《又赋》之一)

一病四十日,西风草木凉。倚床腰见骨,览镜眼留眶。

倦策吟诗杖,频烧读易香。夜深排果饵,乞巧太医王。(《又赋》之二)

此一首七律、两首七绝、两首五律均为文天祥病中所作。从内容来看，七律与七绝以表情为主，似乎人在生病之时，感悟颇深——对于世事、对于生命都有新的认识，正如"世事不容轻易看，翻云覆雨等闲间"。虽冲和清淡，理定气闲，但字里行间仍难忘世事。五律两首，颇异于七律与七绝，以纪病中之状为主，蓬头逅面，骨瘦如柴，虽疾病婴缠，但仍诗书自娱，不废读书之娱，不失文人之气。咸淳年间，文天祥过着时仕时隐的生活。既然不容于世，不能兼济天下，那么就寄情山水吧。然而，咸淳四年起蒙古大军已经加紧了南下攻宋的步伐。在这种情况下，虽然文天祥打造了文山厅堂，但如何能于此处真的"穷幽极胜，乐而忘疲"？咸淳七年十一月十五日，忽必烈迁都燕京，建立了元朝。咸淳八年，文天祥患上了疟疾，大病了40余日。此四首诗大概即作于此时。国事动荡若此，正如凉气入骨的西风，病中之人又岂能避免？"倚床腰见骨，览镜眼留眶"，虽是直写病容，大抵也能看出心中之病愁吧！"倦策吟诗杖，频烧读易香"，虽直写了病中之勤勉与自娱，但是何故频频读《周易》呢？字里行间的无奈还是可以慢慢品读的。

5. 陶体诗

陶体诗，顾名思义，是指文天祥前期创作中风格浅净、平淡、自然类似于陶渊明风格的诗歌；除此之外，还包括他归隐之中寄情世事的诗歌。众所周知，陶渊明是千古隐逸之宗，不恋俗世，性喜山水。然而身受儒家思想熏陶的陶渊明也有"金刚怒目"的一面。以英雄气节自许的文天祥，在归隐文山之际，亦难免于其诗歌中感发对世事的看法，虽为归

第三章 文天祥诗的文学成就

隐亦希望异日有大图。

咸淳十年,宦海沉浮。其间甘苦让文天祥对朝政、对时局、对统治者都有了比较清晰的认识。尽管如此,他的一片丹心未曾改变。虽然一生以"林泉"为向往,但是覆巢之下安有完卵?乱世之中终是难有安逸的。正如文天祥所自述:"仆十年受用,顺境过当;天道反覆,咻者旁午。七八月以来,此血肉躯,如立于砧几之上;齑粉毒手,直立而俟之耳。仆何得罪于人?乃知刚介正洁,固取危之道,而仆不能变者,天也。"(《与朱太博埴书》)这才是不同于流俗的文天祥。

故文天祥的陶体诗,根据内容大体可以分为两种。一种是以恬淡自适为内容的山水田园诗,一种是在归隐之中寄怀世事的感遇诗。

一笠一蓑三钓矶,归来不费买山赀。洞天福地深数里,石壁湍流清四时。

樵牧旧蹊今可马,鬼神天巧不容诗。先生曾有空同约,那里江山未是奇。(《辟山寄朱约山》)

拍拍春风满面浮,出门一笑大江流。坐中狂客有醉白,物外闲人惟弈秋。

晴抹雨妆总西子,日开去暝一滁州。忽传十万军声至,如在浙江亭上游。(《山中载酒用萧敬夫韵赋江涨》)

两两渔舟摇下,双双紫燕飞回。流水白云芳草,清风明月苍苔。

鹤外竹声簌簌,座边松影疏疏。夜静不收棋局,日高犹卧纱厨。

　　风煖江鸿海燕，雨晴簷鹊林鸠。一段青山颜色，不随江水俱流。（《山中六言三首》）

　　这三组诗歌分别创作于文天祥第一次、第二次及第三次归隐故里之时，诗歌中所表现的对山水的欣赏、对恬淡自适的情怀的抒写，都与陶渊明的诗歌有异曲同工之妙。陶之归隐，还是有其政治上的考量，因"性本爱丘山""羁鸟恋旧林"，"吾不能为五斗米折腰，拳拳事乡里小人邪"，而不耐在樊笼里久呆；文天祥的归隐，实是因朝政把持于奸臣、奸臣弄权而选择的无奈之举，虽然本性中文天祥亦有归隐山林之想，但彼时已非太平盛世，即使归隐又将归向何处呢？

　　忆我少壮时，无乐自欣豫。猛志逸四海，骞翮思远翥。荏苒岁月颓，此心稍已去。值欢无复娱，每每多忧虑。气力渐衰损，转觉日不如。壑舟无须臾，引我不得住。前途当几许，未知止泊处。古人惜寸阴，念此使人惧。（陶渊明《杂诗》其五）

　　析言之，陶渊明的"壮志"与文天祥的"壮志"有些许不同。陶渊明因猛志无法实现，始不愿与小人为伍，不想面对改朝换代的现实；文天祥的"壮志"却是刻不容缓的，一刻之息即可能异族入侵，入主中原。文天祥之所以不能"穷则独善其身"的原因可能也即在于此。

第三章 文天祥诗的文学成就

故在时局变得动荡、南宋王朝变得风雨飘摇之际，文天祥的归隐似乎又被蒙上了一层薄纱，貌似近在眼前，却又触摸不着。如水之中月，镜中之花，既摸不着，又挥之不去。其郁结于心中之情，如之何勿吐之为快呢？

  载酒之东郊，东郊草新绿。一雨生江波，洲渚失其足。青春岂不惜？行乐非所欲。采芝复采芝，终朝不盈掬。大风从何来？奇才响振空谷。我马何玄黄，息我西山麓。

  山中有流水，霜降石自出。骤雨东南来，消长不终日。故人书问至，为言北风急。山深人不知，塞马谁得失？挑灯看古史，感泪纵横发。幸生圣明时，渔樵以自适。

  桃花何夭夭，杨柳何依依。去掉白鸟集，今年黄鹄飞。昔为江上潮，今为山中云。江上潮有声，山中云无情。一年足自念，况复百年长。但存松柏心，天地真茫茫。（《山中感兴三首》）

这首五言古诗与其说似陶体，不如说似感遇体。古诗兴寄深远。山中时日虽好，虽能远俗，却不能僻世。为何见骤雨？为何言"北风急"？又是谁失了"塞马"？其中之深意不言而明。郁结于胸中之块垒如何抒发？挑灯夜读看古史，借古伤怀似可解。然而，感慨涕泪虽有之，却是生平无幸，无法生于圣明之时终生渔樵以自娱！

沧州棹影荻花凉，欸乃一声江水长。赖有莼风堪斫脍，便无花月亦飞觞。山中世已惊东晋，席上人多赋晚唐。何处鱼羹不可饭，早拚泉石入膏肓。（《山中》）

青山虽然依旧，然而已惊世人。时局已变，如何自处？文天祥虽处江湖之远，亦难忘世事，仍心存国家。所以陶体诗的第一种类型，我们看重的是他诗歌创作的语言风格；陶体诗的第二种类型，我们看重已经不是诗歌的形式与艺术特点，而是诗中所表现出来的临国难而无可忘怀的隐痛。

6. 乐府体

乐府诗歌的特点是感于哀乐，缘事而发。文天祥的乐府诗歌，大体上可以分为两种类型，一种是纪实的五言古体，其用意缘于白居易的新乐府精神——"歌诗合为时而著，文章合为事而作。"（《与元九书》）另一种类型是任情的歌行体，诗歌内容与政治际遇关系不大，以表达个人感慨和情绪为主。

丈夫至白首，钟鼎垂功名。未有朱门中，而无丝竹声。与主共富贵，不见主苦辛。名姝从何来，婉娈出神京。今人薄生男，生女即不贫。东家从王侯，西家事公卿。吾行天下多，朱紫稀晨星。大都不一一，甚都旷数城。如何世上福，冉冉归娉婷。乃知长安市，家家生贵人。（《名姝吟》）

万金结游侠，千金买歌舞。丹青映第宅，从者

第三章 文天祥诗的文学成就

塞衢路。身为他人役,名声落尘土。他人一何伤,富贵还自苦。东方有一士,败垣半风雨。不识丝与竹,飞雀满庭户。一饭或不饱,夜梦无惊寤。此事古来多,难与俗人语。(《东方有一士》)

乐府诗歌的精髓就是反映现实,五言乐府尤其如此。这两首乐府,都具有典型的时代性,所表现的内容都是封建社会常见的现象。无论是《名姝吟》中的名姝,还是《东方有一士》中的难与人言的东方士,都具有典型性。前者着重描绘了"丈夫至白首,钟鼎垂功名"而"不重生男重生女"、"生女即不贫"的社会现状;后者描绘出了富贵者夜夜笙歌,贫困者潦倒困顿的现状,二者都具体而微地表现了汉乐府"讽时""讥世"的特点。

君不见,秘书外监贺放翁,镜湖一曲高清风。又不见,太子师傅两疏氏,东门祖帐罗群公。人生晚节良不易,颓波直下谁障东?使人知有在我者,二三君子为有功。我公金华山下住,赤松安期白云处。风骨细瘦真神仙,急流勇退不肯顾。我昔山中想风采,几回击节归田疏。适来追陪水苍佩,亲见辞归白云路。御笔擢公领蓬山,师表玉立东宫官。两年苦口一去字,未许鸥鹭从公闲。瑶池深深锁策府,玉皇宫阙侨其间。暂分赤符管下界,半空云气常往还。多少持麾辞上国,悠悠风尘见此客。莫作寻常太守看,疏贺以来伟人物。夜瞻婺女次舍中,

173

一点光明射南极。公归眠食重调护,世道尚凭公气力。(《赠秘书王监丞》)

浩浩歌,人生如寄可奈何!春秋去来传鸿燕,朝暮出没奔羲娥。青丝冉冉上霜雪,百年欻若弹指过。封侯未必胜瓜圃,青门老子聊婆婆。江湖流浪何不可?亦曾力士为脱靴,清风明月不用买,何处不是安乐窝?鹤胫岂长凫岂短,夔足非少蚿非多。浩浩歌,人生如寄可奈何!不能高飞与远举,天荒地老悬网罗。到头北邙一抔土,万事碌碌空奔波。金张许史久寂寞,古来贤圣闻丘轲。乃知世间为长物,惟有真我难灭磨。浩浩歌,人生如寄可奈何!春梦婆,春梦婆,拍手笑呵呵,是亦一东坡,非亦一东坡。(《陈贯道摘坡诗如寄以自号达者之流也为赋浩浩歌一首》)

这两首歌行,从诗歌的内容上来看,已与汉唐歌行旨趣大不相同。凭心而论,文天祥的七言歌行的艺术水平不如五言乐府。以《赠秘书王监丞》为例,此诗可以说只是徒具七言歌行的外表,内容上将显达归隐的思想合二为一,对王监丞进行了颂赞。因为是题赠诗,故于诗歌内容和形式两方面都略显乏善可陈。《陈贯道摘坡诗如寄以自号达者之流也为赋浩浩歌一首》的艺术水平要高一些,无论是语言形式还是创作思路,都或多或少地模仿了李白的歌行。"人生如寄可奈何"作为全诗的线索,共出现了三次,音韵流畅婉转,有一唱三叹的特点。与李白的《行路难》有异曲同工之妙。在语

第三章 文天祥诗的文学成就

言和思想上，这首诗又模仿了苏东坡。语言之诙谐似之，运命之通达似之。诗歌用通俗的语言，反复地表达了人生如寄的感慨。封侯成相又如何？可能比不过一瓜圃老翁。江湖流浪又如何？富贵曾经有，清风不用买，安乐亦可享。到头来人生又如何？北邙一抔土，身后也寂寞。不如顺天委运，乐天知命。总的来说，文天祥五言乐府的创作是在袭古，袭多变少，成就尚可；而歌行体的创作是变古，变多袭少，但水平亦尚属一般。

7. 哀挽诗

汉魏以来，人的自我意识、生命意识已然觉醒，对生命易逝、时光不复的哀叹与无奈，文学作品中时有呈现。《薤露》《蒿里》这样哀挽逝者生命的作品，也应时而产生了。哀挽诗，是一种哀悼、祭奠死者的诗歌体裁。"郎仁宝云：挽诗盛于唐，非无交而涕也。"（赵翼《陔余丛考·寿诗挽诗悼亡诗》）这类作品不容易做好，一则以情，一则以事；情不真切，则流于空洞；事若阿谀，则流于世俗。文天祥集中现存有十余首哀挽诗。秉之以真诚、才性、性情、学力，文天祥的哀挽诗做得还是比较亲切自然的。

> 结屋南陵三十秋，田园旧隐隔江流。郧州避乱杜工部，下泽乘车马少游。名利无心付麈鹿，诗书有种出烟楼。长淮清野难归玉，魂魄犹应恋故丘。（《挽龚用和》）

> 此君何坦坦，回首杏园游。魂魄湘潭去，声名彭泽休。百年中道短，千里故乡愁。六子三方幼，

175

遗言可泪流。(《挽鄢晋叔主簿》)

一般来说，哀挽诗的创作要表现死者的身份、生平，以抒情为主。所以哀挽诗要做得好，一要见得逝者之神，故诗不可不用典，用典则雅，雅则接遇千古，接千古则通神；一要见得真情。有情则有言，言为心声，有声则有文，有文则奕彩重生。这两首哀挽诗歌，千载之下，我们可以想见其人之性情，亦可见文山与之倾心之情。文辞雅丽，读之可喜。与盛唐之哀挽诗相比，亦不遑多让。"琴瑟调双凤，和鸣不独飞。正歌春可乐，行泣露先晞。环珮声犹在，房栊梦不归。将军休沐日，谁劝著新衣。"（徐安贞《程将军夫人挽诗》）若言哀挽用情之深厚者，莫若《挽巽斋先生欧阳大著》一诗。

> 徘徊河西上，月落众星稀。哲人萎中道，雨绝将安之。昔者丽鸿藻，玉振含清晖。名理轶晋魏，雅言袭轲思。连驾觌驰道，并坐侍端闱。及门怀燕婉，升堂接逶迤。方期黄鹄翔，忽作朝露晞。黔娄不盖体，延陵有遗悲。层阿翳寒树，平楚暖布微。帷（巾加上慌加的右半部分）衣广柳，缟冠涕如縻。水从章江去，云绕楚山飞。已矣如有闻，斯文不在兹。(《挽巽斋先生欧阳大著》)

该诗追往忆昔，学识品性，不一而足。远逝之悲，发自肺腑。正如挚虞所称："挽歌因倡和而为摧怆之声。"（《晋

第三章　文天祥诗的文学成就

书》卷二十《礼志中》）青山绿水仍在，人去文章难求。

8. 道学诗

　　宋代的诗歌旨趣与唐代的相比，大相径庭。宋代诗歌尚理尚趣，唐代诗歌尚情尚意。《四库提要》称："自班固作咏史诗，始兆论宗；东方朔作诫子诗，始涉理路。沿及北宋，鄙唐之不知道，于是以论理为本，以修词为末，而诗格于是乎大变。"（《四库全书总目提要·击壤集》）宋代诗歌以尚理为主，但这并不意味着好发议论的宋诗等同于道学诗。

　　道学诗，以邵雍为代表。"其诗源出白居易，意所欲言，自抒胸臆，脱然于诗法之外。盖以论理为本，修词为末，故不苦吟以求工，然亦非故欲以鄙俚为高。"（张公鉴《文天祥生平及其诗词研究》）道学诗虽亦阐发理论，但与苏轼的《题西林壁》之类的诗歌相比，旨趣完全不同。道学诗的重点在于悟道与载道。

　　文天祥创作道学诗，主要是受到当时的社会环境影响的。"欲学诗，先学道；学道则性情正，性情正则原本得。""夫作诗必须心闲；顾心闲惟进乎道者有之。进乎道者，于其中之所有，无不尽知尽见。"（徐增《而庵诗话》）"诗须是沉潜讽诵，玩味义理，咀嚼滋味，方有所益。"（魏庆之《诗人玉屑》）

　　　　地得一以宁，凝然者卷石。嵚岩及培塿，异形
　　　　不异质。古之能定者，悟此为一极。春荣秋以悴，
　　　　一岁百态出。鸟鸣花落句，此意谁与诘？所以尼丘
　　　　人，仁智不废一。万象此纬经，死灰彼何物？明发

此乎游，参入观水术。(《题静山》)

因自然之景而感发"得一而宁"的道理，说理朴实，语言自然。从诗歌的艺术审美上来看，文学味道则寡然，似魏晋时期的玄言诗。玄言诗是东晋诗坛上流行的一种大谈黄老玄之又玄、深微莫测思想的哲理诗。这类诗歌的特点是诗中缺乏诗歌的形象美，内容脱离社会生活。钟嵘称，"时，贵黄老，稍尚虚谈，于时篇什，理过其辞，淡乎寡味。爰及江表，微波尚传，孙绰、许询、桓、庾诸公诗，皆平典似道德论，建安风力尽矣。"（《诗品序》）当然，做得比较优秀的玄言诗，也能够借山水以娱情，能够在写景的基础上感发感悟。

萧瑟仲秋月，飂戾风云高。山居感时变，远客兴长谣。疏林积凉风，虚岫结凝霜。湛露洒庭林，密叶辞荣条。抚菌悲先落，攀松羡后凋。垂纶在林野，交情远市朝。澹然古怀心，濠上岂伊遥。（孙绰《秋日诗》）

这首诗歌作者在仲秋萧条之际，阐发了人生苦短、坚守节操、厌弃世事、逍遥山野的感情。这与文天祥在借节序变幻来表达情感的方式是一样的，唯一不同的地方就在于文天祥所阐发的情感以宋儒思想为主。

人生天地间，一死非细事。识破此条贯，八九分地位。赵岐图寿藏，杜牧拟墓志。祭文潜自撰，

第三章 文天祥诗的文学成就

荷锸伶常醉。此等蜕浮生，见解已不易。齐物逍遥游，大抵蒙庄意。圣门有大法，学者必孔自。知生未了了，未到知死地。原始则返终，终始本一致。后来得西铭，精蕴发洙泗。吾体天地塞，吾气天地帅。一节非践形，终身莫继志。舜功禹顾养，参全颖锡类。伯奇令无违，申生恭不贰。圣贤当其生，无日不惴惴。彼岂不大观，何苦勤兴寐。吾顺苟不亏，吾宁始无愧。人而有所忝，旷达未足智。卓哉居士翁，方心不姿媚。蒙谗以去国，七年无怨怼。风雨三间茅，松楸接苍翠。斯丘亦乐哉，未老先位置。宇宙如许大，岂以为敝屣？当其归去来，致命聊自遂。天之生贤才，初意岂无为？民胞物同与，何莫非己累？君方仕于朝，名高贵所萃。乾坤父母身，方来日川至。西铭一篇书，顺事为大义。请君观我生，姑置末四字。(《赠莆阳卓大著顺宁精舍三十韵》)

这首诗歌用典精切，博古通今，体现了文天祥的博学与理识。人生在世看破死生不易，但是看破死生并不意味着无所希求。人生于世必当有所求，但所求不应为物所累。顺则不亏，逆则无愧。充盈于其中的浩然正气，实是令人佩服。此诗全用五言，清新质朴，得五言之精髓。作为道学诗，此诗虽艺术感召力稍差，但说理确实透彻，以诗体发之，实似五言散文。

综上，文天祥前期的诗歌创作风格多样，题材多变。从

文天祥评传

文天祥近体诗的艺术风格上来看,基本上类似于南宋末年永嘉四灵的创作。南宋末年,以徐照、徐玑、翁卷、赵师秀为代表的永嘉四灵的诗歌颇为流行,代表了南宋末年诗坛的一种倾向。四灵的创作多攻近体,尤精五律,效晚唐之体,以其清新纤巧为称。以文天祥的近体诗来看,词藻清新、摹景纤巧,确实风格略似四灵。徐照、徐玑、翁卷、赵师秀四人的诗歌创作宗贾岛与姚合,注重艺术上的精雕细琢,即强调诗歌苦吟的审美情趣,追求的是平淡自然的诗歌境界。他们的诗歌多描写日常生活,多描写山水及闲情,以抒发主观体验为主,忌用典,尚白描。

> 一天秋色冷晴湾,无数峰峦远近间。闲上山来看野水,忽于水底见青山。(翁卷《野望》)

这首诗歌写来清新自然,无用典故,不事词藻,纯用白描,为大家描绘了一幅清新自然的野望图。四灵所写的诗歌内容大多与此诗相似:内容比较狭窄,多集中在题咏景物、酬唱赠答方面,不太关注社会现实。"所用料不过'花、竹、鹤、僧、琴、药、茶、酒',于此数物一步不可离,而气象小矣。"(方回《瀛奎律髓》)而这些诗歌的内容,恰恰与文天祥前期的诗歌创作题材相合,故我们说文天祥的近体诗歌于内容上与四灵近之,风格上亦近之。当然本之文天祥之才性与所处之时局,诗歌所表现的情感与艺术特点,有过之无不及。

总之,文天祥前期的诗歌创作胜在文体多样,风格多样,

第三章 文天祥诗的文学成就

虽在思想内容上无法与后期相比，但亦有其存在价值，感怀兴发，寄之以诗；娱情山水，寄之以诗；与民交往，寄之以诗；哀挽人生，寄之以往……举凡能入诗者，皆寄之以诗，非才性、性情淳厚者不能为也。

二、文天祥后期的诗歌创作

文天祥 41 岁至 47 岁之间创作的诗歌，因之时事充满了慷慨悲愤之情，风格近似于杜工部的"浓郁顿挫"，毫无疑问这些作品是文天祥诗集中的精华所在。正如《宋诗钞》所言："自指南录以后，与初集格力相去殊远，志益愤而气益壮，诗不琢而日工，此风雅正教也。"当南宋季末，国家危若累卵，有识之士若将一腔激愤之情、不平之气斥诸诗歌，悲凉之气、豪壮之风定能力透纸背。此中之感慨，岂是南宋末年，区区四灵、江湖诗人之作所能比肩的？正如张公鉴先生所言："逮蒙古大举入寇，君后北迁，生民涂炭，将吏死节，邦家倾危。晚宋诸人，肤润身爱，震颤于神州陆沈，而兴怀忠耿之情；其惨痛悲愤之意，交错胸中，发以为声，笔以为诗，一扫江西末流四灵、江湖摹拟剽窃之恶习。其真情实感，醒世良深，以文天祥、谢枋得、谢翱、汪元量等为代表。"（《文天祥生平及其诗词研究》）

文天祥后期诗歌创作纪年纪事，具有纪实的特点。若以行藏为限，文天祥后期诗歌创作大体可以分为五个时期。第一个时期是奉使北营、被拘北遣时期；第二个时期是脱京口、趋真州、通州、浮海至温州时期；第三个时期是抗元时期；

文天祥评传

第四个时期是五坡岭被执、解往燕京时期。第五个时期是囚居元狱时期。

1. 奉使北营、被拘北遣

国家处于存亡之秋，写诗对于文天祥而言已经不是怡情阅目之雅事乐事了，而变成了纪录史实、渲泄情感的一个途径。从《所怀》《自叹》到《愧故人》，文天祥用洗炼的语言表现了自己的心路历程。举目无亲、独自向北的悲凉有之；羁旅漂泊、心向故土的苦痛有之；韶华易逝、壮志难酬、抚昔悔恨的悲痛有之。与诗歌的纪实性相比，诗中所蕴含的情感更易引发我们的感慨。正如陈衍所评："今观先生平生诸什，固多和平淡泊之音，即如乱离后如《指南录》诸诗，亦雅醇不迫，可见浩然之气惟真有性情人有之，所谓仁义之人其言蔼如也。"（《宋十五家诗选》）

只把初心看，休将近事论。誓为天出力，疑有鬼迷魂。明月夜推枕，春风昼闭门。故人万山外，俯仰向谁言。（《所怀》）

长安不可诣，何故会高亭。倦鸟非无翼，神龟弗自灵。乾坤增感慨，身世付飘零。回首西湖晓，雨余山更青。（《自叹》）

九门一夜涨风尘，何事痴儿竟误身。子产片言图救郑，仲连本志为排秦。但知慷慨称男子，不料蹉跎愧故人。玉勒雕鞍南上去，天高月冷泣孤臣。（《愧故人》）

第三章　文天祥诗的文学成就

文天祥于德祐二年正月二十日奉命出使蒙古，欲以言辞感化敌人，但因为言辞慷慨，反被拘留北方。此时，南宋朝廷却降表称臣，文天祥所率领的义军全被遣散。文天祥知悉后，深悔自己当初的决定，故写诗以纪之。其中《愧故人》一诗，不仅力陈己志、慷慨陈情，而且将造化弄人之无奈、悔愧当初、英雄末路之悲表现得淋漓尽致。

文天祥后期诗作的纪实性，不仅仅体现在诗歌内容上，更体现在诗歌的序言上。文天祥通过诗序的方式来交待事情的始末以及自己的感受。当然这种诗序补叙事实的方法，在某种程度上保留了诗歌的意境感和言情性。

>自高亭山为北所留，深悔一出之误。闻故人刘小村、陈蒲塘引兵而南，流涕不自堪。(《所怀》诗序)
>
>正月十三夜，予闻陈枢使将以十五日，会伯颜于长堰。予力言不可。陈枢使为尼此行。予自知非不明。后卒自蹈，殊不可晓也。(《自叹》诗序)

文天祥于北遣途中，每经一地，辄有所作，如《平江府》《无锡》《吊五木》《常州》《镇江》《渡瓜洲》《吊战场》。

>跨江半壁阅千帆，虎在深山龙在潭。当日本为南制北，如今翻被北持南。
>
>眼前风景异山河，无奈诸君笑语何。坐上有人

183

正愁绝，胡儿便道是偻儸。（《渡瓜洲》）

每远离一分故土，每近距一分虏地，心中不平之气就更难抑一分。终于踏上了另外半壁江山，可惜不是作为收复者，其中苦恨之情如何能收？奈何龙在潭虎在山，强势在人，如何能不低头？尽管如此，低下的也仅仅是头而已，那颗高傲的心永远不会向北虏称臣。

诸祈请使，十八日至镇江府。阿术在瓜洲。即请十九日渡江。至则鲜腆倨傲，令人裂眦。诸公皆与之语，予始终无言。后得之监守者云："阿术言文丞相不语，肚里有偻儸。"彼知吾不心服也。（《渡瓜洲》诗序）

文天祥北上元营，遇到了降臣吕文焕和吕师孟叔侄，不禁怒从中来。文天祥对二人大加斥责，其言辞之激烈，不仅吕师孟为之语塞，就是元军大臣亦为之震惊。文天祥用七言诗将这件事记录了下来。

不挤一死报封疆，忍使湖山牧虎狼。当日本为妻子计，而今何面见三光。
虎头牌子织金裳，北面三年蚁梦长。借问一门朱与紫，江南几世谢君王。
枭獍何堪共劝酬，衣冠涂炭可胜羞。袖中若有击贼笏，便使凶渠面血流。

第三章　文天祥诗的文学成就

　　麟笔严于首恶书，我将口舌去奸谀。虽非周勃安刘手，不愧当年产禄诛。(《纪事》)

　　在这组《纪事》诗歌中，文天祥将批判的矛头指向行无定检的叛徒，批判他们只知顾小家却心无家国的想法和作为，并表达了虽无周勃那样的口才，但是亦要与吕文焕、吕师孟叔侄势不两立的态度。丈夫在世，当以仁义礼智自律，当以忠君爱国为先，岂能因为个人荣辱而丧失人格、违背操守？世人皆知朱紫不同，饱读诗书之栋梁竟北面称臣？如果只为一时之名利而不顾耻辱，那这样的人还有其存在的价值吗？即使身屈于北，文天祥依然不避权贵，嫉恶如仇。正如《宋诗钞》所言："去今几五百年，读其诗，其面如生，其事如在眼前，此岂求之声调字句间哉！"

　　《纪事》诗序将这过程补充得十分完整。"正月二十日，至北营。适与文焕同坐，予不与语。越二日，予不得回阙，诟虏酋失信，盛气不可止。文焕与诸酋，劝予坐野中以少迟，一二日即入城，皆给辞也。先是，予赴平江，入疏言叛逆遗孽，不当待以姑息。乞举春秋诛乱贼之法，意指吕师孟，朝廷不能行。至是文焕云：'丞相何故骂文焕以乱贼？'予谓：'国家不幸至今日，汝为罪魁，汝非乱贼而谁？三尺童子皆骂汝，何独我哉？'焕云：'襄守六年不救。'予谓：'力穷援绝，死以报国，可也。汝爱身惜妻子，既负国又聩家声。今合族为逆，万世之贼臣也。'孟在旁甚忿。直前云：'丞相上疏欲见杀，何为不杀取师孟？'予谓：'汝叔侄皆降北，不族灭汝，是本朝之失刑也。更敢有面皮来做朝士？予实恨不杀

185

文天祥评传

汝叔侄，汝叔侄能杀我，我为大宋忠臣，正是汝叔侄周全我。我又不怕。'孟语塞。诸酋皆失色动颜。唆都以告伯颜，伯颜吐舌云：'文丞相心直口快，男子心。'唆都闲云：'丞相骂得吕家好。'以此见诸酋亦不容之。"

这一时期的诗歌中有一首比较特别的作品——《思小村》，这首诗歌在文天祥全集中也算得上是独树一帜之作了。

春云惨惨兮，春水漫漫。思我故人兮，行路难。君辕以南兮，我辕以北。去日以远兮，忧不可以终极。塞予马兮江皋，式燕兮以游遨。念我平生兮，思君郁陶。在师中兮，岂造次之可离。忠言不闻兮，思君忸怩。毫釐之差兮，天壤易位；驷不及舌兮，脐不可噬。思我故人兮，怀我亲，怀我亲兮，思故人。怀哉怀哉，不可忍兮，不如速死。慨百年之未半兮，胡中道而遄止。鲁连子兮，义不帝秦。负元德兮，羽不名为人。委骨草莽兮，时乃天命。自古孰无死兮，首丘为正。我行我行兮，梦寐所思。故人望我兮，胡不归！胡不归！（《思小村》）

文天祥此诗无论内容还是形式都在模仿《离骚》。从文本内容来看，此诗虽处处可见用典，词藻也比较讲究，也采用了兮字体，但较之《离骚》仍显平淡。此篇诗作当为文天祥初囚北上、思死首丘时之作。虽于无望之中抱必死之心，然君亲犹在，欲报亲养而不侍在旁，欲报君恩而不得自由。故诗中思念亲人思念故土之情辗转屡见，回环往复，类似于

第三章　文天祥诗的文学成就

《离骚》之一唱三叹之婉转。千载之下，文天祥正直忠君报国之情，感同屈平。

2. **脱京口、趋真州、通州、浮海至温州时期**

　　自文天祥北上元营开始，就不曾过过一天安稳的日子，颠沛流离的生活就不曾一刻远离过他。德祐二年二月二十九日晚，文天祥在杜浒的帮助下，于京口脱险，但大概文天祥自己也没有想到自己会自此陷入到一段流亡的困境之中——历尽艰险，几至于死。幸得天祐宋瑞，方得脱险。事后回想，险象之状环生，心头犹有余悸。文天祥在《指南录后序》中对这段经历叙之甚详。

　　　　去京口，扶匕首以备不测，几自刭死。经北舰十余余里，为巡船所物色，几从鱼腹死。真州逐之城门外，几彷徨死。如扬州，过瓜洲扬子桥，竟使遇哨，无不死。扬州城下，进退不由，殆例送死。坐桂公塘土围中，骑数千过其门，几落贼手死。贾家庄，几为巡徼所陵迫死。夜趋高邮，迷失道，几陷死。质明，避哨竹林中，逻者数十骑，几无所逃死。至高邮，制府檄下，几以捕系死。行城子河，出入乱尸中，舟与哨相后先，几邂逅死。至海陵，如高沙，常恐无辜死。道海安如皋，凡三百里，北与寇往来其间，无日而非可死。至通州，几以不纳死。以小舟涉鲸波，出无可奈何，百死固付之度外矣！呜呼！死生昼夜事也！（《指南录后序》）

文天祥评传

此段文字所叙之内容真可谓"九死一生",其中之艰险亦非常人所能体悟。文天祥却将这段经历通过诗歌表现了出来,如《真州杂赋》《议纠合两淮复兴》《出真州》《至扬州》《扬州地分官》《高沙道中》《发高沙》《发海陵》《闻马》《发通州》《出海》《入浙东》《过黄岩》《至温州》等。

> 早作田文去,终无苏武留。偷生宁伏剑,忍死欲焚舟。逸骥思超乘,飞鹰志脱鞲。登楼望江上,日日数行艘。(《回京口》)

死首丘之愿未能实现,文天祥开始思虑逃脱之计。一路上文天祥备受煎熬。一方面要思虑着如何摆脱元虏,"幸得间问舟,为脱去计。连日不如志。"(《回京口》诗序)一方面还要忍受着自己策略上的失误,没有早做好打算——既不能伏剑,抑不能焚舟,只能忍辱偷生。如果像孟尝君那样早做好打算,自己就不必像苏武那样长久滞留北地了。

这些诗歌或七言或五言,叙事以纪实,叙议结合。大抵篇篇都言之有物,一任以情,意在笔先。在这些作品中,五言古体《高沙道中》以其恢弘的叙事,尤为后人称道。

> 三月初五日,索马平山边。疾驰趋高沙,如走阪上圆。夜行二百里,望望无人烟。迷途呼不应,如在盘中旋。昏雾腥且湿,怒飚狂欲颠。流渐在须发,尘涞满橐鞬。红日高十丈,方辨山与川。胡行疾如鬼,忽在林之巅。谁家苦竹园,其叶青爰爰,

第三章 文天祥诗的文学成就

仓皇伏幽篠，生死信天缘。铁骑俄四合，鸟落无虚弦。绕林势奔轶，动地声喧阗。霜蹄破丛翳，出入相贯穿。既无遁形术，又非缩地仙。猛虎驱群羊，兔鱼落蹄筌。一吏射中目，颈血仅可溅。一隶缚上马，无路脱纠缠。一厮蹒其足，吞声以自全。一宾与一从，买命得金钱。一伜与一校，幸不逢戈鋋。嗟予何薄命，寄身空且悬。萧萧数竹侧，往来度飞鞯。游锋几及肤，怒兴空握拳。跬步偶不见，残息忽复延。当其麎迫时，大风起四边。意者相其间，神物来蜿蜒。更生不自意，如病乍得痊。须臾传火攻，然眉复相煎。一行辄一跌，奔命度平田。幽篁便自托，仰天坐且眠。睛曦正当昼，焦肠火生咽。断甖汲勺水，天降甘露鲜。青山为我屋，白云为我椽。彼草何荒荒，彼水何潺潺。首阳既无食，阴陵不可前。便如失目鱼，一似无足蚿。不见道傍骨，委积有万千。魂魄亲蝇蚋，膏脂饮乌鸢。使我先朝露，其事亦复然。丈夫竟如此，吁嗟彼苍天。古人择所安，肯蹈不测渊。奈何以遗体，粪土同弃捐。初学苏子卿，终慕鲁仲连。为我王室故，持此金石坚。自古皆有死，义不污腥膻。求仁而得仁，宁怨沟壑填。秦客载张禄，吴人纳伍员。季布走在鲁，樊期托于燕。国士急人病，倜傥何拘挛。彼人莫我知，此恨付重泉。鹊声从何来，忽有吉语传。此去三五里，古道方平平。行人渐复出，胡马觉已还。回首下山阿，七人相牵连。东野御已穷，而复加之鞭。跬足如移山，携持姑勉游。行行重狼顾，常恐追骑先。扬州二游手，面目轻且儇。自言同脱房，波波口流涎。白日各持梃，其来何翩翩。奴辈殊无聊，似欲为鹰鹯。逡巡不得避，默默同寒蝉。道逢採樵子，中流得舟船。竹舁当安车，六夫共颓肩。四肢与百骸，屈曲如栝楗。路人心为侧，从者皆涕涟。星奔不可止，暮达城西阡。饥卧野人庐，藉草为针毡。诘朝从东渡，始觉安且便。人生岂无难，此难何迍邅。重险复重险，今年定何年。圣世基岱岳，皇风扇垓埏。中兴奋王业，日月光重宣。报国臣有志，悔往不可湔。臣苦不如死，一死尚可怜。堂上大夫人，鬓发今犹玄。江南昔卜宅，岭右今受廛。首丘义皇皇，倚门望惓惓。波涛避江介，风雨行淮堧。北海转万折，南洋泝孤骞。周游大夫蠡，放浪太史迁。倘复游吾盘，终当畔我绵。夫人生于世，致命各有权。慷慨为烈士，从容为圣贤。稽首望南拜，著此泣血篇。百年尚哀痛，敢谓事已遄。

古诗叙事是中国诗歌历来的传统，文天祥这首诗歌较之元稹的《连昌宫词》、白居易的《长恨歌》《琵琶行》，在叙事方面毫不逊色。这首诗歌共一百七十二句，八百六十字，字数上仅次于《孔雀东南飞》。从诗歌内容来看，笔法遒劲，叙事精炼，感发深刻，慷慨悲歌，现实感强。除了运用长篇古体纪事之外，文天祥还采用了组诗的形式来感慨时事，以此来丰富诗歌的叙事表现力。文天祥以"难"为主题，写了

第三章 文天祥诗的文学成就

十五首七绝,来感慨时事艰辛。诗歌自述其脱险、亡入真州的过程,内容真实,险状环生。语言不事雕琢,而天然自成。虽不以抒情为要,然实已达到意不在抒情而真情自溢的效果。

南北人人苦泣岐,壮心万折誓东归。若非斫案判生死,夜半何人敢突围。(《定计难》)

一片归心似乱云,逢人时漏话三分。当时若也私谋泄,春梦悠悠郭璞坟。(《谋人难》)

烟火连甍铁甕关,要寻间道走江干。何人肯为将军地,北府老兵思汉官。(《踏路难》)

经营十日苦无舟,惨惨椎心泪血流。渔父疑为神物遣,相逢扬子大江头。(《得船难》)

百计经营夜负舟,仓皇谁趣渡瓜洲。若非绐虏成宵遁,哭死界河天地愁。(《绐北难》)

老兵中变意差池,仓卒呼来朽索危。若使阿婆真一吼,目生随后悔何追。(《定变难》)

罗刹盈庭夜色寒,人家灯火半阑珊。梦回跳出铁门限,世上一重人鬼关。(《出门难》)

不时徇铺路纵横,小队戎衣自出城。天假汉儿灯一炬,旁人只道是官行。(《出巷难》)

袖携匕首学啣枚,横渡城关马欲猜。夜静天昏人影散,北军鼾睡正如雷。(《出隘难》)

待船三五立江干,眼欲穿时夜渐阑。若使长年期不至,江流便作汨罗看。(《候船难》)

蒙冲两岸夹长川,鼠伏孤篷棹向前。七里江边

惊一喝，天教潮退阁巡船。（《上江难》）

空中哨响到孤篷，尽道江河田相公。神物自来扶正直，中流半夜一帆风。（《得风难》）

自来百里半九十，望见城头路愈长。薄命只愁追者至，人人摇桨渡沧浪。（《望城难》）

岸行五里入真州，城外荒荒鬼也愁。忽听路人嗟叹说，昨朝哨马到江头。（《上岸难》）

轻身漂泊入銮江，太守欣然为避堂。若使闭城呼不应，人间生死路茫茫。（《入城难》）

"组诗作为一种独特的诗歌表现形式，萌芽于先秦""从组诗的发展看，先秦两汉时期是组诗的萌芽孕育期、魏晋南北朝是演进期，唐宋是成熟定型期。"（李正春《论唐代组诗的文体学意义》）组诗内的诗歌既具有相对独立的表现内容，又与整组诗歌有着内在的联系。此组诗歌，以"难"为主题，表现了文天祥脱京口之后的险象，与诗序互为表里，详实地表现了当时之险状。

3. 抗元时期

自景炎元年五月二十六日，文天祥抵福州任都督诸路军马起，迄帝昺祥兴元年十二月二十日，天祥在五坡岭被执。两年半的时间里，文天祥以国家兴亡为己任，转战四方，抵抗元蒙。其忠肝义胆，实不愧于端宗皇帝任命他时对他的期许："方单骑以行，惊破夷虏之胆，及免胄而入，大慰国人之心。天地之所扶持，鬼神亦为感泣。"

总的来说，由于这一段时间文天祥以兴复大宋为己任，

第三章　文天祥诗的文学成就

独自一人支撑着复兴之大业，席不暇暖。故这一时期，文天祥的诗歌创作较少。从所创作的诗歌内容来看，虽然仍体现了纪实的特点，但纪事已不是最终目的而是纪实以感怀。其中壮志为国、忧国幽思之情时时处处可见。

春晚伤为客，月明思见君。我方慕苏武，谁复从田文。龙背夹红日，雁声连白云。琵琶汉宫曲，马上不堪闻。（《和自山》）

潮风连地吼，江雨带天流。宫殿扃春仗，衣冠锁月游。伤心今北城，遗恨古东州。王气如川至，龙兴海上州。

夜静吴歌咽，春深蜀血流。向来苏武节，今日子长游。海角云为岸，江心石作洲。丈夫竟何事，底用泣神州。（《长溪道中和张自山韵》）

和张自山的这三首诗，乃文天祥北还后的和作。生逢乱世谁能勿悲，况国家败落至此！尤其是汉宫琵琶，一倍增其悲情！尽管国运衰败，尽管世事渺茫，但是壮心不改，矢志报国！这三首诗歌中慷慨之情一如既往，但其中的悲怆之思却是新添之精神。英雄末路之悲，凄怆动人。文天祥这一时期的诗歌虽然数量不多，但是无论思想水平还是艺术水平，都颇得老杜三昧，已经不是江西诗派后学所能比拟的了。其中用典颇为妥帖，情与景、情与典的处理都做到了水乳交融。

4. 五坡岭被执、解往燕京时期

帝昺祥兴元年十二月二十日，文天祥义军溃败，被执于

文天祥评传

五岭坡。面对国破家亡的残酷、求死不能的冷峻,文天祥创作了后世流传甚广的《过零丁洋》:

> 辛苦遭逢起一经,干戈落落四周星。山河破碎风抛絮,身世飘摇雨打萍。皇恐滩头说皇恐,零丁洋里叹零丁。人生自古谁无死,留取丹心照汗青。

文天祥此时的诗歌,较之之前的诗歌多了一层悲愤之情。亡国灭族之悲纷至沓来,不可断绝。二月六日,囚于北舟之中的文天祥,亲眼目睹了宋元两军的海上之战,南宋军队全军覆灭,自此南宋行朝也走向了它的终点。年来奔波所为何事?悲愤、羞辱又忍来为何?文天祥长歌当哭,悲恸欲绝。

> 长平一坑四十万,秦人欢欣赵人怨。大风扬沙水不流,为楚者乐为汉愁。兵家胜负常不一,纷纷干戈何时毕?必有天吏将明威,不嗜杀人能一之。我生之初尚无疚,我生之后遭阳九。厥角稽首并二州,正气扫地山河羞。身为大臣义当死,城下师盟愧牛耳。间关归国洗日光,白麻重宣不敢当。出师三年劳且苦,咫尺长安不得睹。非无虓虎士如林,一日不戈为人擒。楼船千艘下天角,两雄相遭争奋搏。古来何代无战争,未有锋镝交沧溟。游兵日来复日往,相持一月为鹬蚌。南人志欲扶昆仑,北人气欲黄河吞。一朝天昏风雨恶,炮火雷飞箭星落。谁雌谁雄顷刻分,流尸漂血洋水浑。昨朝南船满崖

第三章 文天祥诗的文学成就

海，今朝只有北船在。昨夜两边桴鼓鸣，今朝船船酣睡声。北兵去家八千里，椎牛酾酒人人喜。惟有孤臣雨泪垂，冥冥不敢向人啼。六龙杳霭知何处，大海茫茫隔烟雾。我欲借剑斩佞臣，黄金楼带为何人。(《二月六日海上大战国事不济孤臣天祥坐北舟中向南恸哭为之诗曰》)

人生最大的痛苦在于你所珍惜的事物，在你的面前消失。文天祥一生以忠义自许，以报国为念，然厓山一役，虽亲历战场但却无能为力。整首诗歌以客观而平淡的叙事，采用了对比的手法，将汉蒙双方的战局与战果叙述了出来。诗歌的结尾作者发出欲借斩虏以报国、却不知报国是为谁的慨叹。纵观全诗，国破家亡之感，处处可见。真真是字字血泪，句句哀情。

这一时期最具特色的诗歌，在于那些字字关乎国情的诗歌里，有了家的影子。这些诗歌让我们真切地体会到了唇亡齿寒的无奈，体会到了覆巢之下无完卵的悲凉。如《寄惠州弟》《邳州哭母小祥》《先太师忌日》《过淮河宿阚石有感》及《乱离六歌》。这些诗歌让我们真切地看到了那个顶天立地的民族英雄，也让我们感受到了作为平凡人的他内心深处的无奈与痛苦。

其中《乱离六歌》更是佳作中的佳作，其思想水平和艺术水平与杜诗风格极为相似。谢榛称："文天祥六歌，与杜异世同悲。"(《四溟诗话》卷二)清翁方纲《石洲诗话》称："文信国乱离六歌，迫切悲哀，又甚于杜陵!"

有妻有妻出糟糠，自少结发不下堂。离乱中道逢虎狼，凤飞翩翩失其凰。将雏一二去何方？岂料国破家亦亡。不忍舍君罗襦裳。天长地久终茫茫，牛女夜夜遥相望。呜呼一歌兮歌正长，悲风北来起彷徨。有妹有妹家流离，良人去后携诸儿。北风吹沙塞草凄，穷猿惨淡将安归。去年哭母南海湄，三男一女同歔欷。惟汝不在割我肌，汝家零落母不知，母知岂有瞑目时。呜呼再歌兮歌孔悲，鹡鸰在原我何为。有女有女婉清扬，大者学帖临钟王，小者读字声琅琅，朔风吹衣白日黄。一双白璧委道傍。雁儿啄啄秋无粱，随母北首谁人将；呜呼三歌兮歌愈扬，非为儿女泪淋浪。有子有子风骨殊，释氏抱送徐卿雏。四月八日摩尼珠，榴花犀钱络绣襦。兰汤百沸香似酥，欻随飞电飘泥涂。汝兄十二骑鲸鱼，汝今知在三岁无？呜呼四歌兮歌以吁，灯前老我明月孤。有妾有妾今何如，大者手将玉蟾蜍，次者亲抱汗血驹，晨妆靓服临西湖。英英雁落飘璃琚，风花飞坠鸟呜呼。金茎沆瀣浮汗渠，天摧地裂龙凤狙，美人尘土何代无？呜呼五歌兮歌郁纡，为尔遡风立斯须。我生我生何不辰，孤根不识桃李春。天寒日短重愁人，北风随我铁马尘。初怜骨肉钟奇祸，而今骨肉相怜我。汝在北兮婴我怀，我死谁当收我骸？人生百年何丑好，黄粱得丧俱草草。呜呼六歌兮勿复道，出门一笑天地老。（《乱离六歌》）

第三章　文天祥诗的文学成就

文天祥的《乱离六歌》从叙事者的角度分别写了妻子、妹妹、女儿、儿子、小妾和自己的悲歌。国破家亡，身逢乱世，离歌之悲，无人能免！糟糠之妻亦难免下堂，无辜儿女亦不免遭殃；母亲妹妹亦遭逢离乱，自己羁旅漂泊又何日是归程？其中悲苦可与杜工部之《三吏》《三别》互相参看。

综上，文天祥后期的诗歌创作，从内容上大体可以分为三种类型。第一种类型是纪行纪事之作；第二种类型是感时伤怀之作；第三种类型是国破家亡之作。

第一种类型志在叙事以传史。毫无疑问，文天祥纪行类作品在记述事件以传史实这一方面，有很大的价值。但纪行诗毕竟不是史书，诗歌最大的价值还在于情感的抒发、内容的表达、艺术的表现。文天祥的纪行诗最大的艺术特点是体裁多样，有律诗，有绝句，有古诗，有歌行，有骚体，有联绝，风格各异。而其中最有特色、最有价值的诗歌是那些联章诗歌，例如七绝联章《使北》。

自说家乡古相州，白麻风旨出狂酋，中书尽出降元表，北渡黄河衣锦游。（贾余庆）

至尊驰表献燕城，肉食那知以死争，当代老儒居首揆，殿前陪拜率公卿。（吴坚）

江南浪子是何官，只当空庐杂剧看，拨取公卿如粪土，沐猴徒自辱衣冠。（刘岊）

公子方张奉使旗，行行且尼复何为，似闻倾尽黄金坞，辛苦平生只为谁。（谢堂）

廷争堂堂负直声，飘零沙漠若为情，程婴存赵

真公志，赖有忠良壮此行。（家铉翁）

二月八日，贾余庆、谢堂、家铉翁、刘岊四人登舟，准备奉表北上。文天祥本来不在祈请使之列，却在第二天被胁迫与吴坚一同北上。祈请使中除家铉翁尚有报国之思外，其余皆卑颜奴膝之辈。文天祥以七绝联章的形式，分别刻画了他们的表现——衣锦北游的贾余庆，不知死争的吴坚，沐猴而冠的刘岊，举足不前的谢堂，忠良存宋的家铉翁。诗文中对人物的塑造真可谓活灵活现，如在目前。

第二种类型和第三种类型的创作目的在于借诗以感怀，借史实来抒发自己的家国灭亡之悲。后两种类型是文天祥集中最激人奋进、最振奋精神的作品，风格雄浑悲壮，感人肺腑。第二种类型的诗歌，诗歌中有忧国忧民之思，有思图报国之情，但无亡国之感。

> 世途嗟孔棘，行役苦期频。良马比君子，清风来故人。相看千里月，空负一年春。便有桃源路，吾当少避秦。（《所怀》）
>
> 去年伤北使，今日叹南驰。云湿山如动，天低雨欲垂。征夫行未已，游子去何之。正好王师出，崆峒麦熟时。（《即事》）

这两首诗将文天祥颠沛之状描摹得如在目前。从准备逃亡开始，文天祥就未尝过过一天安稳的日子，不是不知世事艰险，不是不知归隐方好，不是不苦行役频繁，不是不悲虚

第三章　文天祥诗的文学成就

度年华。但是文天祥明知不可为而为之，忠心报国，矢志不移。

第三类型的诗歌，创作于南宋灭亡之后，国破家亡之感俯拾即是。唇亡齿寒之悲，溢于言表。诗歌之中既有囚拘北上过程中的触目伤怀，感伤国事，又有国破家亡之后的绝望。可见，沉郁顿挫之情，非独杜诗中有之，文山集中亦不鲜见。

> 茫茫地老与天荒，如此男儿铁石肠。七十日来浮海道，三千里外望江乡。高鸿尚觉心期阔，塞马何堪脚迹长。独自登楼时柱颊，山川在眼泪浪浪。（《登楼》）

无事莫登楼，登楼则抚往念今，思虑万千。举目远望故土，山川仍在，然故土难回；人面虽在，面目已非。如之何勿悲？

> 北征垂半年，依依只南土。今晨渡淮河，始觉非故宇。江乡已无家，三年一羁旅。龙翔在何方，乃我妻子所。昔也无奈何，忽已置念虑。今行日已近，使我泪如雨。我为纲常谋，有身不得顾。妻兮莫望夫，子兮莫望父。天长与地久，此恨极千古。来生业缘在，骨肉当如故。（《过淮河宿阚石有感》）

文天祥一生光明磊落，仰不愧于天，俯不怍于地，然而对于妻子儿女，他是有愧的吧！为君为国舍家忘我，难顾妻

199

女，此中之悲恨到底意难平！不然以天祥之笃定，何故相信业缘，来生再续骨肉情？其不言国家，而家国之悲自在其中。

要之，文天祥的一生不以诗歌为要，而以气节为准。"文丞相天祥至公血诚，捐躯死国，忠义之节照映古今，固不以文章为存亡也。"（刘曛《隐居通议》）然而，正是因为他一身浩然正气，学养扎实，寓之于诗，则无往而不感人肺腑矣。"无论是戎马倥偬，还是身陷囹圄，文天祥创作甚勤，或写怀咏物，或吊古伤今，大篇短章，宏衍世丽，当时即有《指南前录》三卷、《后录》五卷、《集杜》二百首流传，皆有自序，天下诵之。"（傅璇琮《中国古代诗文提要》）正如《四库全书总目提要》所言："天祥平生大节，照耀今古，而著作有极雄赡，如长江大河，浩瀚无际。""宋南渡后，文体破碎，诗体卑弱，时人渐染既久，莫之或改，及文天祥留意杜诗，所作顿去当时之凡陋，观指南前后录可见，不独忠义贯于一时，有斯文间气之发见也。"

第四章　文天祥的集句诗

明代徐师曾称："（集句诗）杂集古今以成诗也。"（《文体明辨序说》）其实，集句不一定非得集成诗歌，也可以集成词、文、赋等其它体裁，但优秀的作品一般能够做到出人意表，有所创新，用古人的诗、词、文、赋中的句子来浇自己的块垒。故《南齐书·文学传》称其"全借古语，用申今情。"（《南齐书·文学书》）

总的来说，集句成诗依然是古代集句的主流。据史料记载，"晋傅咸作《七经诗》，其《毛诗》一篇略曰：'聿修厥德，令终有淑，勉尔遁思，我言维服，盗言孔甘，其何能淑，谗人罔极，有腼面目。'此乃集句诗之始。"（陶宗仪《说郛》）清代黄之隽说："集句为诗，始晋傅咸。今载于《艺文类聚》者皆廖廖数句，声韵仅谐，刘勰《明诗》不列是体，盖继之者无其人也。"（《四库全书总目提要》）到了宋代，集句诗大量出现，影响颇为深远。宋江少虞称："集句自国初犹未盛也，至石曼卿人物开敏，以文章为戏，然后大著。"（江少虞《宋朝事实类苑》）至南宋，集句诗的创作更是蔚为大观。宋楼钥称："集句始于近世,莫盛于半山,而葛公亚卿继之,后有作者鲜能及也。"(《攻媿集》)有宋一代,集句成就最高的非文天祥莫数。

其实,集句也是一种创作,也是一种再学习的过程。曹虹先生指出:"(集句者)注重对前代优秀作品的熟读详味,由模仿而进入创作。"(曹虹《什么是集句》)这要求集句者的态度必须是认真的,必须充分地理解和把握所集的诗句原作者的思想与情感,并结合自己所处的生活状况,再创作出属于自己风格的集句诗歌。以此方之,文天祥集句诗的创作态度是认真的。惟其如此,方能掌握住原作者全部作品的创作背景和诗歌的情感内容,才能灵活运用并化为己用。故傅璇琮先生认为文天祥的其它诗作平平,但"由于身逢乱世,肩负重任,他晚年嗜杜诗,诗风一变……"(《中国古代诗文名著提要》)

至元十九年正月,文天祥在《集杜诗》的诗序中,阐明了自己的创作目的。

> 予坐幽燕狱中无所为,诵杜诗,稍习诸所感兴,因其五言,集为绝句。久之,得二百首,凡吾意所欲言者,子美先为代言之。日玩之不置,但觉为吾诗,忘其为子美诗也。乃知子美非能自为诗,诗句自是人情性中语,烦子美道耳。子美于吾隔数百年,而其言语为吾用,非情性同哉!昔人评杜诗为诗史,盖其咏歌之辞,寓纪载之实,而抑扬褒贬之意,灿然于其中,虽谓之史,可也。予所集杜诗,自余颠

第四章　文天祥的集句诗

沛以来，世变人事，概见于此矣，是非有意于诗者也，后之良史，尚庶几有考焉。

文天祥的集句诗分为两种，一种是以纪实为主的五言《集杜诗》，一种是以言情为主的《胡笳十八拍》。

一、纪实之五言《集杜诗》

明代刘定之曾为文天祥《集杜诗》作序，将其命名为"文山诗史"。由此可见，文天祥《集杜诗》具有纪实的特点。文天祥的《集杜诗》创作始于至元十七年的正月，即文天祥囚元的第二年，至二月底即完成了，共集了二百篇，均是五言四句。

文天祥的集杜诗在学习杜诗的基础上对集句诗的形式进行了创新，改变了以往集句诗仅仅集句的特点，而是以集"五言四句体"为主要形式，并且于诗前增添了总序、小序。《集杜诗》共有200首，全为五言四句，其中105首有小序。根据刘定之译文天祥《集杜诗》"首述其国，次述其身，次述其友，次述其家，而终以写本心、叹世道"的特点，可以将《集杜诗》分为五个部分。第一个部分为南宋灭亡篇；第二个部分为抗元斗争篇；第三部分为感怀友情篇；第四部分为思乡思亲篇；第五部分为感慨世道篇。《四库全书总目提要》称："诗凡二百篇，皆五言二韵，专集杜句而成。每篇之首，悉有标目次第。而题下叙次时事，于国家沦丧之由，生平阅历之境，及忠臣义士之周旋患难者，一一详志其实，颠末粲然,不愧为诗史之目。"

1. 写作目的

文天祥集杜诗的目的很明确。一为纪实。对于杜甫诗歌纪实的特点,文天祥是心向往之的。文天祥在《集杜诗自序》中称:"昔人评杜诗为诗史,盖其咏歌之辞,寓纪载之实,而抑扬褒贬之意,灿然于其中,虽谓之史,可也。予所集杜诗,自余颠沛以来,世变人事,概见于此矣,是非有意于诗者也,后之良史,尚庶几有考焉。"文天祥希望通过这二百首诗篇,记录他当时的生活状况,并以此来反映当时的社会现状,期望后来人通过读这些诗歌能够了解宋季之风云变幻,以补史实之漏。《集杜诗》的内容围绕着个人、家国展开,虽本之纪实,实为感慨世道。故明代刘定之:"首述其国,次述其身,次述其友,次述其家,而终以写本心、叹世道。"(《文山诗史序》)

二为聊以自慰。"予坐幽燕狱中,无所为,诵杜诗稍习,诸所感兴,因其五言,集为绝句。久之,得二百首,凡吾意所欲言者,子美先为代言之。日玩之不置,但觉为吾诗,忘其为子美诗也。乃知子美非能自为诗,诗句自是人情性中语,烦子美道耳。子美于吾隔数百年,而其言语为吾用,非情性同哉!"文天祥被囚大都土牢,不仅要忍受土牢恶劣的自然环境,还要忍受元蒙统治者想方设法的肉体折磨;不仅要顶住元蒙统治者几次三番的精神折磨,还要忍受无法享受天伦的孤独寂寞之情。如此种种,何以解忧?怕是非诗歌不可,非杜诗不可吧!文天祥一生服膺杜甫的爱国精神,在艰难与困顿之中,他借诗歌来抒发心中的不平之气,不独是发泄不满,

第四章 文天祥的集句诗

更是以杜甫矢志不渝的坚贞自警与自勉。大抵因之如此,文天祥才于月余的时间内完成了这二百首集杜诗的创作。非熟读杜诗者不能如此,非心中有股郁结之情者不能如此,非志向高远者不能如此。

2. 以诗纪史

毫无疑问,《集杜诗》的最大特点是纪实。这一点从诗歌的题目就能看出来,如《泸州大将》《襄阳》《荆湖诸戍》《黄州》《阳逻堡》《渡江》《鄂州》《江州》《安庆府》……文天祥用他的诗歌记录了那个时代的风云变幻,正如《四库全书总目提要》所评,"题下叙次时事,于国家沦丧之由,生平阅历之境,及忠臣义士之周旋患难者,一一详志其实,颠末粲然,不愧为诗史之目。"

不独篇目如此,从诗歌内容上来看,《集杜诗》的叙事也比较有条理。前后次序井然,有首有尾。既用诗纪行,又用诗歌记所感,颇有春秋微言大义的味道。叙事平实,虽不着色彩,但褒贬自出。例如督府兵败后,文天祥用诗歌记录了行朝败落的过程,这段文字不仅通过作者的所见所知所感记录了那段历史,更真切地表现了一位亡国之相悲痛欲绝的心理历程。

  送兵五千人,散足尽两靡。留滞一老翁,盖棺事则已。(《同府之败第七十三》)
  翠盖蒙尘飞,仗钺奋忠烈。千秋沧海南,事与云水白。(《行府之败第七十四》)
  开帆驾洪涛,血战乾坤赤。风雨闻号呼,流涕

洒丹极。(《南海第七十五》)

南海春天外，祇应学水仙。自伤迟暮眼，为我一潸然。(《南海第七十六》)

在这段历史中，我们不仅看到了那个风起云涌的瞬间——开帆驾洪涛，血战乾坤赤；还看到了奋勇伤敌的将卒——翠盖蒙尘飞，仗钺奋忠烈。这段历史有人有事亦有情：这里既有将一腔愤懑、不满、悲恸之情淡然融于景中的诗句——千秋沧海南，事与去水白；亦有直接抒发感伤之情、悲痛欲绝之情的诗句——自伤迟暮眼，为我一潸然。因此我们说文天祥的《集杜诗》当得起杜甫的"诗史"之称。孟棨的《本事诗》"高逸第三"条对杜甫诗歌"诗史"的特点给予了解释："杜赠李二十韵，备叙其事，读其文尽得其故亦。杜逢禄山之难，流离陇蜀，毕陈于诗，推见至隐，殆无遗事。故当时号为'诗史'。"由此我们可以推断，大概文天祥《集杜诗》的文学精神基本上是本之杜甫的。一方面他的作品反映了宋亡前后的历史事实。从理宗皇帝开始，论南宋社稷之亡祸胎于贾似道，到万里勤王，到支撑行朝，到行朝覆灭，文天祥具陈于诗，陈情于序，备叙其事。另一方面当国家危亡之际，文天祥以一种无畏的爱国情怀投入到水深火热的时局之中，以一种纯粹的精神书写着自己的情感，以一种高尚的情操支撑着那个时代，成为时代的脊梁。

3. 以诗纪人

不独以诗纪事，《集杜诗》还以诗纪人。在《集杜诗》中让人热血沸腾的不仅仅是那些描写战争场面、记录颠沛时

第四章　文天祥的集句诗

局的诗歌，还有那些诗中塑造的奋勇征战，冲在第一线的将士们。他们的忠肝义胆，他们的壮志豪情，都给我们留下了深刻的印象。《集杜诗》书写了四十多位人物，他们大多是走在抗元最前线的英雄人物。

激烈伤雄才，直气横乾坤。惆怅汗血驹，见此忠孝门。(《将军王安节第四十七》)

杀气吹沅湘，高兴激荆衡。城中贤府王，千秋万岁名。(《李安抚芾第四十八》)

第一首集杜诗借杜甫的《故拾遗陈公学堂遗迹》、《别李义》、《别张十三建封》、《柏中丞除官制》，表达了文天祥对王安节身陷虏营、不屈胡虏的钦佩之情。故其诗序称："虏谓过江以来，武人忠义者，惟王安节一人。"第二首借《入衡州》、《奉赠李八丈曛判官》、《课伐木》、《梦李白》四诗，表达了对李芾抗击元军的敬佩之情。诗序记载了李芾抗击进攻长沙元军的始末。由诗序内容"留梦炎为潭帅，梦炎归相，始起先生为代。先生仓卒运掉城守甚备。及城陷，先生杀其家人，乃自焚死"来看，李芾确乎当得起"千秋万岁名"的评价。

文天祥《集杜诗》中书写的人物身份多样，有宰辅，有将领，有宦官，有幕僚，不一而足。活跃在那个历史时空中的英雄人物，以及文天祥所亲见的、亲历的和那段历史相关的人物，都有所记载。通常情况下，文天祥会在诗序中交待人物的身份，如职位、籍贯、行迹等，有的诗序写得有声有色，俨然一篇记人小散文。

> 则堂先生家铉翁，蜀名家有学问，举动必有礼，朝中老成典刑也。当国都不守，先生签书枢密，见虏持正议。左丞相吴坚，右丞相贾余庆，以省札遍告天下，令以城归附。先生不押字，虏自省中胁以无礼，公不为动，竟末如之何。后以祈请使为名，群诣北庭。既至，上书申祈请之议，忤北庭意，留燕邸。已而移渔阳，又移河间。如我朝羁置特官，给饮食而已。余过河间，得一二相见。先生风采，非复宿昔，而忠义俨然，使人望而知敬。呜呼，其谓正人矣！（《家枢密铉翁》第一百三十八序）

> 兵部侍郎、江东西处置副使、督府参赞军事邹凤，字凤叔，吉水人。慷慨有大志，以豪侠行台郡间。从予勤王，补武资至将军。景炎换文，以寺丞领江西招谕副使。聚兵宁都，气势甚盛。宁都被执，变姓名为卜者，虏不知其为招谕使也。入赣城得脱。寻聚兵永丰兴国间，行府奏授江西安抚副使，统兵数万，攻兴国县。寻会行府，至县返正，别军复永丰。进授江东西处置副使。屯兵永丰境上，以乌合，一日而溃。行府失助，于是有空坑之败。哀哉。（《邹处置》第一百二十七诗序）

这些人物有些是正史中就有记载的人物，如家铉翁；但有些人或是因为身份低微，或是因为史实缺失，没有进入正

第四章　文天祥的集句诗

史，如邹凤。在某种程度上，文天祥的《集杜诗》对这一类人物的记叙和评价，补了正史之阙，具有一定的史料价值。因此王守仁对此做出了较为中肯的评价，"当其时仗节死义之士，无不备，亦因是有以传。"（《文山别集序》）

从纪人以传史的角度而言，文天祥在写人物的时候也参考了纪传体史书中的形式多样的传人模式。有单独来写的，如文天祥的老师曾凤，"江海日凄凉，贤圣尽萧索。西河共风味，顾步涕横落"（《曾先生》第一百三十六）。有一个人物几篇诗歌都能看到的，如贾似道，既见于"南极连铜柱，煌煌太宗业。始谋谁其间，风雨秋一叶"（《社稷》第一）；其诗序评其为"三百年宗庙社稷，为贾似道一人所破坏"。又见于"苍生倚大臣，北风破南极。开边一何多，至死难塞责"（《误国权臣》第三）；其诗序称其为"似道丧邦之政，不一而足。其羁虏使，开边衅，则兵连祸结之始也"。同一个人物能屡见于不同的诗歌之内，大抵只有两类人。一种是像贾似道这样祸国殃民的人物，对南宋王朝的覆灭产生了决定性的负面影响。另外一种就是像杜浒这样的人物，追随文天祥收复河山，百死不悔。前者的两现乃为批判此人在南宋败落中所起到的致命作用。贾似道的存在关乎南宋一朝的命运，虽然不是直接原因，但是祸胎始埋。文天祥从另一侧面暗指了宋朝灭亡的一个他无法解决、但统治者却视而不见的原因——用人不当。后者的两现，乃是肯定杜浒在宋朝灭亡前后所做出的努力。文天祥用最平实的、最朴素的、类似于新闻速写的语言勾勒出了杜浒所做出的贡献。虽不着一句评论，但褒贬自见，真可谓深得春秋笔法。

> 诗序：（杜浒）性刚猛，为游侠京师。予北行，浒顾从。镇江之脱，浒之力也。匍匐淮甸，卫护艰虞，忠劳备尽。(《杜大卿浒》第一百三十二序)
>
> 诗序：浒从予南还，佐府南剑。寻遣往台温，招集后财。福安陷，相失。浒趋行朝，久之，奉朝命至行府，值江西之败，又与跋涉艰难者年余。及得府移屯潮阳，浒护海舟。寻趋厓山，与行府遂隔。及厓山溃，浒并陷焉。余至五羊，浒来见，病无复人形。在房罗网中，无所容力，寻闻死焉。(《杜大卿浒》第一百三十三序)

文天祥《集杜诗》中更独特的纪人方法在于合传，例如：

> 俊逸鲍参军，优游谢康乐。豺虎正纵横，南行道弥恶。(《闽三士第一百一十七》)
>
> 入幕未展才，辛苦在道路。回首一茫茫，风悲浮云去。(《诸幕客第一百一十八》)

文天祥将这几个人物放在一起写，并不是毫无道理的。首先，文天祥注意到了这些人物的共性，如第一首诗是因为谢杞、许由、李幼节"三人皆闽士之秀。但空坑之败后，不知所终"(《闽三士》序)；第二首诗看到了吴文焕、林栋等人"有干实，劳幕府。空坑之败，被执"(《诸幕客》序)的共同点。其次，文天祥将这几人合传，主要还是因为他们同

第四章　文天祥的集句诗

时出现在空坑之败这个相同的事件中。但是，如果因为上述特点而认为文天祥集杜诗的目的即在于传史的话，那不免失之武断。其实文天祥集杜诗虽然表现了历史，但主要目的还是在记己记事记情。集杜诗虽与史实有关，但却无意于仅仅纪史。文天祥毕竟不是史学家，他并不是根据人物的性格和身份上的共性来给人物列传的。而是根据自己的亲身经历、根据自己的感受来写这些小人物的。从创作的出发点上来看，文天祥并不是想让这些人物铭实于史，而仅仅是想用自己的眼睛来记录那段史实，来表达自己的哀痛、愤懑之情而已。正如他自己所说，"自百五至百九，皆怀念故人为王事而没者，固多不能尽纪。呜呼哀哉。自百二十六至百三十八，皆师友之际，同列之情。死生契阔，不能自已也。"(《怀旧》第一百五诗序)

文天祥的《集杜诗》中不仅记载了那些为国家的命运而奔走相号的爱国人士，还有自己的至亲，包括文天祥的母亲、舅舅、兄弟、妻子、儿女。文天祥把对至亲的情感都放在了南宋季年的时代背景下来表现，将家国之思融合在了一起，悲凉之情倍增。

　　何时太夫人，上天回哀眷。墓久狐兔邻，呜呼泪如霰。(《母》第一百四十一)

人言自古忠孝难两全，大抵说的就是文天祥这一类人吧。为国家尽忠而忘小家，哪里还有多余的精力与心思去孝顺自己的父母？这首诗歌虽然诗句只有20个字，但采用直接抒情的方式，将情感表现得真挚而直白。对比着诗序来看，这种感受更加得强烈。"先母齐魏国大夫人，盖自房难后，弟璧奉侍赴惠州，弟璋从焉。已而之广之循之梅，余来梅州。母子兄弟始相见。既而鱼轩出江西，寻复入广。夫人游二子间，无适无莫。虽兵革纷扰，处之怡然。戊寅，行府驻船澳，弟璧仍知惠州，北璋复在侍夫人药。八月，两国之命下，时已得疾。九月七日寅时，薨逝。弟璧卜地于惠循之深山间。不肖孤已矣，未有返葬夫人期。不知二弟何时毕此大事。身陷万里缧绁中，岁时南望呜咽云。"（《集杜诗·母》序）为人子女不能给父母提供安定的生活环境，却让父母在战乱中经历动荡，这是何等的无奈啊！由此可见文天祥"呜呼泪如霰"之感慨绝非夸张之辞，而是真正地动于肺腑而感于文字的结果。

  结发为妻子，仓皇避乱兵。生离与死别，回首泪纵横。（《妻》第一百四十三）

  人生最大的痛苦不是死别，而是生离。如果一个人的一生将两种场面都经历了呢？结果不言而喻。那个人将自己的一生托付给你，你却没有办法保全她一生，这是多么大的无奈与讽刺。然而乱世中的文天祥却是身不由己，只能任由着这种无奈与痛苦吞噬着自己的良心。但文天祥终究还是无悔的吧！因为他这样一个顶天立地的男人终究是为天下苍生而生的！

第四章　文天祥的集句诗

　　大儿聪明到，青岁已摧颓。回风吹独树，吾宁舍一哀。(《长子》第一百四十九)

　　常言道不孝有三，无后为大。子嗣乃是上继宗室，下延子孙的大事。这种观念文天祥也是概莫能外。但是在动荡的社会时局中，文天祥最终也只能选择先国后家。《长子》和前两首诗歌《妻》、《母》相比，没有再采用直接抒情的方式来抒发内心的痛苦，而是采用了一种隐讳的方式含蓄地表达了自己的悲痛——回风卷走了独树，即意味着失去了自己的儿子。文天祥却相当冷静地只道了一句"吾宁舍一哀"，其间所表现出来的无奈与悲痛与直呼痛楚相比，却有过之而无不及。

　　要之，文天祥的《集杜诗》在人物刻画方面，以南宋末年动荡、纷乱的局势为背景，既有对忠臣、义士的褒奖与敬佩，又有对影响政治时局的奸臣的批判与痛贬，亦有对至亲的思念与愧疚。可以说，文天祥的《集杜诗》从人物的身份入手，以诗序结合的方式，从不同的侧面，或记叙，或议论，或抒情，以一个亲历者的身份塑造了那个动荡时局下的人物群像，起到了补阙史实的作用。

4. 以景寄情

　　文天祥的《集杜诗》除了纪实外，亦以之寄情。尤其是他有感于北上和被囚北地所创作的诗歌，多具有以景寄情、直接抒情的特点。

　　行朝破败，文天祥北上，共写了6首《北行》诗，在《北行》第九十的诗序中，他交待了整个北上的过程。"八月二十六日,至扬州。九月初一日,哭母小祥于邘门外。初九日,至徐州,吊项羽故宫地,登黄鹤楼台,读子由赋。十二日,至沛县,县有歌风台。十五日,至东平府。十七日,至高唐州。十八日,过平原。二十日,至河间府。二十一日,至保定府。"诗序言事,六首诗歌则通过写景表达了文天祥悲凉、寂寥的心境。其间有采用情景交融手法的诗歌,如以马之嘶鸣暗含悲凉,以浮云之漂泊喻自身的行不由己,以子规的夜啼、昏暗的长平来衬托自己的悲伤:浮云暮南征,我马向北嘶。荆棘暗长原,子规昼夜啼。(《北行》第九十)这组组诗中亦有因秋风瑟瑟、游子寂寥而产生的中原杳茫、思古怀今的诗歌:清秋望不极,中原杳茫茫。游子怅寂寥,下马古战场。(《北行》第九十一)深秋北上因景而生的悲凉之感、因时事而产生的无奈与沉思之情都借着眼前之景抒发了出来。这一组诗歌前四首有景有情,后两首在前四首的基础上以抒发情感为主,既有对江山沦落的伤感与反思,又有对自己漂泊北上的际遇的感伤。

  乾坤几反覆,乘凌惜俄顷。怀古视平芜,令人发深省。(《北行》第九十四)
  游子无根株,世梗悲路涩。关山雪边看,愁思胡笳夕。(《北行》第九十五)

  十月初一,文天祥一行到达了燕城。此行至此,似乎再无法回头。此时看燕地,满目尽疮然。故悲己伤国之思、漂泊凄怆之情溢于言表。

第四章 文天祥的集句诗

往在西京时,胡星坠燕地。登临意惆然,千秋一拭泪。(《至燕城》第九十六)

浩荡想幽冀,行行郡国遥。天寒落万里,回首向风飚。(《至燕城》第九十七)

百年不敢料,先后无丑好。绝境与谁同,飘泊南庭老。(《至燕城》第九十八)

"越五日,送千户所枷禁。十一月初一日,苏枷。初九日,领赴北庭引问。余不跪,抗词不屈。寻复还狱,待死以至今日云。"(《入狱》第九十六诗序)北上入狱虽得北廷敬重,以招降为主,但是招降不果之后的境遇并不如意。故有"天黑闭春院,今如置中兔"之感慨、"行行见羁束,斯人独憔悴"之悲情。陷入死地,义不投降,却寻死不得。此时诗歌已经不需要借景色之凄凉来表现情感了,胸中郁结之情无从抒发,喷薄而出无可遏制。

劳生共乾坤,何时有终极。灯影照无睡,今夕复何夕。(《入狱》第一百二)

徘徊虎穴上,吾道正羁束。落日将何如,清文动哀玉。(《入狱》第一百四)

5. 诗序互补

文天祥的《集杜诗》大体说来是以纪事为主的组诗,因此写实性是它最大的特点——"予所集杜诗,自余颠沛以来,世变人事,概见于此矣。"整个《集杜诗》以写实的态度,记叙了宋亡前后所发生的重大事件，其中有人有事，记叙有详有略。如前文提到的《集杜诗》所反映的历史、所刻画人物的特点，都足以说明这一点。但是在纪实之外，我们更应该看到文天祥他不仅仅是那个时代的亲历者，更是对那个时代感悟最深的思考者。他在诗歌内容之外，还用增加诗序的方式来表达自己的想法和情感。文天祥用诗序互补的方式，完成了自己对那段历史的观察与感悟。

徐师曾的《文体明辨序说》对序这种文体有较为详细的解说，"按《尔雅》云：'序，绪也。'字亦作'叙'，言其善叙事理次第有序若丝之绪也。又谓之大序，则对小序而言也。其为体有二：一曰议论，二曰叙事。""按小序者，序其篇章之所由作，对大序而名之也。汉班固云：'孔子纂书凡百篇而为之序，言其作意，此小序之所由始也。'"文天祥《集杜诗》的总序交代了写作缘由，恰恰与徐师曾所说的小序的特点相符；而具体篇章中的诗序，又与总序多有不同。析而言之，如果是叙述史实的集杜诗，那么文天祥诗序的特点是补充交代事情的来龙去脉，以此来保持事件的完整性。

> 京口渡江航，穷途仗神道。萧条向水陆，云雨白浩浩。（《去镇江》第五十八）
>
> 诗序：余至京口，北行有日矣。余欲引决，同行士杜浒曰："且。逃不获，死未晚也。"遂谋走真州。时江中皆北船，偶物色一空船，在房籍外，捐重赏约之。二月晦日夕，一更后，予约同行十一人潜出邸，挟刀自随，不济，则自杀。幸而安行无虞，

第四章 文天祥的集句诗

遂沂流而上。虏船绵亘江上,几不得出。三月朔抵真州。今而后喜可知也。(《去镇江》第五十八序)

诗歌只以"穷途仗神道"一句却精炼地写出此番幸有老天庇佑,但是并没有点明其中的艰险,只以萧条的水陆、漫漫的细雨勾勒出凄清的江边之景。诗歌虽有萧瑟之感,但是逃出京口至真州一路上的凶险,却非诗序不能表现。可以说诗序是诗歌内容的一个极好的补充。要言之,五言四句并不以纪实为长,然而文天祥的《集杜诗》之所以起到了描叙历史的作用,其中诗序居功甚伟。

《集杜诗》的诗序互补不仅仅体现在用诗序的叙事来补充诗歌的写景上,还体现在以诗序的议论来补充诗歌的叙事上。通常情况下,文天祥愿意借诗序阐发自己对该事件的看法。例如文天祥将南宋灭亡的矛头指向了贾似道,称"三百年宗庙社稷,为贾似道一人所破坏。哀哉!"(《社稷》第一·序)"似道丧邦之政,不一而足。其羁虏使、开边衅,则兵连祸结之始也。哀哉!"(《误国权臣》第三·序)可见,文天祥对厓山之战的感慨颇多。

六龙忽蹉跎,川广不可沂。东风吹春水,乾坤莽回互。(《祥兴》第三十六)

诗序:初,行朝有船千余艘,内大船极多。张元帅大小船五百,而二百舟失道,久而不至。北人乍登舟,呕晕执弓矢不支持,又水道生疏,舟工进退失据。使虏初至,行朝乘其未集击之,蔑不胜矣。

217

行朝依山作一字阵,帮缚不可复动,于是不可以攻人,而专受攻矣。先是,行朝以游舟数出得小捷,他船皆闽渐水手,其心莫不欲南向。若南船摧锋直前,闽浙水手在北舟中必为变,则有尽歼之理。惜世杰不知合变,专守□法。呜呼,岂非天哉。(《祥兴》第三十六序)

行朝覆灭的全过程,文天祥耳闻目睹。覆灭已成定局,不可挽回,然痛定思痛,文天祥对此役的失败进行了反思。他对宋军此役所采取的战略战术提出了批评,并阐述了自己的看法。北人不识水性,如若在侵略者尚未集结之前攻击,或可一胜;如若不采用一字阵,或许不会受制于敌;如若以善水性之闽浙水手突袭元军,战役的结果或未易量。

如果是纪人集杜诗的诗序,一般来说文天祥愿意交代所纪之人的生平、事迹。

文彩珊瑚钩,淑气含公鼎。炯炯一心中,天水相与永。(《陆枢密秀夫》第五十二)

诗序:字君实,文笔英妙。自维扬幕入朝,京师陷,永嘉推戴有力。及驻厓山,兼宰相。凡朝廷事,皆秀夫润色纲纪之。厓山陷,与全家赴水死。哀哉。

此诗表达了作者对陆秀夫的认识,文天祥认为陆秀夫的文章隽秀、人品高尚,但是四言五句,凝练有余而铺余不足。

第四章 文天祥的集句诗

诗序的存在，很好地弥补了读者对陆秀夫生平不了解的遗憾，本诗诗序言简意赅地交代了陆秀夫的个人生平。

有的纪人集杜诗的诗序，兼以阐发感慨。

骅骝事天子，龙怒拔老湫。皱柂视青旻，烈风无时休。(《苏刘义》第四十三)

诗序：苏，京湖老将。虽出吕氏，乃心专在王室。永嘉推戴，实建大功。后世杰用事，志郁郁不得展。其人刚躁不可近，然能服义，终始不失大节。厓山与其子俱得脱，亦不知所终。(《苏刘义》第四十三序)

此段诗序不独交代了苏刘义的身份，更从苏刘义的遭遇入手，评价了其性格上的弱点。然瑕不掩瑜，终是忠贞为国之义士，文天祥的评价可谓真知灼见。从诗与序的关系来看，文天祥很好地处理了二者的关系，二者形成了有效地互补。总的来说，文天祥的诗序表现"序"这个文体—以叙事、一以议论的文体特点。

文天祥绝大多数的诗序对人物的评价，往往是一事一论，就事论事，强调立论有据。但文天祥对人物评价的独特魅力还不只如此。对某些重要人物的品评，往往超越了一事一论的模式，往往不局限于一时一地一事，而是在立论有据的基础上，全面而客观地评价着这些举足轻重的历史人物。在某种程度上，可以说宋季赵宋一朝的命运系于文天祥、张世杰二人之手。毋庸讳言，张世杰在宋末的地位是鲜有人能与之比肩的。对于这样一个攸关政局的重要人物，文天祥对他的看法是因时而异的。对张世杰的品评，是散见于集杜诗的不同诗序里的。当然，这也从一个侧面反映了文天祥评价人物的公允性，不因人而废言，亦不因事而废人，而是就事论人的。

> 海潮舶千艘，肉食三十万。江平不肯流，到今有遗恨。(《镇江之战》第十八)
>
> 诗序：张世杰率舟师趋金山，约殿帅张彦，自常州陆出京口，扬州兵出瓜洲，三路交进，同日用事。既而扬州失期，先出取败。常州竟不出。世杰多海舟，无风不能动，江水平，虏以水哨马，往来如飞，遂以溃败。呜呼，岂非天哉？(《镇江之战第十八·序》)

镇江之战，对于张世杰的所作所为，文天祥还是肯定的。文天祥只是将战争的失利归咎于天命。从历史发展的角度来看，此时的南宋王朝确实是有赖于张世杰才能苟延残喘的。正如《召张世杰》第十七诗序言："京师内空，赖张世杰一军自荆湖至。"

> 南国卷云水，黄金倾有无。蛟龙亦狼狈，反复乃须臾。(《张世杰》第四十一)
>
> 诗序：世杰得士卒云，每言北方不可信，故无降志。闽之再造，实赖其力。然其人无远志，拥重

第四章　文天祥的集句诗

兵厚赀，惟务远遁，卒以丧败。哀哉。

文天祥在这首诗歌中表现了一股深沉的悲愤之情。"蛟龙亦狼狈，反复乃须臾"两句诗句，不仅仅交待了当时张世杰的状况，而且还涵盖了文天祥对此事的感慨，但是这个感慨表现得不够具体。诗序的存在解决了这个问题——张世杰虽然对宋有再造之功，但是人无远志，终日昏昏，不思进取，必将失败。同样的观点还出现在《祥兴》第三十三中。张世杰北还至厓山，以为占尽地理优势，以为小残喘即保安——"厓山乃海中之山，两山相对，延袤中一衣带水，山口如门。"

弧矢暗江海，百万化为鱼。帝子留遗恨，故园莽丘墟。(《祥兴》第三十四)

诗序：己卯正月十三日，虏舟直造厓山。世杰不守山门，作一字阵以待之。虏入山门，作长蛇阵对之。二月六日，虏乘潮进攻，半日而破，死溺者数万人。哀哉。(《祥兴第三十四·序》)

诗序以平静客观的态度叙述了这段历史。但是一字阵、长蛇阵的阵法真的适合吗？为何宋军半日就被击败？表面上文天祥是在冷静地陈述事实，但事实上诗序不着一字议论，却态度鲜明，褒贬立现。

总的来说，文天祥五言《集杜诗》的诗与序做到了表达方式上的互补，以叙事为主的诗歌，用诗序来议论；以写景为主的诗歌，用诗序来补叙和抒情。《集杜诗》整体创作上，以诗题标目，做到了提纲挈领；诗歌内容上以写景叙事为主，言简意赅地描绘了杜甫和文天祥的千载之悲；诗歌序言既交代了写作目的，又交代了事件的历史背景，既言情亦言志。正如王伟所评，"公初在燕狱中，不遑他及，日惟集杜工部之诗句，以写忧国之怀。句虽得之少陵，义则关乎时事，读之未有不惨而怛悼者。"（《文信国集杜诗序》）

二、言情之七言《胡笳十八拍》

文天祥集杜甫的七言诗创作了以七言为主的《胡笳十八拍》，借蔡文姬逢乱流亡思归的主题，表达了自己在乱世中的感慨。文天祥的《胡笳十八拍》乃是应汪水云所求而作的，关于这一点，文天祥在诗序中写得很明白。

> 庚辰中秋日，水云慰予囚所，援琴作《胡笳十八拍》，取予疾徐，指法良可观也。琴罢，索予赋胡笳诗，而仓卒中未能成就。水云别去。是岁十月复来。予因集老杜句成拍，与水云共商略之。盖囹圄中不能得死，聊自遗耳。亦不必一一学琰语也。水云索予书之，欲藏于家。故书以遗之。浮休道人文山。（《胡笳十八拍》序）

表面上看，文天祥的《胡笳十八拍》乃为应汪元量所求而作，但实际上必须是他的心中有此情此感，才能发言为诗：

第四章 文天祥的集句诗

"囹圄中不能得死，聊自遣耳。"故借文姬之故事，抒己之悲情；借老杜之成诗，唱响异代文人之悲歌。文天祥的《胡笳十八拍》与相传为蔡文姬所作的《胡笳十八拍》略有不同，虽然在内容上都叙写了文姬罹汉季之难，被虏羁于匈奴，思归大汉，最终归汉的故事。但是在具体表现形式上诗作不同于蔡作的第一人称自传体，而是采用了代言体的方式。

当然文天祥的《胡笳十八拍》还是本之文姬故事的。诗作的首拍至六拍，写了文姬遭汉季董卓之乱被虏至匈奴以及在匈奴的生活的经历。从内容上来看，作品主要以叙事的口吻交代了文姬囚北的整个过程，条贯分明，以客观的视角反映了那个时代社会的动荡。

诗作的首拍至六拍以叙议结合的方式交代了汉末动荡的时代背景以及文姬前途未卜之心酸。——"风尘澒洞昏王室，天地惨惨无颜色。而今西北自反胡，西望千山万山赤。叹息人间万事非，被驱不异犬与鸡。不知明月为谁好，来岁如今归未归。""胡人归来血洗箭，白马将军若雷电。蛮夷杂种错相干，洛阳宫殿烧焚尽。干戈兵革斗未已，魑魅魍魉徒为尔。恸哭秋原何处村，千村万落生荆杞。"

文天祥以客观描景的方式、以以景结情的方式描写了北地萧瑟、恶劣的环境。虽不直言悲怨，但情随景现。——"独立缥缈之飞楼，高视乾坤又何愁。江风萧萧云拂地，笛声愤怒哀中流。邻鸡野哭如昨日，昨日晚晴今日黑。苍皇已就长途往，欲往城南忘南北。""黄河北岸海西军，翻身向天仰射云。胡马长鸣不知数，衣冠南渡多崩奔。山木惨惨天欲雨，前有毒蛇后猛虎。欲问长安无使来，终日戚戚忍羁旅。"

诗作情随事现，悲苦之情不待求而自现。年来奔走疲乏，依然是关外梦里客，牛马毛缩，苦寒若此，人之奈何？——三年奔走空皮骨，三年笛里关山月。中天月色好谁看，豺狼塞路人断绝。寒刮肌肤北风利，牛马毛零缩如猬。塞上风云接地阴，咫尺但愁雷雨至。

诗作的七至十二拍抒发了文姬居胡思汉的情怀。从行文来看，与前六拍略有不同。此五拍突出了文姬居胡的自身遭遇与心理感受。例如对文姬自身状况的描写，"洛阳一别四千里，边庭流血成海水。自经丧乱少睡眠，手脚冻皴皮肉死。"但七至十二拍更精彩的地方是对文姬心理的描摹，其中有直接刻画的地方，"愁对寒云雪满山，愁看冀北是长安。此身未知归定处，漂泊西南天地间。"亦有借北地苦寒之所来烘托情感的地方，"孤城此日肠堪断，如何不饮令人哀。一去紫台连朔漠，月出云通雪山白。九度附书归洛阳，故国三年一消息。"此外此段诗作在景物的描写上注重突出主人公的心理感受，并借悲凉之景来衬托文姬的咨怨之情。"午夜漏声催晓箭，寒尽春生洛阳殿。汉主山河锦绣中，可惜春光不相见。自胡之反持干戈，一生抱恨空咨嗟。"一个"催"字，写尽了文姬此时孤枕难眠之状；一"尽"一"生"，一"寒"一"春"，对比鲜明，鲜明地写出了此时文姬居胡之无奈、归汉之心切的情态。

如果说一至六拍以怨情为主，七至十二拍以愁思为主，那么十三拍至尾拍则以悲情为主。归汉自是文姬一生之中最大的目标。"寒雨飒飒枯树湿，坐卧只多少行立。青春欲暮急还乡，非关使者征求急。"但是归程总是与别离相伴。"乃知

第四章　文天祥的集句诗

贫贱别更苦，况我飘转无定所。心怀百忧复千虑，世人那得知其故。"文姬归汉是回归故土，是与家乡之亲人团聚，但是却要与胡地的儿子生离，其中之痛苦自是常人难以体会。"娇儿不离膝，哀哉两决绝。""已近苦寒月，惨惨中肠悲，自恐二男儿，不得相追随。""大儿九龄色清彻，骅骝作驹已汗血。小儿五岁气食牛，冰壶玉鉴悬清秋。罢琴惆怅月照席，人生有情泪沾臆。"但是即使这样也阻挡不住文姬归汉的脚步。可是，归汉之后的生活就能没有感伤吗？"事殊兴极忧思集，足茧荒山转愁疾。汉家山东二百州，青是烽烟白人骨。入门依旧四壁空，一斛旧水藏蛟龙。年过半百不称意，此曲哀怨何时终。"悲莫悲兮伤离别，然生离即意味着死别，别后又如何呢？江山疮痍满目，家园四壁徒空。此中悲凉，怎一个悲字了得？

　　文天祥的《胡笳十八拍》固然是以代言之口吻叙文姬之悲，然一曲胡笳不独悲唱的是文姬之被虏，亦是杜甫之流寓，更是文天祥异代之拘囚。文天祥借三个不同的时空——汉季董卓叛乱，天宝末年安禄山叛乱，南宋季末元蒙入侵——不仅感慨了三人所处的相似的动乱社会，更是借此感伤自己的遭遇。"山木惨惨天欲雨，前有毒蛇后猛虎。欲问长安无使来，终日戚戚忍羁旅。"其中，不仅寄寓了文天祥羁旅漂泊之思，亦表达了他愧对儿女的心情。"此时与子空归来，喜得与子长夜语。""已近苦寒月，惨惨中肠悲，自恐二男儿，不得相追随。"家中有一位心系家国命运的父亲，当是子女们的骄傲，也当是子女的"不圆满"吧！然其中自愧之情，怕是只有文姬、杜甫、文天祥三人更能体味吧！

此外，我们还能从诗作中看到文天祥在北地所遭遇的辛苦。"自经丧乱少睡眠，手脚冻皴皮肉死。""乃知贫贱别更苦，况我飘转无定所。"尽管如此，文天祥毕竟不是凡人。在最困苦的环境中，他依然能够坚定自己的心志，践实着自己矢志不渝的志向。尽管世人不解——"心怀百忧复千虑，世人那得知其故"；尽管结局可能悲惨——"汉家山东二百州，青是烽烟白是骨。入门依旧四壁空，一斛旧水藏蛟龙"，但是"南极一星朝北斗，每依南斗望京华"。这就是文天祥。当然也是文姬，亦是杜甫。

至此，我们说在某种程度上文天祥的《胡笳十八拍》不仅仅是在替蔡文姬发千古之悲，更是在悲自己之生平遭遇，更是在明自己坚定不移的志向。但是我们不能将文姬归汉故事中的情感与史实，与文天祥的情感经历一一对应。因为《胡笳十八拍》是以代言的形式、借文姬归汉的史实来表达思想感情的，故文本中出现的某些词句，不必一一替文天祥索隐。例如，《胡笳十八拍》中有"不知明月为谁好，来岁如今归未归"的句子，由此而判断文天祥借此句表达了彼时囚禁北营之时尚抱有出狱归乡的想法则大可不必。虽然文天祥在《胡笳十八拍》的序中称，"盖囹圄中不能得死，聊自遣耳，亦不必一一学琰语也。"这话如果从反面理解，就是文天祥的诗作依然是在为蔡作张本的。故"不知明月为谁好，来岁如今归不归"的诗句，大抵是忠于文姬原作的精神，是对蔡琰"我非贪生而恶死，不能捐身兮心有以。生仍冀得兮归桑梓，死当埋骨兮长已矣"的改写。

有宋一代共有三人创作过《胡笳十八拍》，他们是王安

第四章　文天祥的集句诗

石、李纲、文天祥。他们均以集句诗的形式创作了《胡笳十八拍》。大抵王安石的集句诗依然是借蔡文姬之故事替文姬言悲。所集之诗句以杜诗为主，兼有蔡琰的《胡笳十八拍》和《悲愤诗》、刘商的《胡笳十八拍》中的诗句，同时还包括韩愈、张籍和王安石自己的诗句。

李纲和文天祥的《胡笳十八拍》亦有不同。李纲在他的《胡笳十八拍》诗序中，不仅提及了他自己作品的特点，也提到了王安石集句诗的特征。"昔蔡琰作《胡笳十八拍》，后多仿之者。至王介甫集古人诗句为之辞，尤丽缛凄婉，能道其情致，过于创作。然此特一女子之故耳。靖康之后事，可为万世悲。暇日效其体集句，聊以写无穷之后哀云。"（李纲《胡笳十八拍序》）由此可知，李纲的《胡笳十八拍》已经摆脱了写蔡文姬之事的藩篱，开始写自己之情怀。从集句形式来看，李纲的《胡笳十八拍》与王安石的相似，其诗作集选了杜甫诗、王安石诗、李白诗，还有白居易的诗。

文天祥的《胡笳十八拍》在思想情感的表达上类似于李纲，二者均是借集句诗的形式、文姬故事的内容来表达自己的家国破败之感的；但在形式上，文天祥的《胡笳十八拍》有别于王安石和李纲的作品，全诗160句全部引自杜甫诗歌。故文天祥此作，一方面因为自己所处之境遇与蔡琰相似，所以诗歌借文姬归汉的故事表现了自己的悲歌；另一方面又因为此作乃是集杜诗而成，所以诗歌所表现的情感又不免与杜甫安史之乱前后的情感相似。

总之，三者在内容上和形式上都略有不同，"王安石客观描写蔡琰故事，李纲则全无蔡琰史实，文天祥借蔡琰遭遇写

个人离乱身世，各有千秋。"（衣若芬《南宋＜胡笳十八拍＞集句诗之书写及其历史意义》）

三、《集杜诗》与《胡笳十八拍》的比较

文天祥的《胡笳十八拍》和《集杜诗》虽然都是集结杜诗而成，但是在外在形式和内在思想上都多有不同。首先，《胡笳十八拍》和《集杜诗》在形式上略有不同。《胡笳十八拍》，顾名思义十八拍，共十八首。整部作品采用七言歌行体的形式，只有总序，没有小序。《集杜诗》以五言四句为主，共二百首，有总序，个别诗歌有小序。

其次，《胡笳十八拍》和《集杜诗》的思想内容略有异同。《胡笳十八拍》是文天祥应汪水云之求而作，其目的在于"囹圄中不能得死，聊自遣耳"；《集杜诗》乃文天祥"坐幽燕狱中无所为，诵杜诗。稍习诸所感兴，因其五言，集为绝句"。大概从出发点上来看，都是囚禁中不得自由，聊以自慰之作。但是从文本的思想内容表现上来看还是略有不同的。一方面《胡笳十八拍》借文姬的旧事，暗合了杜甫的身世，抒发了自己的感慨。和五言《集杜诗》相比，文天祥在作品中所抒发的情感偏于私人化。有感于时事，有感于亲情，他将自己家破人亡之感寄之于诗，将自己对父母妻子儿女的愧疚之情附之于诗。尽管《集杜诗》中也有写父母妻子儿女的诗歌，但是五言《集杜诗》是以史叙当时的历史变迁、感慨人事变幻、悲痛颠沛流离为主："凡吾意所欲言者，子美先为代言之。"因此虽然这两部集杜诗均创作于文天祥囚禁于北地

第四章　文天祥的集句诗

之时，但是《胡笳十八拍》比较私人化、抒情化，而《集杜诗》则带有纪实性、史诗性的特点。

因此，学者们普遍认为《集杜诗》善于纪实，有补阙之功，"昔人评杜诗为诗史，盖其以咏歌之辞，寓纪载之实，而抑扬褒贬之意，灿然于其中。"《胡笳十八拍》大抵善于言情，"囹圄中不能得死，聊自遣耳"，其中有景有情有议论，从诗歌的艺术表现来看更具有美感。当然这是就诗歌的整体特点而言的。虽然文天祥的《胡笳十八拍》在叙事的详尽方面不如蔡琰之作和王荆公之作，但也还是叙事清晰，比较有条理的。第一拍到第六拍讲述了乱世被俘的经历；第七拍到第十一拍抒发了异土怀乡之情；第十二拍到第十七拍抒发思子之情，最后一拍为尾声。而《集杜诗》正如上文所言，则借诗歌和诗序抒发了文天祥对于时事的感慨。

要之，《集杜诗》和《胡笳十八拍》一以五言，一以七言，虽然形式不同，但均表现出了文天祥对杜甫的熟悉，对杜甫历史价值、文学价值、文化价值的认可。在某种程度上，对杜诗的认可实际上也是对杜甫人生的认可，对其爱国精神的高度赞颂。正如文天祥的诗作所言：

　　平生踪迹只奔波，偏是文章被折磨。耳想杜鹃心事苦，眼看胡马泪痕多。
　　千年夔峡有诗在，一夜耒江如酒何。黄土一丘随处是，故乡归骨任蹉跎。（《读杜诗》）

第五章 文天祥词的文学成就

《文天祥全集》共载词作8首，根据张公鉴先生的考证，其集中《浪淘沙》一首实属邓剡所作，而文天祥散佚的作品中断乎为其所作的就是《沁园春·为子死孝》一词。考证文天祥词作，虽数量不多，但其词作中所蕴含的慷慨激昂之情、悲壮豪放之风、荡气回肠之气，都足以使之在南宋季末的词坛上占有一席之地。近人王国维对此有所定评："文文山词，风骨甚高，亦有境界；远在圣与、叔夏、公谨诸公之上。亦如明初诚意词，非季迪、孟载诸人所敢望也。"

一、文天祥的前期词作

文天祥的词虽然仅有8首，但从风格来看，依然可以以咸淳十年为界分为前后两期。文天祥40岁之前的词作，现存二首，俱为《齐天乐》。

南楼月转银河暑，玉箫又吹梅早。鹦鹉沙晴，葡

第五章　文天祥词的文学成就

萄水暖，一缕燕香清袅。瑶池春透。想桃露霏霞，菊波沁晓。袍锦风流，御仙花带瑞虹绕。

玉关人正未老。唤矶头黄鹤，岸巾谈笑。剑拂淮清，槊横楚黛，雨洗一川烟草。印黄似斗。看半砚蔷薇，满鞍杨柳。沙路归来，金貂蝉翼小。（《齐天乐·庆湖北漕知鄂州李楼峰》）

第一首《齐天乐》是文天祥写来庆祝李楼峰新除湖北漕兼知鄂州的。李楼峰与天祥同为宝祐四年进士，此时李楼峰知鄂州，文天祥为其壮行。在整首词的架构上，文天祥采用了词作常用的时空关系转换的方式。词的上片回忆了两人共同的过往，同窗之情与同榜之谊，通过具体的场景——鹦鹉沙晴、葡萄水暖、桃露霏霞、菊波沁晓展现了出来。词的下片文天祥处理了两种时空关系。借助如今风华正茂、挥斥方遒的热血来写两人远大的抱负，其中暗用了苏轼之词，表达了"谈笑挥樯橹"的宏愿。词的结尾则表达了沙场归来，看轻功名利禄的想法。此时文天祥又将词的表现空间推向了未来。文天祥此时写贺词不惟以贺李楼峰升迁为目的，更是对其寄予了深切地期望。鄂州在当时已为前线，蒙古军队虎视已久。李君此去重任在肩。文天祥以当年高中之事来激励李楼峰，表面上劝人，实则亦有共勉之意。

第二首齐天乐是文天祥在湖南任上所作，当时文天祥已经接到圣旨准备奔赴赣州，故词作中欲归故里奉侍亲人之情溢于言表。

夜来早得东风信,潇湘一川新绿。柳色含晴,梅心沁暖,春浅千花如束。银蝉乍浴。正沙雁将还,海鳌初矗。云拥旌旗,笑声人在画阑曲。

星虹瑶树缥缈,佩环鸣碧落,瑞笼华屋。露耿铜虬,冰翻铁马,帘幕光摇金粟。迟迟倚竹。更为把瑶尊,满斟醽醁。回首宫莲,夜深归院烛。(《齐天乐·甲戌湘宪种德堂灯屏》)

这首《齐天乐》与前一首同调的词作,语言风格基本一致,均较为明快,写景柔丽,语语含情,景景有意。此词因是写于即将归于故里之际,故词中之景既有湖南任中的桃红柳绿、梅柳含情,又有家乡文山碧落之环佩飘缈之境。此词从内容上看,虽无后期词作情感之深沉,但用词妥帖,似南宋雅化之词体。张公鉴先生认为文天祥前期作品"审音协律,雕章琢句,锻炼工整,风格属于姜夔一派"。总的来说,文天祥前期的作品,确乎风格清丽,正如陈霆所说:"文文山词,在南宋诸人中,特为富丽。"(《渚山堂词话》卷二)但是如果因为作词本身所反映的歌舞升平的内容,即去印证《宋史》中的记载,"文山性豪侈,每食方丈,声妓满前。晚节乃散家资,募义勤王,九死不夺。"岂不过欤?

二、文天祥的后期词作

文天祥的后期词作风格与前期稍异,如果说前期的词作风格典丽精工的话,那么后期的作品风格就是豪放洒脱、慷

第五章　文天祥词的文学成就

慨激昂的。词之有体，本之以柔，变之以刚。"魏塘曹学士云：'词之为体如美人，而诗则壮士也；如春华，而诗则秋实也；如夭桃繁杏，而诗则劲松贞柏也。'罕譬最为明快，然词中亦有壮士，苏辛也。亦有秋实，黄陆也。亦有劲松贞柏，岳鹏举、文文山也。选词者兼收并采，斯为大观。若专尚柔媚，岂劲松贞柏，反不如夭桃繁杏乎？"（《田同之《西圃词说》）文天祥的词作前期柔美可喜，后期作品刚劲有力。此说虽看到了文天祥后期词作刚劲如松柏之风的特点，但是忽略了文天祥前期词作的柔美之处。总的说来，文天祥的词作、诗学精神还是有其相通之处的，均转益多师、风格多样。

　　文天祥后期词作与其身世遭遇紧密相连。从表现内容形式来看，具有纪行纪事的特点，反映时事的风格十分突出。文天祥后期词亦词调不多，只有《酹江月》《满江红》《沁园春》三调。《沁园春》咏张巡、许远之事，一事一调；《酹江月》本之苏轼的《念奴娇·大江东去》，三首词全部用苏调。许昂霄《词综偶评》："《大江东去》，文天祥，用东坡原韵。"其中两首《酹江月》词主要写了与邓光荐的惜别之情，另外一首《酹江月》因路过南康军有感而作；《满江红》两首同调，系有感于王夫人的词作，而慨然和之一首，感悟代作一首。

　　我们先来看一下与邓光荐有关的两首《酹江月》。

　　　　水天空阔，恨东风、不借世间英物。蜀鸟吴花残照里，忍见荒城颓壁。铜雀春情，金人秋泪，此恨凭谁雪？堂堂剑气，斗牛空认奇杰。

那信江海余生，南行万里，属扁舟齐发。正为鸥盟留醉眼，细看涛生云灭。睨柱吞嬴，回旗走懿，千古冲冠发。伴人无寐，秦淮应是孤月。(《酹江月·驿中言别友人》)

乾坤能大，算蛟龙、元不是池中物。风雨牢愁无著处，那更寒虫四壁。横槊题诗，登楼作赋，万事空中雪。江流如此，方来还有英杰。

堪笑一叶漂零，重来淮水，正凉风新发。镜里朱颜都变尽，只有丹心难灭。去去龙沙，江山回首，一线青如发。故人应念，杜鹃枝上残月。(《酹江月》)

根据夏承焘的《宋词系》记载，第一首词是文天祥在建康与邓光荐分别时所作。"文山以祥兴元年六月十二日至建康，囚驿中。光荐被执崖山，与之俱行。十三日光荐以病寓天庆观京医，留不行。文山二十四日向北。"第二首词创作的时间略晚于第一首，"案《指南后录》，文山以己卯八月二十四日发建康，九月一日至淮安军。此过淮时作。"（《宋词系》)

这两首词均采用了苏东坡赤壁韵，选择了本之《念妈娇》的《酹江月》这个词牌，由此我们可以想见文天祥当时的心情。陈霆《渚山堂词话》卷二记载："文丞相既败，元人获置舟中，既而挟之蹈海。厓山既平，复逾岭而北。道江右，作《酹江月》二篇，以别友人，皆用东坡赤壁韵。其曰'还障天东半壁'，曰'地灵尚有人杰'，曰'恨东风不借世间英物'，曰'只有丹心难灭'，其于兴复，未尝不耿耿也。"

第五章　文天祥词的文学成就

文天祥此词处处点化苏轼赋唱《念奴娇》中所用的典故。借三国英雄之风流物事——借东风、铜雀二乔、横槊赋诗，来抒写自己心中的苦闷——江山易主，收复何望？其中岳飞《满江红》"怒发冲冠""臣子恨，尤未雪"之化用，又将词作的悲恨之情升华到了一个新的高度：镜里朱颜变尽，依旧丹心不变。薛励若称：《大江东去·驿中言别友人》，侠情壮志，直凌云汉，最能表现末季孤臣口吻，和志士心素，与《正气歌》同一种手笔。（《宋词通论》）

观此二词，虽英雄末路，虽心中有恨，但浩然正气永存。虽然悲壮凄凉，但壮志不改。正如陈卧子所云："气冲斗牛，无一毫委靡之色。"（冯金伯《词苑萃编》卷五）文天祥后期词的风格确乎近于稼轩之豪雄壮阔，情感深沉而低回。此时，文天祥复国无望，被拘北上，但词作"悲壮雄丽，并无叫嚣气息"（《陈廷焯《放歌集》卷二）从词的艺术特征上来看，这两词用典绵丽，一任以情。从词的结构上来看，前半言英雄末路，后半言英雄本色，但结尾往往以悲景结情，含蓄地点出了英雄末路之悲。"伴人无寐，秦淮应是孤月"、"故人应念，杜鹃枝上残月"。

我们再来看看同调的另一首《酹江月》。

> 庐山依旧，凄凉处、无限江南风物。空翠晴岚浮汗漫，还障天东半壁。雁过孤峰，猿归危嶂，风急波翻雪。乾坤未老，地灵尚有人杰。
>
> 堪嗟漂泊孤舟，河倾斗落，客梦催明发。南浦闲云连草树，回首旌旗明灭。三十年来，十年一过，

空有星星发。夜深愁听，胡笳吹彻寒月。(《酹江月·南康军和苏韵》)

这首词夏承焘《宋词系》考证称："《纪年录》：文山以景炎三年戊寅十二月被执于海丰，祥兴元年己卯北行，六月初五过隆兴（南康军），十二日至建康。时四十四岁，卒前之三年也。"此词风格上略近于前两首，只不过较之前两首，这首词整个意境是萧瑟的；在情感的表达上多了一点悲壮之感，多了一份看透世事、往事已矣的淡然与无奈。虽然乾坤未老，虽然此地尚有人杰，但"庐山依旧，凄凉处、无限江南物"。物是人非，必然触物易伤情。词的上片词人嗟叹身世，孤苦漂泊，如不系之孤舟，别的是故土河山，忆的是年来奔波，悲的是眼前之景，伤的是耳边之声。词作虽依然以景结情，但痛入肺腑之悲已然融入景色之中。此中之景已不是含蓄表情的问题了，其中之伤悲过"孤月"千倍、万倍！

此首《酹江月》乃是和苏东坡赤壁大江东去而作，其调韵用东坡之原韵，气概与坡公类似。而其亲笔所书之真迹更是令人叫绝。刘诜《跋文信公和东坡赤壁词后》有相关的记载：坡公此词，妙绝百代，然恨鲜得其所自书者，信国文公所和，雄词直气，不相上下，而真迹流落如新，尤可谓二美具矣。……呜呼！此书距今才四十年，其可敬慕何必在千之上哉！"（《桂隐文集》卷四）

从《酹江月》这三首词来看，文天祥之词断乎非文人之词，乃英雄之词，其高妙处可与稼轩一争短长。由此可以看出，此时被时被迫北上的文天祥，文辞之创作一任以情，心

第五章 文天祥词的文学成就

中有事、心中有情，如梗在喉，不吐不快。正如刘熙载所评："文文山词有风雨如晦、鸡鸣不已之意，不知者以为变声，其实乃变之正也。故词当合其人之境地以观之。"（《艺概》卷四《词曲概》）

可以说《酹江月》一调三词是文天祥词的代表作，其思想越迈千古，影响后人。正如薛砺若所言："文山为南宋死节重臣，其一生孤忠志事，照耀千古。与明末史可法同一壮烈。他的词亦冷越刚劲，集中如《大江东去》等作，歌声无殊《易水》，为词中绝无之境界，读其词，可以想见其为人。"（《宋词通论》）

文天祥集中除了《酹江月》有同调数题外，还有两篇《满江红》词作。宋恭帝德祐二年二月五日南宋降元，幼主及谢太后、宫妃等北上觐见。王夫人因作《满江红》题于驿壁。文天祥见而和之。夏承焘《宋词系》对此有较为详细的考评。"《词苑丛谈》：'至正丙子，元兵入杭，宋谢、全两后以下皆赴北，有王昭仪名清惠者，题词于驿壁，即所传《满江红》也。文文山读至末句叹曰：惜哉，夫人于此少商量矣。为代作二首，全用其韵云云。《女史》载王昭仪抵上都，恳为女道士，号冲华。则昭仪女冠之请，丞相黄冠之志，固先后合辙，从容圆缺，取义成仁，无有二也。'"

太液芙蓉，全不是旧时颜色。尝记得恩承雨露，玉墀金阙。名播兰簪妃后里，晕潮莲脸君王侧。忽一朝鼙鼓揭天来，繁华歇。

龙虎散，风云灭。今古恨，凭谁说？顾山河百

二,泪流襟血。驿馆夜惊尘土梦,宫车晓转关山月。若嫦娥于我肯相容,从圆缺。(王夫人《满江红》)

燕子楼中,又捱过、几番秋色?相思处、青年如梦,乘鸾仙阙。肌玉暗消衣带缓,泪珠斜透花钿侧。最无端蕉影上窗纱,青灯歇。

曲池合,高台灭。人间事,何堪说!向南阳阡上,满襟清血。世态便如翻覆雨,妾身元是分明月。笑乐昌一段好风流,菱花缺。(文天祥《满江红·和王夫人<满江红>》)

试问琵琶,湖沙外、怎生风色。最苦是、姚黄一朵,移根仙阙。王母欢阑琼宴罢,仙人泪满金盘侧。听行宫、半夜雨淋铃,声声歇。

彩云散,香尘灭。铜驼恨,那堪说。想男儿慷慨,嚼穿龈血。回首昭阳离落日,伤心铜雀迎秋月。算妾身,不愿似天家,金瓯缺。(《满江红·代王夫人作》)

文天祥的和作下有词序云:和王夫人《满江红》韵,以庶几后山《妾薄命》之意。根据史料记载,文天祥之所以和王夫人之作,是因为后者的词尾"若嫦娥于我肯相容,从圆缺"一句,表达了王昭仪面对亡国北上时的态度有些苟且,不坚定;而拟作词尾"算妾身、不愿似天家,金瓯缺",却气势恢宏。卓人月《词统》评其和作"总是铜箸铁骨欲吐"。从艺术水平来看,此词亦有独特之处。其词前后牵连,思路清晰,联系紧凑缜密。刘熙载称:"词之妙,全在衬跌,如文

第五章 文天祥词的文学成就

文山《满江红·和王夫人》云:'世态便如翻覆雨,妾身元是分明月。'《酹江月·和友人驿中言别》云:'镜里朱颜都变尽,只有丹心难灭。'每二句若非上句,则下句之声情不出矣。"(《艺概》卷四《词曲概》)

国家灭亡,家眷北上,亡国之姿,亡国之思,虽一以女子的心态来表现,但是不嫌纤细易感,仍然是铮铮铁骨、荡气回肠。从和作的风格来看,基本上是本之王昭仪之原作的。语言清丽脱俗,虽用典婉转柔丽——用乐昌一段好风流、半夜雨淋铃、昭阳落日之典来写际遇之悲,但间或一语即体现了文天祥的铮铮铁骨。"世态便如翻如雨"的形容可谓到位,"翻如雨"既写出了事态的变化出人意料,又说明了变天的凄凉。"算妾身、不愿似天家,金瓯缺",一女子尚能有如此见识,不恳低服元虏,那么那些顶天立地的须眉呢?其中之愤恨不言自喻。关于这《满江红》之作,邓光荐亦有和词。

> 玉母仙桃,亲曾醉,九重春色。谁信道、鹿衔花去,浪翻鳌阙。眉锁娇娥山宛转,髻梳堕马云欹侧。恨风沙、吹透汉宫衣,余香歇。
>
> 霓裳散,庭花灭。昭阳燕,应难说。想春深铜雀,梦残啼血。空有琵琶传出塞,更无环佩鸣归月。又争知、有客夜悲歌,壶敲缺。(邓光荐《满江红》)

除了上述词作之外,文天祥辑佚词尚有一首《沁园春》,关于这首词唐圭璋先生认为此词出于《草堂诗馀》,但遍检《草堂诗馀》不见。清初徐轨《词苑丛谈》及李良年的《词

239

坛纪事》记载了这首词。

> 为子死孝，为臣死忠，死又何妨。自光岳气分，士无全节，君臣义缺，谁负刚肠？骂贼睢阳，爱君许远，留得声名万古香。后来者，无二公之操，百炼之钢。
>
> 人生翕欻云亡，好烈烈轰轰做一场。使当时卖国，甘心降虏，受人唾骂，安得流芳？古庙幽远，遗容俨雅，枯木寒鸦几夕阳。邮亭下，有奸雄过此，仔细思量。（《沁园春·题潮阳张许二公庙》）

此词对历史人物的评价，在风格上与范仲淹的《剔银灯》略近。"昨夜因看蜀志。笑曹操孙权刘备。用尽机关，徒劳心力，只得三分天地。屈指细寻思，争如共、刘伶一醉。人世都无百岁。少痴騃、老成尪悴。只有中间，此子少年，忍把浮名牵系？一品与千金，问白发、如何回避？"虽然所反映的思想内容不一样，但一样地浅近易懂，一样地以史而寄劝世之意。

刘永济《唐五代两宋词简析》认为，"此天祥被执北行，路经双庙所作。首举"死孝""死忠"者，封建制度下之最高道德标准也。宋亡之际，叛国降虏者甚多。天祥过双庙，念张巡、许远遗烈，不觉感慨，发为此词，忠义之气，凛然纸上。此等作品，不可以寻常词观之也。"有宋一代宣扬忠孝，士人以忠义自许，然临南宋季末，叛臣贼子屡出，实是伤了忠臣之心。因此过张许二英灵之庙，有此感慨。文天祥

第五章　文天祥词的文学成就

在赴燕途中，路过双庙，亦曾作诗一首，可与之相较参看。正如查礼评价此诗："公之忠义刚正，凛凛之气势，流露于简端者，可耿日月，薄云霄。虽辞藻未免粗豪，然忠臣孝子之作，只可以气概论，未可以字句求也。"（《铜鼓书堂词话》）

　　起师哭玄元，义气震天地。百战奋雄姿，裔妾士挥泪。睢阳水东流，双庙垂百世。当时令狐潮，乃为贼游说。（《指南后录·许远》）

文天祥以词家闻名，但是文天祥的词作基本上还是遵循着词学创作的基本原则的：抒写自我性情的词作，以婉约、温丽的风格为之；抒写家国之悲的作品，以辛弃疾的创作为蓝本。拟王昭仪之作，本之原作之情调，以婉丽行之，亦参与时事之悲。此外文天祥的词作在调牌的选择上也是颇为讲究的。文天祥集中现存《齐天乐》《酹江月》《满江红》《沁园春》四调，基本上文天祥所选用词调和他的个人创作风格、词调本身的音乐风格、词调本身的故事、词调本身所表现的情感基调是紧密相连的，与其个人的英雄气概是相辅相承的。据《白香词谱》记载，"（《满江红》），例用入声韵，慷慨激越，多用于抒发豪情壮志。"又"（《沁园春》）此调宜抒写壮阔豪迈的情感。"又"（《酹江月》）此调音节高抗，英雄豪杰之士多喜用之。"（《白香词谱》）而《齐天乐》一调虽未指出此调适合表达何种情感，但是《白香词谱》指出"（此调）一百零二字，上下片均六仄韵。……此调平仄要求甚严……"我们可以参看对《酹江月》词调的要求——"（《酹江月》）

其用以抒写豪壮感情者，宜用入声韵部"——即可对"例用仄声韵"的《齐天乐》词牌所要表达的情感有所认识。由此可以看出，文天祥在词调的选择上相当的用心，在词调与词作情感表达的关系的处理上相当的讲究。

总的来说，文天祥的词作无论是词的内容还是艺术风格，将其置于南宋词坛都是首屈一指的。陈廷焯称其词"气极雄深，语极苍秀。其人绝世，词亦非他人所能到。"（《云韶集》卷九）文天祥将一身正气、慷慨之情寄之于词，其词大气磅礴，可与正统文人眼中的诗歌相媲美。正如张德瀛所言：词有与风诗意义相近者，自唐迄宋，前人钜制，多寓微旨。……文文山"水天空阔"，于役之伤难也。（《词征》卷一）大抵读文山之词，非仅读词，亦是读人矣。

第六章　文天祥散文的文学成就

　　文天祥的文学创作虽然无法和名家相提并论，但亦有其优长之处。正如《四库全书简明目录》所言："文天祥大节炳然，不必以词章见重，而词章实卓然可传。《农田余话》称其'不独忠义贯一时，亦斯文间气之发现，非虚语也。'"尽管文天祥的诗词创作可能要好于他的散文创作，但这并不是说文天祥的散文创作没有其优长之处。总的来说，因之文体特性，因之时代风气，因之文天祥的性格秉性，文天祥的散文创作各体兼备，骈散间出、感情真挚、慷慨纵横的特点是比较突出的。"其发诸文辞，昭若日星，轰若雷霆，而慷慨激烈，无非忠义所形。至公诵其言，想其风旨，真足以寒奸邪之胆，而起吾人凌厉之气。"（明鄢懋卿《文山先生集序》）从文体的语体形式来看，文天祥的散文作品包括散体古文和俪体骈文；从文学体裁类型来看，包括章、表、笺、册等在内的奏议诏令类文章和记、书等在内的抒写性情类的文章。因此，本章对文天祥散文的研究，主要从其作品的多样体裁入手来分析其骈体、散体文章之美，品味其辨识度较高的文体美,赏析其晓畅洗净的语言,品味其忠厚笃诚的思想。

一、以骈为主,骈散兼备

此章所提到的"散文",指的是包括散体和骈体文章在内的广义上的散文,即自古以来的除了韵体诗词以外的"文"。骈散之争始于唐代,"《六经》之文,班班具存。自秦迄隋,其体递变,而文无异名,自唐以来,始有古文之目,而目六朝之文为骈俪。"(李兆洛《骈体文钞》)"古者文与道合而为一,无古文之专名。自昌黎韩氏出,始以文之散行者揭橥当世,名曰古文,以别于六朝之骈俪。"(蒋同超《拙存堂文集跋后》)但是其实骈文也好,散文也罢,均是文学创作的一种形式,并无优劣之分。"为骈文者或轻散文,为散文者或轻骈文;其实骈散二者如阴阳奇偶,不可偏废。试思最古之文,莫如《尚书》《易经》,而其中骈词俪语,触目皆是,遑问其他。故李申耆之言曰:文之体至六代而其变尽矣。沿其流而沂之以至乎其源,则其所出者一也。何必歧奇偶而二之耶?虽然溯文章之源,固不当有骈散之别,及骈散之分既定,则各据一方以肆力研究。"(张廷华《骈文自修读本》)虽然宋代初年的骈散之争激烈,但是到了北宋中叶,欧、苏的出现使得骈文和古体散文都向着良好的方向发展。

> 本朝四六,以欧公为第一,苏、王次之。然欧公本工时文,早年所为四六,见别集,皆排比而绮靡。自为古文后,方一洗去,遂与初作迥然不同。

第六章　文天祥散文的文学成就

他日见二苏四六，亦谓其不减古文。盖四六与古文，同一关键也。然二苏四六尚议论，有气焰，而荆公则以辞趣典雅为主。能兼之者，欧公耳。（吴子良《林下偶谈》）

这段文字清晰地再现了北宋中叶研究者对四六骈文与古文的看法。"盖四六与古文，同一关键也。""古之文皆偶也。自六经以及诸子，何尝不具偶体。魏晋之后，稍事华腴之词，积而为骈四俪六，然犹或散或整，畅所欲言，情随境生，韵因文造。昭明所谓沈思翰藻，诚据自然之势，导源流之正，而文与笔划为二区，由是成焉。笔为驰驱纪事之言，文为奇偶相生之制……唐有初中晚之分，宋初亦具唐体，继则易短为长，改华从实，笔文互用，体裁遂贸。"（李审言《骈文学自序》）我们大概可以认定宋代的散文创作骈散兼备，互为补充。

"尽管南宋时期骈文与古文都有些变化，但欧苏诸人奠定的骈散结合传统并没有大的变化。"（于景祥《中国骈文通史》）"东汉文章，不同西汉。南宋诗文，一衍北宋。所以东京为西京之别出，而南宋祇北宋之附庸。南宋之文学，苏氏之支与流裔也。盖词为苏词，文为苏文；四六则苏四六，独诗渊源黄陈以为江西派尔。"（钱基博《中国文学史》）因此，对文天祥散文的研究，一方面要留心自北宋以来的骈散兼备的特点，另一方面也要留意南宋的时代风气及文天祥散文创作的个性。

文天祥集中的散文从思想内容的角度来看，大抵可以分为两类。一类是诏诰笺奏类的公牍文；一类是书序题跋类的抒情文。从数量上来看，前者占据了文天祥散文的绝大多数；从文体的骈散属性来看，前者以骈体为主，后者骈散兼备。

文天祥的散文创作受时代风气浸染，以骈体为文，骈散兼备。文天祥擅长写骈文也与当时科举取士的考核方式有关。"南宋古文衰而骈文盛，皆出于科举。"（金秬香《骈文概论》）"盖宋朝束缚天下英俊，使归于一途。非工于时文，无以发身而行志。虽有明智之材、雄杰之士，亦必折抑而局于此。不为此，为名为士，不得齿荐绅大夫。"（刘壎《答友人论时文书》）作为宝祐四年的状元，文天祥不可能不擅长骈文。

从现存的文天祥的散文作品来看，其创作包括如下几类：对策、封事、内制、表、笺、疏、申省状、书、启、记、序、题跋、赞、铭、辞、说、讲议、行实、墓志铭、祭文、祝文、乐语、上梁文、公牍、文判。其中可以施之于骈体的为数不少。正如王应麟在《辞学指南》中的分析：

> 皇朝绍圣初元，取士纯用经术。五月，中书言唐有辞藻宏丽文章秀异之科……始立宏辞科。二年正月，礼部立试格十条（章、表、赋、颂、箴、铭、诫谕、露布、檄书、序记）。除诏、诰、赦、勅不试，又再立试格九条，曰章、表、露布、檄书（以上用四六），颂、箴、铭、诫谕、序记（以上依古今体，亦许用四六）……绍兴三年，一部侍郎李耀请别立一科。七月，诏以博学宏词为名，凡十二体，

第六章　文天祥散文的文学成就

曰制诰、诏、书、表、露布、檄、箴、铭、记、赞、颂、序。"（王应麟《辞学指南》）

由文天祥的诏诰笺奏类的公牍文来看，确实是以骈体文为主。至于原因，谢伋的分析恰好可备一解。"四六施于制诰、表奏、文檄，本以便于宣读，多以四字六字为句。"（《四六谈麈》）虽然总体上公牍文章的文学性可能稍差，但是文天祥的公牍文还是具有一定的特色的。"今观其文辞，矫乎如云鸿之出风尘，汛乎如渚鸥之忘机械，凛乎如匣剑之蕴锋芒。至于陈告敷宣，肝胆毕露，旁引广喻，曲尽事情，则又沛乎如长江大河，百折东下，莫有当其腾迅者。"（罗洪先《重刻文山集序》）

选表扬纶，归中持橐。采石洲之明月，光照海山；通明殿之红云，影摇河汉。介圭觐只，会弁欢如。恭惟某官玉粹金刚，冰悬雪跨。《清庙》《生民》之作，脍炙诸公；干将莫邪之锋，指麾余子。自傍天而行斗牛之渚，便拔地而起湖海之楼。出入兵间，月析灯棋之耿耿；驱驰江上，参旗井钺之堂堂。儒臣知兵，从古所少；天子谋帅，必在其中。方建纛而前，千军绕帐而不动；及还笏而去，二童随马而有余。悠悠四顾于山河，落落一麾于江海。啸吟水石，酬谪仙捉月之魂；上下风樯，访舍人麾军之迹。慨然有神州陆沉之叹，发而为中流击楫之歌。属传风景于岘山，忽骇波涛于天堑。长江为备不数处，可供险于万人；朝廷养兵三十年，当成功于儒者。乃畴庸于东掖，仍趣贰于西曹。太乙灵旗，出陪豹尾；钩陈玉槛，进逼鳌头。青天白日，凤凰之声名；高山深林，龙虎之气势。前行为兵部，小纾帷幄之谋；大本在中书，亟正均枢之拜。某滥巾剧部，望履修门。班汉以于甘泉宫，喜称知己；勒唐功于浯溪石，已戒有司。（《贺赵侍郎月山启》）

文天祥的这篇启文纯用骈体，用典讲究但不艰涩，偶对精当而不拘泥。正如高步瀛对此篇文章的评价："气象峥嵘，字句新颖，沿用旧式，自铸伟词。南宋四六得此，可为后劲。"（《唐宋文举要》）大抵高步瀛的评价是将文天祥的骈文与李刘的骈文相比而言的。"南渡之始，古法犹存，孙觌、汪藻诸人，名篇不乏。逮刘晚出，惟以流丽稳贴为宗，无复前人之典重，沿波不返，遂变为类书之外编，公牍之副本，而冗滥极矣。"（《四库全书总目提要》）

恭维某官：学冠儒缨，道航圣渎。家故雄于西蜀，谁敢齿于诸任；骑鲸暂驻于九龙，振鬣遂喑于万马。周情孔思，心传先圣之不传；宋艳班香，文到古人之未见。欠于详试，昨乃遄归。士则快于睹先，帝已嗟于见晚。能典朕礼，咨伯直清；肯从吾儿，烦君调护。玉堂草罢，又吟红药之翻；金匮紬余，还对紫薇之伴。彼智效一官而不足，此身兼数器而有余。人望一条之冰，其容已肃；公傍九霄之

第六章　文天祥散文的文学成就

月，所乐不存。岂非为天子之私人，实持公议；行且作清庙之近弼，尤佩远忧。(《上任中书启》)

李刘此文与文天祥的上文相比，不仅雕琢之气过重，而且慷慨之气无存，相去其几万里矣！正如《两宋文学史》所评"而抗元英雄文天祥和陆秀夫等，也都是四六名手。文天祥的全集中存有骈文甚多，颇能自铸伟辞"。

总的来说，和前代的骈体文相比，文天祥的骈文创作还是承继多而变化少。他的作品继承了骈体文章的创作范式，而且都能依据一定的文体要求和范式而作。

三代两汉以前，训、诰、誓、命、诏、策、书、疏，无骈俪粘缀，温润尔雅。先唐以还，四六始盛，大概取便于宣读。本朝自欧阳文忠、王舒国（安石）叙事之外，作为文章，制作浑成，一洗西昆磔裂烦碎之体，厥后学之者益以众多。况朝廷以此取士，名为博学宏词，而内外两制用之，四六之艺，诚曰大矣。下至往来笺记、启状，皆有定式。故设之应用，四方一律，可不习而知。(谢伋《四六谈麈》)

观文天祥集中的散文创作，基本上诏、制、表、启、上梁文、乐语等文体都采用了骈体的形式。正如于景祥先生在《中国骈体文钞》中所言："宋代骈文大都用于诏制、表启及书状一类应用文体之中。此外还包括辞赋的变体上梁文与乐

文天祥评传

语这样的文体。曹振镛编次彭元端所纂宋代四六文就仅限于诏、制、表、启和上梁文、乐语六体，余皆不录。"

戴符寻隐，久矣买山；潘岳奉亲，兹筑室，未说胸中之全屋，姑营面北之一堂。凡私计之绸缪，皆上恩之旁薄。自昔园林台馆之胜，难乎溪山泉石之全。琅琊两峰，似太行之盘谷；建阳九曲，类武夷之桃源。然而有窈而深者，无旷而夷；有清而历者，无雄而峭。所在罕并于四美，其间各擅于一长。而况索之于杖屦之余，去人远甚；未有纳之于户庭之近，奉亲居之，主人白发重闱，彩衣四世。出随园鹄，付轩冕于何心；归对林乌，觉箪瓢之有味。顷辟上游之丛翳，偶逢小隐之坡陀。江村八九家，得重洲小溪，澄潭浅渚之胜；山行六七里，有诡石怪木，奇卉美箭之饶。攀飞雪而窥空硿，度修芜而陟穹巚。云奔虎斗，根穴相呀；斗折蛇行，嵯岩差互，看辋川画，如登南垞，过华子冈；读黄溪诗，如上西山，至袁家渚。其遹诡，足以骋怀而游目；其深靓，足以养道而栖真。自天作之，非人力也。未为仙翁释子之所物色，惟有樵童牧竖之相往来。偶然幻出种竹斋，见山堂；尚欲敞为拂云亭，澄虚阁。先生酒壶钓具，无日不来；夫人步舆轻轩，有时而至。乃若波涛汹欻，雪月纷披，烟雨吐吞，虹霞变现。将使山间四时之乐，尽为堂上百岁之娱。啜菽水尽其欢，先庐固在；得谖草植之背，别墅何

第六章 文天祥散文的文学成就

妨。乃相南隅，乃规中奥。有护田一水，排闼两山之势；得栽芋百区，种鱼千里之基。问之阴阳，天与我时，地与我所；若存神物，水增而广，山增而高。不管相如四壁之萧条，且作乐天三间之潇洒。窗中列岫，庭际俯林；舍北生云，篱东出日。或积土室编蓬户，或通竹溜缚柴门。宛然林壑坻岛之中，更有花木楼台之意。眼前突兀见此屋，人生富贵何须时！苟美苟完，爱居爱处。讴吟月露，供燕喜之诗；判断烟霞，博平反之笑。何必瑶池、昆仑、阆风、玄圃，方是神仙；不须终南、太华、天台、赤城，亦云山水。被褐而环堵，却轨而杜门。弹琴以咏先王之风，高卧自谓羲皇之上。不知老将至，聊复得此生。今日幽居，便可号为秘书外监；他年全宅，亦无华于昌黎先生。小住郢斤，齐听巴唱：

东，红日照我茅屋东。绕尽湖阴桥上看，世间无水不流东。

南，说与山人与水南。江上梅花都自好，莫分枝北与枝南。

西，堤东千顷到堤西。往来各任行人意，湖水东流江水西。

北，浊酒一杯北窗北。白云去住总何心，或在山南或山北。

上，莫道青山在屋上。青山一叠又青山，有钱连屋青山上。

下，试看流水在屋下。他时戏彩画堂前，福禄来崇更来下。

伏愿上梁之后,千山欢喜,万竹平安。举寿觞,和慈颜,儿童稚齿,昆弟斑白;濯清泉,坐茂木,虎豹远迹,蛟龙遁藏。阴阳调而风雨时,神祇安而祖考乐。一新门户,永镇江山。(《山中堂屋上梁文》)

"按上梁文者,工师上梁之致语也。世俗营构宫室,必择吉上梁,亲宾里面杂他物称庆,而因以犒匠人,于是匠人之长,以面抛梁而诵此文以祝之。其文首尾皆用俪语,而中陈六诗。诗各三句,以按四方上下,盖俗礼也。"(徐师曾《文体明辨序说》)从文体性质上来看,上梁文并不是一种能登大雅之堂的文体,从文末的上梁诗可以略窥一斑。但是这篇骈文,文天祥写来一任自然,不过分追求辞藻,也没有匠气。从所描摹的景色来看,颇有桃源蹊径之美;从所着墨的生活来看,多有渊明遗风。文天祥将雅质的语言和多样的骈偶模式运用得炉火纯青——当句对、隔句对、四句对、四六对、七句对、长句对等等,不一而足。孙松友在《四六丛话》中以李商隐和汪藻为例对唐宋骈文在偶对方面的特点进行了比较:"骈俪之文,以唐为极盛,宋人反诋讥之,岂能论哉!浮藻之文,可谓精切,南宋作者,莫能或先,然何可与义山同日语哉!古之四六,句自为对,语简而笔劲,故与古文未远。其合两句为一联者,谓之隔句对,古人慎用之,非以此见长也。义山之文,隔句不过通篇一二见。若浮藻,非隔句不能警矣。甚或长联至数句,长句至十数句者,以为裁对之工

第六章 文天祥散文的文学成就

不知古意寝失,遂成习气,四六至此弊极矣。其不相及者一也。义山隶事多而笔意有余,浮溪隶事少而笔意不足。其不相及者二也。"

此外,文天祥骈文对前代作品的承继还体现在对前代骈文作品风格的使用上。针对不同的表现内容,采用不同的文体,表现不同的文体风格,甚至某些文体具有截然相反的风格。

> 春王会于三朝,庆开景运;皇天佑于一德,治纪初元。正朔肇新,乾坤有造。恭维皇帝陛下:春秋正始,历数在躬。仰则定陵,开三传之丕祚;近稽哲祖,基七叶之昌期,效凤历以改弦,衍冯图而卜鼎。臣亲逢更化,适缀承流。扬伟绩,铺闳休,恪共侯度;抚太平、应昌历,谨授人时。(《改元贺皇帝表》)

"大抵表文以简洁精致为先,用事不要深僻,造语不可尖新,铺叙不要繁冗,此表之大纲也。"(王应麟《辞学指南》)这篇贺表写得中规中矩,篇幅不长,但大抵作为公牍文必须典重吧。此文内容乏善可陈,无非歌功颂德。同样是公牍文,文天祥的启文要写得更加有气势,继承了欧苏以来的不重辞采、不事雕琢的语言风格。

> 领祠宫之香火,敢望弹冠;掌册苑之丹铅,误蒙推毂。荐非由于识面,事真可以语人。顶踵衔私,

额手奏记。切以观远臣以所主,孟子以言进退之闲;遇大贤而相知,韩公以为遭逢之盛。盖受恩非天下之所少,而知己得君子之为难。乃若初无左右之先容,独受门墙之隆遇。以古道之相与,尤人生之至荣。

伏念某,才不逾人,学未闻道。虽家庭畴昔之教,动欲行其本心;然山林朴野之资,知无补于当世。执经而后,承恩以来,念景行在四海之达尊,而科第非终身之能事。颇欲自拔于常人之类,庶几无负于上帝之衷。项趋阙下之时,适际江干之警,主忧臣辱,念我生之不时;外阻内讧,繄祸至之无日。因抚躬而思奋,遂投匦而献言。当时破脑而刳心,何啻燋头而烂额。有仓卒等死之虑,无毫发近名之心。六太息之陈,岂曰贾生少年之过;三十字之献,幸宽郦模东市之诛。逮时事之既平,滋人言之无据。小体者,咸其失措;好事者,高其得名;痛痒无知者,以文采为贤;操挟不正者,以哗竞为议。匪躬之故,俱莫谅于初心;尚口乃穷,嗟难行于直道。既奉祠而窃禄,颇闭门而读书。未可与俗人言,姑尽吾分内事。不谓见知于长者,遂勤延誉于诸公。承明之庐,著作之庭,未尝梦想;寂寞之滨,宽闲之野,遽沐宠光。非华衮有一字之褒,何弊帚增千金之重。虽深渐于负乘,然幸出于钧陶。永坚乃心,欲报之德。(《谢江枢密万里》)

第六章　文天祥散文的文学成就

文天祥此文虽不能以气取胜,但是议论时事中肯,叙情达意自然。此文,文天祥先是感发了"知己得君子之为难"的想法。从与江万里的交往入手,谈及自己的现状与理想,并以叙代议,阐发了当时朝政的一些现状,文章以"某敢不力持素节,勉企前修"的承诺作结。整篇文章将文天祥本性达观,奈何时事,报君之荐,忠主之事的政客形象塑造得如在目前。《中国古代诗文提要》称文天祥的作品,"奏札纵论时政,序、记等论理叙事,严峻剀切,皆惓惓焉爱君忧国之诚、匡济恢复之计。"

因之时代特点,文天祥的骈文还具有了宋代骈文独有的特点——好议论。王志坚称"四六与诗相似,皆著不得议论。宋人长于议论,故此二事皆逊于唐人。"(《四六法海》)

陛下以为今日之民生何如邪?今之民生困矣。自琼林大盈,积于私贮,而民困;自建章通天,频于营缮,而民困;自献助叠见于豪家世室,而民困;自私籴不间于闾阎下户,而民困;自所至贪官暴吏,视吾民如家鸡圈豕,惟所咀啖,而民困。呜呼!东南民力竭矣。《书》曰:"怨岂在明,不见是图。"今尚可谓之不见乎?《书》曰:"怨不在大,亦不在小。"今尚可谓之小乎?生斯世,为斯民,仰视俯育,亦欲各遂其父母妻子之乐;而操斧斤,淬锋锷,日夜思所以斩伐其命脉者,滔滔皆是。然则腊雪靳瑞,蛰雷愆期;月犯于木,星殒为石,以至土雨地震之变,无怪夫屡书不一书也。臣愿陛下持不息之

心，急求所以为安民之道，则民生既和，天变或于是而弭矣。(《御试策》)

从正变的角度来看，长句对或许有其弊端。楼钥《北海先生文集序》称："唐文三变，宋之文亦几变矣。止论骈俪之体，亦复屡变。作者争名，恐无以大相过，则又习为长句，全用古语，以为奇崛，反累正气。况本以文从字顺、便于宣读，而一联或至数十言，识者不以为善也。"但是从实际的功用和效果来看，文天祥的骈文以长句对为其表，以散气运骈文，骈散间行；以议论为载体，感慨了他对世事、对人生的看法，气势雄健，慷慨纵横，真可谓乱世之壮歌。正如于景祥先生所评："文天祥忠肝盖地，照耀古今。其骈文气象光明俊伟。如长江大河，有一泻千里之慨，加之文句清新，格调慷慨纵横，具有巨大的感发力。"(《中国骈文通史》)

除了骈文之外，文天祥的散体古文也写得有声有色，尤其是一些抒情性灵的小文章，偶见性情。这些散体古文可以略见文天祥的古文功底。善于叙事、条理清晰、情节曲折的文章有之：

呜呼！予之及于死者不知其几矣！诋大酋，当死；骂逆贼，当死；与贵酋处二十日，争曲直，屡当死；去京口，挟匕首以备不测，几自刭死；经北舰十余里，为巡船所物色，几从鱼腹死；真州逐之城门外，几彷徨死；如扬州，过瓜洲扬子桥，竟使遇哨，无不死；扬州城下，进退不由，殆例送死；

第六章　文天祥散文的文学成就

坐桂公塘土围中，骑数千过其门，几落贼手死；贾家庄几为巡徼所陵迫死；夜趋高邮，迷失道，几陷死；质明，避哨竹林中，逻者数十骑，几无所逃死；至高邮，制府檄下，几以捕系死；行城子河，出入乱尸中，舟与哨相后先，几邂逅死；至海陵，如高沙，常恐无辜死；道海安、如皋，凡三百里，北与寇往来其间，无日而非可死；至通州，几以不纳死；以小舟涉鲸波，出无可奈何，而死固付之度外矣。呜呼！死生，昼夜事也，死而死矣，而境界危恶，层见错出，非人世所堪。痛定思痛，痛何如哉！（《指南录后序》）

善于描写，情态毕至，曲尽其妙的文章有之：

予囚北庭，坐一土室，室广八尺，深可四寻，单扉低小，白间短窄，污下而幽暗。当此夏日，诸气萃然。雨潦四集，浮动床几，时则为水气；涂泥半朝，蒸沤历澜，时则为土气；乍晴暴热，风道四塞，时则为日气；檐阴薪爨，助长炎虐，时则为火气；仓腐寄顿，陈陈逼人，时则为米气；骈肩杂遝，腥臊污垢，时则为人气；或圊溷，或毁尸，或腐鼠，恶气杂出，时则为秽气。叠是数气，当之者鲜不为厉，而余以孱弱俯仰其间，于兹二年矣。无恙，是殆有养致然。（《正气歌》序）

文天祥评传

清代王雅盛赞了文天祥的这篇文章。"公之文,非以科名传,非以爵位传,而以忠节传者也。尝闻之,读《陈情表》而不涕泣者,其人必不孝;读《出师表》而不涕泣者,其人必不忠。今读公之《正气歌》而不涕泣者,其人贤不肖何如邪?海内五尺童子,闻公名,读公文章,沁心刺骨,赴义成仁之气,不觉油然自生。岂雕绘章句,风云猥琐之悦人耳目者,同日语乎?"(王雅《重刻文丞相全集序》)

好发感慨,感于情物,动之于心的文章有之:

至障东桥,坐而面上游,水从六月雪而下,如建瓴千万丈,汹涌澎湃,直送乎吾前,异哉!至道体堂,堂前石林立,旧浮出水,而如有力者一夜负去。酒数行,使人候六月雪可进与否,围棋以待之。复命曰:"水道断。"遂止如银湾。山势回曲,水至此而旋。前是立亭以据委斩之会,乃不知一览东西二三里,而水之情状,无一可逃遁。故自今而言,则银湾遂为观澜之绝奇矣。(《文山观大水记》)

他日,予读《兰亭记》,见其感物兴怀,一欣一戚,随时变迁。予最爱其说。客曰:"羲之信非旷达者。夫富贵贫贱,屈伸得丧,皆有足乐。盖于其心,而境不与焉。欣于今而忘其前,欣于后则忘其今。前非有余,后非不足。是故君子无入而不自得。岂以昔而乐,今而悲,而动心于俯仰之间哉!"予怃然有间。自予得此山,予之所欣,日新而月异,不知其几矣。人生适意耳。如今日所遇,霄壤间万物

第六章　文天祥散文的文学成就

无以易此。前之所欣，所过化者，已不可追纪。予意夫后之所欣者至，则今日之所欣者又忽焉忘之。（《文山观大水记》）

因之时代，因之身份，因之秉性，文天祥集中虽有散体古文，但是在数量上还是不足以与骈体文相比。当然这并不是说文天祥的散体写得一般，文天祥的后裔、清代的文有焕，在研习了文天祥的所有作品之后，将其先祖的文章与韩愈和苏轼的文章并称。"焕尝捧而读焉，知我公之文，本忠肝义胆出之，故其劲直之气浩然莫御，有如生龙活虎难于捉摸。世尝比之'韩潮苏海'。夫韩之文如潮，谓其贬于潮阳，文盖得力于潮也；苏之文如海，谓其窜于海曲，文盖得力于海也。公不必历潮与海，而下笔滔滔汩汩，澜翻浪涌于楮墨之间，谓非得之性生者乎！迄今读其廷试策，而知其排山倒海，忠诚格于君父也；读其上皇帝封事，而知其勤勤恳恳，德泽被于民生也；读其书、记、序铭诸篇，而知其博古通今，学问之有渊源也；读其《指南》、《别集》，而知其颠沛牢骚，惟思委身以报国也；读其《吟啸》、《集杜》诸什，而知其号天怆地，悲鬼泣神，伤山河之破碎，而悼身世之飘零也。"（文有焕《重刻太祖信国公文集序》）

总之，文天祥的散文创作在骈散的关系上处理得比较好，因之文体的本来特点，因之文体的时代特点，该骈则骈，该散则散；一篇之内，骈散间行，偶对多样，辞藻晓畅；一集之内，骈散并重，叙事得体，描写生动，议论精当，气象万千，慷慨激昂。正如清代涂宗震所评，"盖公之文章，乃经天纬地之文,非寻章摘句之文。公之成仁取义,矢志于韦布弦诵之日,非绝笔自赞于衣带之日也。"(涂宗震《鼎锓文文山先生文集序》)

二、体裁多样,辨体清晰

文天祥的散文,体裁多样,大体有对策、封事、内制、表、笺、疏、申省状、书、启、记、序、题跋、赞、铭、辞、说、讲议、行实、墓志铭、祭文、祝文、乐语、上梁文、公牍、文判几种文体。从文集现存的作品来看,就文体学的角度而言,文天祥的散文作品具有如下两个特点:1. 遵循旧制,通变有度;2. 相似文体,区分有节。

1. 遵循旧制,通变有度

文天祥的文章辨体意识很强,对于什么样的文体应该运用什么样的语言方式,采用何种语言风格,表达何种思想感情,他是十分清楚的。因此,文天祥的散文基本上遵循了该文体应该有的文体特点。但是另一方面,任何一种文体都会随着时代的发展而有所新变。文天祥的创作也不例外,在保证基本文体特点不变的基础上,也会根据时代的特点而有所新变。

以表启为例,二者均是公牍文,二者的功用性质基本相似,但在具体的表现形式略有不同。这些不同在文天祥的作品中都有所体现。章表书记类的文章自古有之,但变化良多。"按刘勰云:'书记之用广矣。'考其杂名,古今多品,是故有书,有奏记,有启,有简,有状,有疏,有笺,有札;而

第六章 文天祥散文的文学成就

书记则其总称也。"(徐师曾《文体明辨序说》)"按奏疏者，群臣论谏之总名也。奏御之文，其名不一。故以奏疏括之也。七国以前，皆称上书。秦初，改书曰奏。汉定礼仪，则有四品：一曰章，以谢恩；二曰奏，以按劾；三曰表，以陈情；四曰议，以执异。……魏晋以下，启独盛行。唐用表状，亦称书疏。宋人则监前制而损益之，故有札子，有状，有书，有表，有封事，而札子之用居多；盖本唐人牓子、录子之制而旺铺其名，乃一代之新式也。""上书章表，已列前篇，其他篇目，更有八品，今取而总列之：一曰奏。奏者，进也。二曰疏。疏者，布也。汉里诸王官属于其君，亦得称疏，故以附焉。三曰对。四曰启。启者，开也。五曰状。状者，陈也。状有二体，散文、俪语是也。六曰札子。札者，刺也。七曰封事。八曰弹事。各以类从，而以至言冠于篇，以其无可附也。至于疏、对、启、状、札五者，又皆以'奏'字冠之，以别于臣下私相对答往来之称。"(徐师曾《文体明辨序说》)文天祥集中关于章表书记奏疏类的文章共有八类，包括对策、封事、内制、表、疏、启、状、书。其中以启和表类作品为多。

虽然表文和启文的功用性基本相似，但是在文天祥的集中二者所表现的范畴略有不同，表现的形式也相应地有所区别。"按韵书：'表，明也，标也，标著事绪使之明白以告乎上也。'三代以前，谓之敷奏。秦改曰表。汉因之。窃尝考之，汉晋皆尚散文，盖用陈达情事，若孔明前后出师、李令伯陈情之类是也。唐宋以后，多尚四六。其用则有庆贺、有辞免、有陈谢、有进书、有贡物，所有既殊，则其辞亦各有

261

异焉。"（吴讷《文章辨体序说》）"汉定礼仪，用有四品，其三曰表，然但用以陈情而已。后世因之，其用寖广。于是有论谏，有请劝，有陈乞，有进献，有推荐，有庆贺，有慰安，有辞解，有陈谢，有讼理，有弹劾，所施既殊，故其词亦异。"（徐师曾《文体明辨序说》）从文天祥的表文来看，以庆贺和慰安为主，因此他的表文典重雅质，词藻华丽，内容基本相似，略无内涵。但从形式上看，还是符合表文的行文特点的。"大抵表文以简洁精致为先，用事不要深僻，造语不可尖新，铺叙不要繁冗，此表之大纲也。"（王应麟《辞学指南》）

> 凤历颁春，东朝介福；虎城告朔，北面承休。岁定四时，天佑一德。恭惟皇太后陛下，《思齐》肃穆，少广怡愉。训示涂山，历开禹子；教行渭涘，纪协周王。春朔攸同，乾坤交泰。臣承流下壤，奉令孟陬。协和万邦，第赞定时之绩；向用五福，益陈曰寿之休。（《谢皇太后表》）

宋代的启文与前代略有不同。本来启文，可骈可散，但是宋代启文略有不同，基本上都以骈文行之。"至宋而岁时通候、仕宦迁除、吉凶庆吊，无一事不用启，无一人不用启。其启必以四六，遂于四六之内别有专门。"（《四库全书总目提要·四六标准》）和表文相比，文天祥的启文篇幅要长一些。"启疏杂著，不妨宏肆"（杨囦道《云庄四六余话》），表现关乎政治见解、个人思考的内容多一些。

第六章　文天祥散文的文学成就

绵田负耒，投分一丘；楚泽乘轺，舣沈两地。公造化吹嘘之赐，广详明钦恤之仁。昉履南维。辄笺西笕。

伏念某：遭遇虽早，零落亦多。一壑白云，对哺乌而俯仰，十年流水，忘梦鹿之去来。不图元日之会同，犹记壮年之奔走。我牛、我车、我辇，方堕影于湘波；维驹、维骆、维駽，胡强颜于衡麓？未许赋东方之粟，乃趣莅南冠之囚。尊叱驭，阳回车，展转于君亲之际；举明刑，契敷教，剂量于政化之间。吏民甫接于咨询，风俗重为之感激。龙蛇行而赤子瘇，羔羊泯而素丝伤。非扶内地之本根，曷壮重湖之保障。曹刿之战长勺，或云察鲁狱之功；孔明之驻临蒸，正在破刑贼之后。恍闻风而兴起，凛受命之艰难。

兹盖恭遇某官：德业两朝，人物三代。颂庆历之圣德，政府经纶；用淳熙之真儒，中天黼黻。诞笃缁衣之造，齐调金鼎之和，遂沐匪瑕，亦叨将指。某敢不灵承清问，惠迪嘉师。奉使登车，敢自诡范滂之操；为亲拜表，尚曲全李密之私。激切未央，敷荣祗浅。（《谢章签书鉴》）

尽管文天祥启文的篇幅比表文要长，但这并不意味着文天祥的启文只是雕琢文采，毫无内容。文天祥的启文，无论在内容上还是形式上还是有值得称赞的地方的，也比较符合启文的文体特点。"自晋来盛启，用兼表奏。陈政言事，既奏

263

之异条；让爵谢恩，亦表之别干。必敛饬入规，促其音节，辨要轻清，文而不佇，亦启之大略也。"(《文心雕龙》)

总的来说，文天祥的散文创作在文体选择和表现上，还是下了一番功夫的；对于他所要表现的思想内容和范畴，有一定的规划；在文体的表现上也遵循了该文体所应该具有的特点，遵循时代的特色，言而有据，不逾矩。

2. 相似文体，区分有节

中国古代的很多文体都具有相似的特点，虽有区分，但不甚易别。在这一点上，文天祥的做法是从细处着手，区而别之——同者归类，异者分之。从文天祥的散文作品来看，他很好地区分了书启疏表的不同、序记题跋的差异和铭赞的差别。

以文天祥的哀祭类作品为例，我们可以看出文天祥对于古代文体特点的熟识程度。文天祥的哀祭类作品主要包括四类：哀辞、祭文、墓志铭。以哀痛的程度作为标准来区别的话，哀辞和祭文要强于墓志铭；以纪实以铭哀的角度来看，墓志铭的纪实性要强于哀辞和祭文。"按祭文者，祭奠亲友之辞也。古之祭祀，止于告飨而已。中世以还，兼赞言行，以寓哀伤之意，盖祝文之变也。"(徐师曾《文体明辨序说》)"按哀辞者，哀死之文也，故或称文。夫哀之为言依也，悲依于心，故曰哀；以辞遣哀，故谓之哀辞也。"(徐师曾《文体明辨序说》)"按志者，记也；铭也，名也。古之人有德善功烈可名于世，殁则后人为之祷器以铭，而俾传于无穷，若蔡中郎集所载朱公叔鼎铭是已。"(徐师曾《文体明辨序说》)

第六章 文天祥散文的文学成就

霜露成冰兮寒谷悲，阳春归兮草萋萋。君一去兮何之？造舟为梁兮车马悠悠。朝出游兮暮归休。君一去兮谁留？君故人兮如云，白发兮缤纷。高台曲榭兮如昨，歌午兮成陈。君自莳兮桂花，昔芳稚兮今婆娑。秋香飘九霄，君不见兮奈何！（《邹翠屏改葬哀辞》）

呜呼！世婉娈以偷生，公指九天以为正也。人卮蜡以自矜、公玉雪而不曜明也。俗鬼蜮以诳人于冥冥，公揭日月而撑雷霆也。石壁之锋，神入天出，金铁可摧，孰为公直？石壁之蕴，尊华贱质，泰、华可移，孰为公笔？四海一云，我卷我舒。大川独航，予绋予纆。万微未烛，吾蓍吾龟。更几千百载之祝融，而复为此奇。嗟乎余乎！登门何晚？哭野何遽？操几杖兮焉从？持佩玦兮何所？纷云委兮川流，化经纶兮为土。羌兰艾兮荃茏，寒离骚兮宿莽。苟余情乎得当，质九京兮千古。余有言兮孰闻？寄浪浪兮雕俎。（《祭都承胡石壁文》）

君初名坚，字子固，后改应新，字明允，庐陵珠川人。庐陵故多萧氏，而珠川亦望族。君拔起其间，自幼岐嶷，长益靳绝。种绩文学，颔颔与逢掖争鸣。三赴天子学，锐不少衰，气岸孤耸，与人棘棘不阿。号其读书室曰"介林"。尝谓吾幸守先人庐，弗克规拓，是不肯堂构。楼其前曰"逼云"，复出其旁，相我攸字，通之为园。花竹横从，朋宾啸歌，翛然有物表之趣。会予钓游荒园，位置水石，

君时一造，沛然若自得。予以是知君所自负，翘如也。咸淳二年十二月九日，以疾终，年四十六。（《萧明允墓志铭》）

这三篇文章从言情和叙事的角度来看，明显哀辞的言情性质要大于祭文，祭文要大于墓志；而就叙事切当的角度而言，墓志要优于祭文，祭文要优于哀辞。

文天祥的辨体意识，还体现在对写作对象的选择上。哀辞和祭文都是表哀性的文体，但是在文体出现之初，二者在创作对象上略有不同。"赋宪之谥，短折曰哀。哀者，依也。悲实依心，故曰哀也。以辞遣哀，盖下流之悼，故不在黄发，必施夭昏。"（刘勰《文心雕龙》）也就是说，哀辞的创作对象应该是不以寿终之人。挚虞称："凡作哀词者，皆施於童殇夭折，不以寿终之人。"（袁枚《随园随笔·辨讹》）但是后世在创作该类文体的时候，已经将二者的界限模糊了，所以《文体明辨序说》称"昔汉班固初作梁氏哀辞，后人因之，代有撰者。或以有才而伤其不用，或以有德而痛其不寿。幼未成德，则誉止于察惠；弱不胜务，则悼加乎肤色。此哀辞之大略也。"而祭文在创作对象上略无要求。文天祥集中祭文共7篇，分别是《祭欧阳巽斋先生》《祭都承胡石壁文》《祭郭正言闻》《祭道州徐守宗斗》《祭邹主簿宁县》《祭秘书彭止所》《祭安抚萧检详》；哀辞共2篇，分别是《刘良臣母哀辞》《邹翠屏改葬哀辞》。从哀辞所选取的写作对象来看，分明不是短折之人，大抵是受了后世文体风气转变的影响吧。但是尽管如此，祭文和哀辞的写作对象亦有不同。前者以国

第六章 文天祥散文的文学成就

家栋梁、男子为主,后者以女子为主。就语言表达来看,祭文的语体形式较为多样,哀辞以兮字体为主。"哀辞则寓伤悼之情,而有长短句及楚体不同。"(吴讷《文章辨体序说》)"但唐、宋以后,也有很多是句法灵活、押韵较为疏缓的。……祭文的语言,是不拘一格的,或韵、或散;或骚体、或骈体;或四言、或六言、或杂言,都无不可。"(许嘉璐《古代文体常识》)

  维妇德之中正兮,助乎人彝。彼美其盛壮兮,甘白首于一娶。夫仁者必有寿兮,及耄而望期颐。夫有德者必有后兮,纷四世其蕃滋。呜呼!全而生之兮,必全而归之。从一以终兮,尚得正其何悲。(《刘良臣母哀辞》)

  以先生之仕人之心,而不及试一郡,以行其惠爱;以先生作者之文,而不及登两制,以仿佛乎盘诰之遗;以先生之论议,而不及与闻国家之大政令;以先生之学术,而不及朝夕左右,献纳而论思。(《祭欧阳巽斋先生》)

  处腻如冰,知德者寡。凤音冥冥,朝光作之。乌台峨峨,霜气薄之。公迁谏坡,岁月几何?白首丹心,之死靡他。吁嗟人生!死见真实。如公一节,天地可质。(《祭郭正言阊》)

  呜呼,龙虎变化兮,人物之英。风霆流行兮,宇之名。天下之啬兮,一州之赢。三年而一日兮,侯度是程。及召驿之垂驾兮,胡痎之婴。没而可食

267

> 于南邦兮，忧民忧国之诚。某交豪兮云仍。王事兮弟兄，乐莫乐兮知心。悲莫悲兮，余哭之茕茕。下神与兮临蒸，桂棹兮积雪斫冰。操弧矢兮上征，绝虎虺兮纵横。噫至人兮无死，歆余奠兮如生。(《祭道州徐守宗斗》)

从表情达意的角度来看，二者大体都能做到言情发自肺腑。但哀辞在表哀这个层面上要强于祭文，他的祭文叙事中规，言情中矩。正如刘勰对祭文的评价，"祭奠之楷，宜恭且哀；若夫辞华而靡实，情郁而不宣，皆非工于此者也。"此外，就语体形式而言，文天祥的祭文和哀辞略有不同。哀辞语体形式以兮字体为主，祭文的语体形式比较多样，四言体有之，兮字体有之，长句骈偶体有之。当然这在某种程度上也反映了唐宋祭文语体形式多样的现状。

当然，文天祥的散文创作偶尔在文体的表现上也有不尽如人意的地方。尽管这些问题乃历代积习而成，并非他个人创作习性使然。在这一点上表现最明显的莫过于他的墓志铭创作。

> 余东家诗人刘君定伯，类晋宋间旷达。自余辟山水南北崖落，然不可人意。君时从予招，或不约径造。至则善为言谭，名理蜂出，意所左右，辩者不可诘。江山朝暮四时之变，嘲咏赏啸，兴出物外，常使人讽念不可忘。嗜弈，最入幽眇，兔起鹘落，目不停瞬，解剥摧击，其势如风雨不可御，胜败不

第六章 文天祥散文的文学成就

落一笑。饮酒可一二斗，酒酣，浩歌声振林木，或投冠袒裼，旁若无人；或鼻息雷鸣，径卧坐上。君豪纵沛然，以为自得。当其乐时，不知天之高，地之下，老之将至焉尔。予前在宣州，君以诗来，思致清迈，恨不即授印绶，从君烟霞之表。既归，君好日以怡，诗日以张大，于是盖年五十三矣。乃孟夏二日过予，极论当世事，抑扬不少挫。诘旦报曰："君痰厥逝矣。"予骇，亟视之，不复可为。哭失声，狂三日不能止。非予为然，凡与君交者，谈君辄挥涕，里之人不问倪旄，叹伤如出一口。噫！可人在天地间，鬼神所忌邪？君长身五尺余，坚壮耐寒暑，须发如漆。性落魄，不问家事。家才三四口，粗一伏腊，不为求赢。有钱辄不惜鸡黍，送客无虚日。朋友有无相通，急难于我乎赴。平生于人无诺责，乡人有为芥蒂，君一语辄化。有不善，开譬之无以为望，和气薰浃，蒸熟善邻。一岁半为四方客，主君者，所至投辖，惟恐亟去，虽儿童仆厮，无不诚爱君者。君破崖岸，削边幅，不为拘拘孑孑；至道理所在，确然守之不变。其执丧为孝子，按丧礼，门内不入缁黄。一子二侄，命以先畴，瓜分而三，无赢缩薄厚。子曰敢不共命，侄曰敢固辞，一家兴仁兴逊，乡曲相传为盛门，非好德畴至是！

君始祖郅，长沙人，为吉州长史，家于西昌之九洲。十世祖德远，徙庐陵富川。君之三世，曰文焕，子玉、邦贤，妣邹氏，娶张氏，子男梓，女淑

269

容，适彭天麟。卜以次年咸淳癸酉十一月壬辰，封于淳化乡扶竹坑枫树塘之原。君名澄，定伯，字也，自号前村。有诗集，自编曰《前村初稿》。君诗不为深苦，而清拔雄健，如其为人。有子能力学，不坠义方，君死何憾！予所憾者，君死独何早！泣而为之铭。铭曰：其坚也骤折，其劲也早摧。命之臧凶，匪系其材。生也达，死也何怛！君墓我铭，我心则结。(《刘定伯墓志铭》)

观文天祥的这篇墓志铭，叙写了刘定伯生平之事，有志有铭，有叙有议，符合墓志铭的文体要求。"至论其题：则有曰墓志铭，有志、有铭者，是也。曰墓志铭并序，有志、有铭、而又先有序者，是也。然云志铭而或有志无铭，或有铭而无志者，则别体也。"(徐师曾《文体明辨序说》)但是其详叙逝者生平始末，事无巨细，均加以点染，用语颇涉诙谐又似与墓志铭严谨的文体特点不符。"墓志，则直述世系、岁月、名字、爵里，用防陵谷迁改。""古今作者，惟昌黎最高。行文叙事，面目首尾，不再蹈袭。凡碑碣表于外者，文则稍详；志铭埋于圹者，文则严谨。其书法，则惟书其学行大节；小善寸长，则皆弗录。近世弗知者，至将墓志亦刻墓前，斯失之矣。"(吴讷《文章辨体序说》)而且在文章的语体表现上，也有所新变，采用了宋代常见的骈文长句对的句式，不仅叙事而且议论。"其为文则有正、变二体，正体唯叙事实，变体则因叙事而加议论焉。"(徐师曾《文体明辨序说》)当然，正是不因寻常法的创作特点使得墓志主人形象

第六章 文天祥散文的文学成就

栩栩如生,其一举一动恰似魏晋之达者,虽有失墓志典重,但得之于生气。

要之,文天祥的散文从语体表现来看,骈体有之,散体有之,骈散兼行有之,各具特点;从文体划分来看,文体辨析能力强,通变有之。正所谓"文天祥大节炳然,不必以词章见重,而词章实卓然可传。《农田余话》称其'不独忠义贯一时,亦斯文间气之发现,非虚语也。'"《四库全书总目提要》)

第七章　文天祥的文学思想

儒家的文艺观要求文章表现现实，且有助于风化。文天祥的文艺观吸取了儒家文艺观念的精髓。他认为文章应该反映社会现状，文章要有为而发，诗歌要发之以情，文章要言之有物。另一方面他也非常重视文艺发展的内在规律。他认为文章创作可以风格多样，可以转益多师。因为文天祥的文艺多以诗歌为主，因此这里所论及的理论多为诗论。

一、现实主义文艺表现观

文天祥的文艺观与传统的儒家文艺观相比，还是略有不同，既继承了传统，又有所创变。一方面，他继承了先儒们文章言志、言情、言有物的思想。"诗可以兴，可以群，可以观，可以怨。迩之事父，远之事君；多识于鸟兽草木之名。"（《论语·阳货》）"大舜云：'诗言志，歌永言。'圣谟所析，义已明矣。是以'在心为志，发言为诗'，舒文载实，其在兹乎！诗者，持也，持人情性；三百之蔽，义归'无邪'，

第七章 文天祥的文学思想

持之为训,有符焉尔。"(《文心雕龙·明诗》)而文天祥在文艺纪实这一点上,又有所突破。本之儒家文艺观,本之南宋季年之山河沦陷,文天祥的诗歌理论和创作充分地继承和发展了杜甫诗歌纪实性的特点。"杜所赠二十韵,备叙其事,读其文,尽得其故迹。杜逢禄山之难,流离陇蜀,毕陈於诗,推见至隐,殆无遗事,故当时号为诗史。"(孟棨《本事诗》)

儒家文艺观强调"言之有物",何谓"有物"?至少不能虚言,不能妄言,不能过分地追求华丽的词藻,而使得文章的内容隐诸形式之下。文天祥在《西涧书院释菜讲义》中就对当时的社会风气进行了批判,"俗学至此,遂使质实之道衰,浮伪之意胜,而风俗之不竞从之。其陷于恶而不知反者,既以妄终其身,而方来之秀,习于其父兄之教,良心善性,亦渐渍汩没,而堕于不忠不信之归。"(《西涧书院释菜讲义》)如若对作品浮华、藻饰之风的追求,超过了能表达的真实情感,那么这样的文章势必将浸染整个社会风气。正如孔子所言:恶紫之夺朱也,恶郑声之乱雅乐也,恶利口之覆邦家者。(《论语·阳货》)

《文心雕龙·征圣》篇称,"志足而言文,情信而辞巧。"关于文学作品言与志关系的理解,文天祥认为不应该只看文章的外在言辞,更应该看这些文字是否是从心中流淌出来的,要看文章是在堆砌造情,还是为文以情、不得不发?"而其于文也亦然,滔滔然写出来,无非贯串孔孟,引接伊洛,辞严义正,使人读之,肃容敛衽之不暇,然而外头如此,中心不如此,其实则是脱空诳谩。"(《西涧书院释菜讲义》)如果是表里不一的文章,那其实也只是诳文而矣。文天祥对孙容菴

文天祥评传

诗稿的评价,亦是此种思想的发挥。文天祥认为孙容菴之所以创作的文章"纵横变化,千态万状",即在于他的学识与涵养。"然先生读书,白首不辍。皇王帝霸之迹,圣经贤传之遗。下至百家九流,闾阎委巷,人情物理,纤悉委曲。先生旁搜远绍,盖朝斯夕斯焉。是百世之上,六合之外,无能出于寻丈之间也。以一室容一身,以一心容万象。所为容如此。此诗之所以为诗也。"(《孙容菴诗稿序》)而此种观点,也是与白居易所阐发的儒家诗教说是一脉相承的。"感人心者,莫先乎情,莫始于言,莫切乎声,莫深于义。诗者:根情、苗言、华声、实义。"(《与元九书》)

文天祥不是诗人,也不以诗人自许。对于诗歌,他更看重的是充盈于文中的浩然正气。

  虎牌氍笠号公卿,不直人间一唾轻。但愿扶桑红日上,江南匹士死犹荣。(《唆都》)
  气概如虹俺得知,留吴那肯竖降旗。北人不解欺心语,正恐南人作浅窥。(《气概》)
  一马渡江开晋土,五龙夹日复唐天。内家苗裔真隆准,虏运从来无百年。(《二王》)

这三首诗歌均作于文天祥出使北营、囚拘北营之际。《唆都》诗序称:

  唆都为予言:"大元将兴学校,立科举,丞相在大宋为状元宰相,今为大元宰相无疑。丞相常说国

第七章 文天祥的文学思想

存与存，国亡与亡。这是男子心。天子一统，做大元宰相，是甚次第？国亡与亡四个字休道。"

文天祥痛苦流涕拒绝了唆都的建议，若非心中自有乾坤，自有正气，如何能表现得如此大义凛然，气贯长虹？文天祥诗中的浩然正气，无疑是源自孟子的养气说。孟子称："我善养吾浩然之气。"然而这浩然之气比较难以解释，"难言也，其为气也，至大至刚，以直养而无害，则塞于天地之间。其为气也，配义与道……"一般来说，孟子所说这种浩然正气，内化于文章作品，常表现为激越的情绪、犀利的言辞、磅礴的气势；但以文天祥的作品来看，主要是指文章中的浩然正气。

文天祥认为只要一个人心中纯粹，就能化之为文；一个人读圣贤之书、明圣贤之理，便自然而然地就会将圣贤之道倾之于文，文章自然就会通达明理。所以，他要求自己的孩子认真地学习儒家经典。惟其如此，方能成就道德文章。

汝于"六经"，其专治《春秋》。观圣人笔削褒贬、轻重内外，而得其说，以为立身行己之本，识圣人之志，则能继吾志矣。（《狱中家书》）

大概只有胸中自有天地、包容万物的人，方能于文常行于所当行，当止于不可不止吧。

今夫山，一卷石之多，及其广大，草木生之，禽兽居之，宝藏兴焉；今夫水，一勺之多，及其不测，鼋鼍蛟龙鱼鳖生焉，货财殖焉。天下之奇观，莫奇于山水；山水非有情者，莫之为而为，何哉？传曰："山薮藏疾，江海纳污。"则其所容者从也。先生之庵，介于阛，敞二寻高，为楹不逾丈。求其领略江山，收拾风月则亦无有乎尔。然先生读书，白首不辍。皇王帝霸之迹，圣经贤传之遗。下至百家九流，闾阎委巷，人情物理，纤悉委曲。先生旁搜远绍，盖朝斯夕斯焉。是百世之上，六合之外，无能出于寻丈之间也。以一室容一身，以一心容万象。所为容如此。此诗之所以为诗也。（《孙容菴甲稿序》）

文章言志，除本之学养、性情外，还可以本之史实。文天祥在《指南后录》中写道："予在患难中，间以诗记所遭，今存其本，不忍废。将藏之于家，合使来者读之，悲予志焉。"毫无疑问，这是诗歌言志思想的另一种表现形式。大抵在文天祥的意识中，写诗以纪实，也是文章"言之有物"的一个表现吧。

凡吾意所欲言者，子美先为代言之。日玩之不置，但觉为吾诗，忘其为子美诗也。乃知子美非能自为诗，诗句自是人情性中语，烦子美道耳。子美于吾隔数百年，而其言语为吾用，非情性同哉。昔

第七章　文天祥的文学思想

人评杜诗为诗史，盖其以咏歌之辞，寓纪载之实，而抑扬褒贬之意，灿然于其中，虽谓之史可也。予所集杜诗，自余颠沛以来，世变人事，概见于此矣。是非有意于为诗者也。后之良史，尚庶几有考焉。（《集杜诗自序》）

以诗纪实，以诗言事，以诗为史，是杜甫诗歌给大家的印象。文天祥无疑是服膺此种想法的，观其所创作的诗歌即可辨知。

　　世途嗟孔棘，行役苦期频。良马比君子，清风来故人。相看千里月，空负一年春。便有桃源路，吾当少避秦。（《所怀》）
　　去年伤北使，今日叹南驰。云湿山如动，天低雨欲垂。征夫行未已，游子去何之？正好王师出，崆峒麦熟时。（《即事》）

这两首诗歌创作于景炎二年文天祥勤王抗元之际。诗歌备叙了勤王过程中的艰辛，以直接抒发情感的方式为主，兼及用典、写景言情。其中有壮志，亦有迷茫。颠沛流离之中，既伤前此北使，又叹今日国事，其中之艰辛自不必直言而自喻。由此可见，文天祥对杜甫诗歌的评价，其实也适用于他自己。"昔人评杜诗为诗史，盖其以咏歌之辞，寓纪载之实，而抑扬褒贬之意，灿然于其中，虽谓之史可也。"（《集杜诗自序》）

文天祥评传

从文天祥的文艺思想和文学创作来看,"言之有物"的观念不独指文学作品中要有高尚的情操、正义的怀情、充盈的仁义道德。"言之有物"的内容指向范围要宽泛得多。可言情、可言志、可言景。所言之情志,亦不独指文天祥集中那些充满浩然正义、慷慨激昂的文字,亦可指那些平淡、朴实、言之有感的、风格清新自然的文字。

> 澹澹池光曙,沉沉野色秋。片云生北舍,双雁过南楼。有见皆成趣,无言总是愁。芭蕉夜来水,嘿罢自搔头。(《早起偶成》)
>
> 淡烟枫叶路,细雨蓼花时。宿雁半江画,寒蛩四壁诗。少年成老大,吾道付逶迟。终有剑心在,闻鸡坐欲驰。(《夜坐》)

毫无疑问,这些诗歌的风格和文天祥出使北营、被囚北上时期的作品不太一样。并没有过多的感慨时事。其中"片云生北舍,双雁过南楼。有见皆成趣,无言总是愁""淡烟枫叶路,细雨蓼花时。宿雁半江画,寒蛩四壁诗"几句景物的描写,更是婉丽可喜。即使不考虑诗歌中所表现出来的对时事的隐忧,亦不可不谓之为"言之有物"之作。文字只要是发自性情就好,他是这样评价自己的老师欧阳守道先生的文字的,"先生之学,如布帛菽粟,求为有益于世用,而不为高谈虚语,以自标榜于一时。先生之文,如水之有源,如木之有本。与人臣言,依于忠;与人子言,依于孝。不为曼衍而支离。"(《祭欧阳巽斋先生》)

第七章　文天祥的文学思想

文天祥集中言情之作，亦不鲜见，他归隐家乡时的作品更是如此。只不过充斥于其集中的忧国忧民的、忠君报国的、感伤国事的作品较多罢了。诗歌言情，自古而然。《礼记》称："情动于中，故形于声。"因心中有所感悟，故发言为诗。文天祥的诗论亦演化自此，"盖至是动乎情性，自不能不诗。"（《东海集序》）因情为文，则情文并茂，正所谓"情动于中而形于言"（《毛诗序》）"凡斯种种，感荡心灵，非陈诗何以展其义？非长歌何以骋其情？"（钟嵘《诗品》）

文天祥的诗歌，本乎史，言乎情，情动于中而发于言。正如他在《罗主簿一鹗诗序》中所言："诗所以发性情之和也；性情未发，诗为无声；性情既发，诗为有声；閟于无声诗之精，宣于有声诗之迹。"文天祥被执囚于燕京时创作的《登楼》，即感慨于山河破碎、国破家亡而作。其中既描写了时事的艰辛，又抒发了登高远目之悲——江山不在，何以为家？

> 茫茫地老与天荒，如此男儿铁石肠。七十日来浮海道，三千里外望江乡。高鸿尚觉心期阔，蹇马何堪脚迹长。独自登楼时柱颊，山川在眼泪浪浪。

他在为邓光荐写的《东海集序》中进一步阐发了此种观点。"友人自为举子时，已大肆力于诗，于诸大家皆尝登其门而涉其流。其本赡，其养锐，故所诣特深到。余尝评其诗，浑涵有英气，锻炼如自然。美则美矣，犹未免有意于为诗也。自丧乱后，友人挈其家避地，游宦岭海，而全家毁于盗。孤穷流落，困顿万状。然后崖山除礼部侍郎中且权直学士矣。会南风不竞，御舟漂散。友人仓卒蹈海者再，为北军所钩致，遂不获死，以至于今。凡十数年间，可惊可愕可悲可愤可痛可闷之事，友人备尝，无所不至，其惨戚感慨之气，结而不信，皆于诗乎发之。盖至是动乎情性，自不能不诗。杜子美夔州柳子厚柳州以后文字也。"（《东海集序》）

其实，文天祥在《东海集序》中所感发的思想就是韩愈所说的"不平则鸣"。即如"诗三百，一言以蔽之，曰：'思无邪。'诗固出于性情之正而后可。"（《题勿斋会鲁诗稿》）

所谓的"言之有物"的观念，如果从形式上来表述的话，就是不能因为过分看重形式而忽略了内容，内容与形式是互为表里的。因为有内容才能付诸文章修辞。

> 夫所谓德者，忠信而已矣。辞者，德之表，则立此忠信者，修辞而已矣。德是就心上说，业就是事上说。德者统言，一善固德也；自其一善，以至于无一之不善，亦德也。德有等级，故曰进。忠信者，实心之谓，一念之实，固忠信也，自一念之实，以至于无一念之不实，亦忠信也。忠信之心，愈持养则愈充实，故曰："忠信所以进德。修辞者，谨饬其辞也，辞之不可以妄发，则修辞所以立其诚。"
>
> 辞之义有二：发于言则为言辞，发于文则为文辞。"子以四教，文行忠信。"（《西涧书院释菜讲义》）

第七章 文天祥的文学思想

二、不拘一格的创作风格论

文学作品的风格多种多样，但由于作家的秉性、爱好、性格不同，往往一个作家的文学创作风格多有偏废，或婉柔、或慷慨、或豪放、或沉郁、或平淡、或朴实……因而从专家的角度而言，名家的作品往往自成一派别，专宗一派，会形成比较固定的创作思路和创作风格。而文天祥不以诗人、文人自许，仅仅只是借文章来抒发自己的情感，很难以派别专论。因此文天祥的诗文创作风格比较多样，不拘泥于一种风格。以文天祥的前期诗歌为例，有题赠诗、哀挽诗、道学诗、陶体诗、古体诗等等，诸体俱备。

奉诏新弹入仕冠，重来轩陛望天颜。云呈五色符旗盖，露立千官杂珮环。燕席巧临牛女节，鸾章光映璧奎间。献诗陈雅愚臣事，况且赓歌气象还。（《御赐琼林宴恭和诗》）

君不见，而家直臣犯天怒，身死未寒碑已仆。又不见，而家处士承天涯，闭门水竹以自乐。云仍玅参曾扬诀，谓余地宅谁优劣。小烦稳作子午针，灵于己则灵于人。（《赠魏山人》）

城郭春声阔，楼台昼影迟。并天浮雪界，盖海出云旗。风雨十年梦，江湖万里思。倚阑时北顾，空翠湿朝曦。（《题郁孤台》）

岁月侵寻见二毛，剑花冷落鹘鹈膏。睡馀吸海

281

龙身瘦,渴里奔雪马骨高。百忌不容亲酒具,千愁那解减诗豪。起来大作屠门嚼,自笑我非儿女曹。(《病中作》)

一笠一蓑三钓矶,归来不费买山赀。洞天福地深数里,石壁湍流清四时。樵牧旧蹊今可马,鬼神天巧不容诗。先生曾有空同约,那里江山未是奇。(《辟山寄朱约山》)

地得一以宁,凝然者卷石;嵁岩及培塿,异形不异质。古之能定者,悟此为一极。春荣秋以悴,一岁百态出。鸟鸣花落句,此意谁与诘?所以尼丘人,仁智不废一。万象此纬经,死灰彼何物?明发此乎游,参入观水术。(《题静山》)

从这些诗歌作品的风格来看,平淡的有之,雍荣典雅的有之,条理清晰的有之,古朴自然的有之。大抵是因为他对这些风格的专家作品烂熟于心吧,故创作的时候能够信手拈来。"杜太苦,李太放,变踔厉慓。从李杜间分一段光霁,如长庆集中。"(《跋王道州仙麓诗卷》)"或谓游吾山,如读少陵诗。平淡奇崛,无所不有。"(《跋胡琴窗诗卷》)"高古奇崛,谓是昌黎寓言。"(《跋道士类君复诗卷》)

在文学创作中,文天祥的创作思想是比较通达的,是转益多师的。他的文艺创作和文艺理论颇受诗经、楚辞、乐府、选学、李杜等各大家的影响。一个人在人生的不同阶段,可能会喜欢不同的诗歌风格。多学多悟,慢慢地就能入道。"予友云屋萧君焘夫,五年前,善作李长吉体。后又学陶。自从

第七章　文天祥的文学思想

予游，又学选。今则骎骎颜谢间风致。惟十九首悠远慷慨，一唱三叹而有遗音。更数年，云屋进又未可量也。十九首上，有风雅颂四诗。俟予山居既成，俯仰温故。又将与君细评之。"（《萧焘夫采若集序》）文天祥是喜爱古诗十九首的，"选诗以十九首为正体。晋宋间诗，虽通曰选，而藻丽之习，盖日以新。陆士衡集有拟十九首，是晋人已以十九首为不可及。"（《萧焘夫采若集序》）"他学诗从《文选》入，然后上溯《诗经》，'尝谓学《选》而以《选》为法，则《选》为吾祖宗；以《诗》求《选》，则吾视《选》为兄弟之国。'"（傅璇琮《中国古代诗文名著提要》）但是他并没有因为自己的喜好，而偏废其他的作家作品，而是从中找到入学的途径，慢慢地学有精进，学有所得。

当然文天祥并不认为个人的创作必须体体俱备，风格多样。因之每个人所处的环境各有不同，因之每个人的喜好各有偏废，所以自不必相同。

> 天下之鸣多矣，锵锵凤鸣，雝雝雁鸣，喈喈鸡鸣，嘒嘒蝉鸣，呦呦鹿鸣，萧萧马鸣，无不善鸣者，而彼此不能相为，各一其性也。其于诗亦然，鲍、谢自鲍、谢，李、杜自李、杜，欧、苏自欧、苏，陈、黄自陈、黄。鲍、谢之不能为李、杜，犹欧、苏之不能为陈、黄也。（《跋周汝明自鸣集》）

正如刘勰的《文心雕龙》所言："人之禀才，迟速异分；文之制体，大小殊功……博而能一，亦有助乎心力矣。"文天祥认为，应该认同个体的差异，应该肯定不同的人有不同的创作风格。

> 司马子长足迹几遍于天下，后来竟能成就史记一部；或议子长所用小于所得。少陵号诗史，或曰诗书破万卷，止用资得下笔如有神耳，颇致不满。韩昌黎因为文章浸有见于道德之说，前辈讥其倒学，然犹不为徒文，卒得以自附于知道。横渠早年纵观四方，上书行都，超然有凌厉六合之意。范文正因劝读中庸，遂与二程讲学，异时德成道尊，卓然为一世师表。其视韩公所为，盖益深远矣。今君挑包负笈，将四方上下以求为诗，予也不止望其为前所称骚人墨客者，因诵言诸公之失得如此。君且行矣，归而求之有余师。（《送赖伯玉入赣诗》）

虽然文天祥的创作风格比较多样，但是秉之品性和学养，还是有其创作的倾向性的。他的创作主要有以下三种风格。有纪实写事写人风格平实之作，如：

> 长安不可诣，何故会高亭。倦鸟非无翼，神龟弗自灵。乾坤增感慨，身世付飘零。回首西湖晓，雨余山更青。（《自叹》）

有怡然山水的性情之作，如：

第七章　文天祥的文学思想

　　拍拍春风满面浮，出门一笑大江流。坐中狂客有醉白，物外闲人惟弈秋。晴抹雨妆总西子，日开去暝一滁州。忽传十万军声至，如在浙江亭上游。（《山中载酒用萧敬夫韵赋江涨》）

有抒发幽思的爱国诗章，如：

　　万里飘零命羽轻，归来喜有故人迎。雷潜九地声元在，月暗千山魄再明。疑是仓公回已死，恍如羊祜说前生。夜阑相对真成梦，清酒浩歌双剑横。（《呈小村》）

　　文天祥的诗论体现的文艺观念还是以儒家温柔敦厚的诗教为主，他认为文学创作的风格要端正、平易、自然。"夫子语颜以作圣工夫也，作诗亦有待于此乎。曰：诗三百，一言以蔽之，曰思无邪。诗固出于性情之正而后可。"（《题勿斋会鲁诗稿》）"三百五篇，优柔而笃厚，选出焉，故极其平易，而极不易学。"（《张宗甫木鸡集序》）

　　文天祥认为诗经三百零五篇极不易学，因为平易、朴实，他虽然喜欢杜甫的诗歌，虽然也认可多种文艺风格，但是同时他也认为"杜太苦、李太放，变踔厉懔慓，从李杜间分一段光霁，如长庆集中。君尊臣卑，宾顺主穆，仙麓疑甚近之。香山天资，倜傥乐易，其居又有疏泉凿石之胜，与一时名辈为宫为商，九老图中，概可想见。"（《跋王道州仙麓诗卷》）

> 君不见，常山太守骂羯奴，天津桥上舌尽刭。又不见，睢阳将军怒切齿，三十六人同日死。去冬长至前一日，朔庭呼我弗为屈。丈夫开口即见胆，意谓生死在顷刻。赭衣冉冉生苍苔，书云时节忽复来。鬼影青灯照孤坐，梦啼死血丹心破。只今便作渭水囚，食粟已是西山羞。悔不当年跳东海，空有鲁连心独在。(《去年十月九日，余至燕城，今周星不报，为赋长句》)

由此可见，无论是从理论还是创作，文天祥还是倾向于那些平易自然朴素的文学风格，他所创作的诗文似乎在风格上近于陶渊明。从他在《跋刘玉窗诗文》中对刘玉窗的诗文特点所进行的评价，即可窥视端倪。

> 予尝造玉窗之庐，环堵萧然，青山满户，真诗人之资也。唐人之于诗，或谓穷故工。本朝诸家诗，多出于贵人，往往文章衍裕，出其余为诗，而气势自别。(《跋刘玉窗诗文》)

文天祥还对自诗经以至于宋出现过的诗歌作品风格进行了品评。从他的批评内容来看，也确实体现了他温柔敦厚的文学观念。

> 魏晋以来诗，犹近于三百五篇，至唐法始精。晚唐之后，条贯愈密，而诗愈漓矣。(《八韵关键

第七章　文天祥的文学思想

序》)

　　选诗以十九首为正体。晋宋间诗,虽通日选,而藻丽之习,盖日以新。陆士衡集有拟十九首,是晋人已以十九首为不可及,十九首竟不知何人作也。……予友云屋萧若焘夫,五年前,善作李长吉体,后又学陶。自从予游,又学选,今则骎骎颜谢间风致。……惟十九首悠远慷慨。一唱三叹而有遗音。十九首上,有风雅颂四诗。《肖焘夫采若集序》

　　三百五篇,优柔而笃厚。选出焉,故极其平易,而极不易学。……诗非选也,而诗未尝不选,以此见选实出于诗,特从魏而下多作五言耳。故尝谓学选而以选为法,则选为吾祖宗;以诗求选,则吾视选为兄弟之国。(《张宗甫木鸡集序》)

对于诗经以来的文学作品,文天祥看重是诗经的质朴。他认为古诗十九首是古诗之正体,魏晋诗歌已与之不同。唐诗虽然有其价值,但是已经以法诸称,晚唐的诗作尤甚。诗歌还应是以古诗为其正体,因其慷慨之气充盈,风格古朴典雅。文天祥集中的古体诗亦不少,总体风格亦是朴素、自然的。如《过淮河宿阚石有感》,体现了古诗语言平实、言之有物的特点的。

　　北征垂半年,依依只南土。今晨渡淮河,始觉非故宇。江乡已无家,三年一羁旅。龙翔在何方,乃我妻子所。昔也无奈何,忽已置念虑。今行日已近，使我泪如雨。我为纲常谋，有身不得顾。妻兮莫望夫，子兮莫望父。天长与地久，此恨极千古。来生业缘在，骨肉当如故。(《过淮河宿阚石有感》)

总之，文天祥的文艺创作和他的文艺理论是一体之两面，二者结合紧密。相互参看，确乎体现了文天祥通达且务实的文学创作与鉴赏的思想。

第八章　文天祥的艺术人生

所谓的"艺术人生",说的就是诗意的人生。纵观文天祥的一生,确乎他的身世遭遇与"诗意"二字挂不上钩。如若非要说文天祥也经历过这样惬意的人生,也未尝不可,我们可以将目光指向他那段归隐的时光。从咸淳元年至咸淳八年,文天祥先后五次被罢官归隐故里。虽然居隐期间,文天祥亦有一饭不曾忘国难之执念,但因之每日在山水中徜徉,与诗友棋友往来,日子过得惬意而怡然、诗意而唯美。然诗意的生活不仅仅是一种生活状态,更是一种生存理想。作为一个遭逢乱世的英雄人物,文天祥虽无时无刻不与忧患相伴,但是对艺术人生的追求,亦是他一生未曾放弃过的追求。因此,文天祥未曾归隐的日子,本之学养、本之教养、本之性情,也充满着艺术气息,尽管可能艺术生活不是他彼时生活的常态。正是如此,文天祥日常之诗意生活,恬淡中又平添了几分英气,随意中又隐约有几分慷慨。

从文天祥寄情生活的方式来看,除了前此提到的因事寄诗的方式之外,尚有琴、棋、书、画、剑等方式丰富、滋养着文天祥的多难生活。文天祥的《又送前人琴棋书画四首》记载过这样一段话：

> 不知甲子定何年，题满柴桑日醉眠。意不在言君解否，壁间琴本是无弦。我爱商山茹紫芝，逍遥胜似橘中时。纷纷玄白方龙战，世事从他一局棋。蔡邕去后右军死，谁是风流入品题。只少蛟龙大师字，至今风骨在浯溪。欲觅龙眠旧时事，相传此本世间无。黄金不买昭君本，只买严陵归钓图。

其中虽不言剑，此诗却将文天祥的业余生活全面地表现了出来。文天祥知音、善棋、会书、品画，其中弹琴以求知音，下棋以寄其慨，书法以寄其情，品画以怡其趣。由此，我们看到的是一位知书达礼、棋琴书画以娱性情的治平君子形象。本章内容主要言及文天祥艺术生活中的琴音、棋趣、书义、剑心和画味五个方面。

一、琴 音

据说，清代的蒋士铨在吴中的何氏家中，见到一把南宋民族英雄文天祥所用过的琴，有感而发，题写了一首《文信国琴》。

> 四尺枯桐七条玉，中有包胥万声哭。琴曲谁闻"集杜诗"，纪事悲吟《指南录》。破家结客起义兵，

第八章 文天祥的艺术人生

夜遁京口逃空坑。随身襆被且无有,航海莫共成连行。青原操缦心骨摧,一弹再鼓天地哀。谢翱杜浒不复侍,响随竹石崩西台。太古遗音存正气,坏漆长留丞相字。君不见渐离之筑司农筲,千载流传同宝器。吁嗟乎!断纹斑剥空抚摩,不共齿发埋山阿。松风夜战海涛立,柴市魂归尚呜唈。

蒋士铨认为此琴是"太古遗音存正气,坏漆长留丞相字"。蒋士铨从此琴中品味到了不仅仅是琴音的慷慨悲壮、气动山河——"青原操缦心骨摧,一弹再鼓动地哀";不仅仅是文天祥内心的极度悲恸——"断纹斑驳空抚摩";更有对文天祥人格的尊崇——"松风夜战海涛立,柴市魂归尚呜唈"。由此,我们可以感受到文天祥琴音的两个方面内容:一是所弹奏的音乐的风格与曲风是与他充盈着浩然正气的伟大人格紧密联系在一起的;一是借琴以寄幽思,或无弦以抒苦闷,或蓄琴以求知音。

1. 蓄琴以求知音

古人以琴寄知音之情,本之伯牙、子期。在南宋动荡的时局中行走的文天祥,为着正义四处奔走,他无疑是寂寞的、孤独的,总是会时不时地发出知音难觅的感慨:"绿绮知音早,青灯对语迟。那知今雨别,又重故人思。山隔诗情远,云含客思悲。小楼今夜笛,莫向月中吹。"(《别谢爱山二首》)文天祥在《跋胡琴窗诗卷》中曾明言对遇见知音的渴望。当然,其中也寄遇了他的文学思想。无论是琴还是诗,知其事、晓其人,方能知其音、明其诗。

291

> 琴窗游吾山，所为诗凡一卷。或谓游吾山，如读少陵诗，平淡奇崛，无所不有。或谓读琴窗诗，如行山阴道中，终日应接不暇。诗犹山邪，山犹诗邪。琴窗善鼓琴，高山流水，非知音不能听，然则观琴窗诗，必如听琴窗琴。

文天祥有一把瑶琴，他的琴上篆刻了他的一首诗《夜宿青原寺感怀》："松风一榻雨萧萧，万里封疆夜寂寥。独坐瑶琴悲世虑，君恩犹恐壮怀消。"诗后有题云："时景炎元年，蒙恩遣问召入，夜宿青原寺，感怀之作谱于琴中识之。文山。"景炎元年天祥奉召入京，开始了他的勤王之路。琴不独抚慰了文天祥焦虑的心情，也给予了他东山再起的勇气与希望。文文山此诗至今读来正气浩然，动感天地。

关于文天祥寄壮志与琴的故事，最典型的莫过于文天祥与汪元量的酬酢往来，无一不体现他的性情。至元十七年中秋，南宋宫廷琴师、诗人、文天祥的好友汪元量，到狱中拜访了文天祥。特意在燕京囚室内，为文天祥援琴弹奏了一首《胡笳十八拍》，并向文天祥求诗。

> 庚辰中秋日，水云慰予囚所，援琴作《胡笳十八拍》，取予疾徐，指法良可观也。琴罢，索予赋胡笳诗，而仓卒中未能成就。水云别去。是岁十月复来。予因集老杜句成拍，与水云共商略之。盖囹圄中不能得死，聊自遣耳。亦不必一一学琰语也。水

第八章　文天祥的艺术人生

云索予书之，欲藏于家。故书以遗之。浮休道人文山。(《胡笳十八拍》序)

之后，汪元量又几次探望了文天祥。每次鼓琴，文天祥都倚声以和之。汪元量曾为文天祥弹奏过《拘幽》十操，以周文王被幽之事来激励他的志气。感之于此，文天祥放声高歌："南风之熏兮琴无弦，北风其凉兮诗无传。云之汉兮水之渊，佳哉斯人兮水云之仙。"文天祥作《汪水云援琴访予缧继弹而作十绝以送上》赠给汪元量。

一是《文王思舜》：《文王思舜》意悠悠，一曲南音慰楚囚。解秽从他喧羯鼓，请君为我作《拘幽》。

二是《昭君出塞》：三尺孤坟青草深，琵琶流恨到如今。君能续响为奇弄，从此朱弦不是琴。

三是《蔡琰胡笳》：蔡琰思归臂欲飞，援琴奏曲不胜悲。悠悠十八拍中意，弹到关山月落时。

文天祥不仅懂音，而且善抚琴，其琴音大抵是激昂慷慨的。诗人吴锡麟《文丞相琴歌》称：其琴声不凡，震撼人心："当时一弹再鼓处，山石欲裂天为惊。"

2. 琴音以抒清逸

文天祥有很多与琴有关的诗歌都写于他归隐故里之际，其中所表现的情境、所表现的情感跟他彼时的生活际遇十分地契合。没有了庙堂上的纷扰，在每一个晨昏午后，携好友弈棋、赏景、鉴音、题诗、品画，那是多么诗意而惬意的生活啊！

咸淳七年夏，闲居故里的文天祥写了一首弹琴诗——

文天祥评传

《用萧敬夫韵》：

> 庭院芭蕉碎绿阴，高山一曲寄瑶琴。西风游子万山影，明月故乡千里心。江上断鸿随我老，天涯芳草为谁深？雪中若作梅花梦，约莫孤山人姓林。

此诗中所描写的琴声大概就不是那种慷慨激昂型的了吧！到底文天祥为何而高山寄曲？难道只为怡情山水？断乎不仅止于此。咸淳七年文天祥虽然仍在归隐之中，但是时事已经不允许他再多滞留。这一年，忽必烈迁都燕京，建立元朝。所谓"江上断鸿随我老，天涯芳草为谁深"绝不是一时之无事呻吟，游子所叹之事。不仅仅有莼鲈之思，更多的是丈夫志四海、端居耻"圣明"之忧。由此可见，琴音确实能够涵养人的性情，但是时事危急若此，文天祥想要独善其身已经是不可实现的奢望了。

3. 无弦以写哀思

南朝梁萧统的《陶渊明传》记载："渊明不解音律，而蓄无弦琴一张，每酒适，辄抚弄以寄其意。"文天祥的《和朱松坡》诗中提到自己有一张无弦琴，"细参不语禅三昧，静对无弦琴一张。"陶渊明为何蓄一张无弦之琴，其心态大抵和文天祥的是一样的。

人生无意于名利，但不意味着无意于事功。但如果官场的龌龊对于一个人的一生来说是一种羁绊的话，那么不如弃之，不如在青山绿水中怡养自己的性情。古来今来的那些隐逸的高士们，不少人都通过隐居山林这种外在的归隐形式来

第八章 文天祥的艺术人生

表现他们心中对归隐的理解。然一个人是否是真的隐士，不是看他是否隐居于深山老林，而是看他是否真的有意于归隐。出与入，一直是中国古代士大夫一生所要面临的重大问题。大抵深受儒家思想浸染的士大夫们还是以进入庙堂为其一生的政治期许的。但是如果生不逢时，政治不清明，自己的美政无法实现，"退将复修吾初服"的归隐思想又会出现。但是即便是归隐又如何？让他们放弃曾有的政治抱负那也是不现实的。

选择了归隐，大概只是在形体上的归隐；精神上的归隐则取决了归隐者的心理状态。其实，无论是陶渊明还是文天祥，他们在精神上都是欣喜于归隐的，因为那里澄澈宁静，那里没有污浊晦气；但是他们又不是真心归隐的吧，因为他们身处乱世，因为他们不容于乱世，因为他们都有慷慨悲士，所谓的"猛志固常在"是也。大概只有陶渊明能够理解文天祥，只有文天祥能够理解陶渊明。故千载之下，再置一张无弦琴。

> 断雁西江远，无家寄万金。乾坤风月老，沙漠岁年深。
> 白日去如梦，青天知此心。素琴弦已绝，不绝是南音。（《断雁》）

二、棋　趣

文天祥的下棋水平较高，似乎罕遇敌人，这得益于他的

文天祥评传

家庭教育,据说他的外祖父曾珏,"论文赋诗,围棋命酒。"(《义阳逸叟曾公墓志铭》)他的父亲文仪亦乐此道,"乐极浩歌纵弈,视世间融融氵云氵云,漠不介胸次。"(《先君子革斋先生事实》)另一方面也得益于他的棋友,刘定伯、萧耕山、刘渊伯、周子山等,高手切磋,自然精进神速。

文天祥的《象弈各有等级四绝品人高下》组诗为我们勾勒了一幅庐陵棋手鏖战的画面。

> 螳臂初来攫晚蝉,那知黄雀沫馋涎。王孙挟弹无人处,一夜雕盘荐玳筵。
>
> (注:右一为周子善言。萧耕山能胜二刘,不觉败于子善,子善败于我。)
>
> 射虎将军发欲枯,茫茫沙草正迷途。小儿谩取封侯去,总是平阳公主奴。
>
> (注:右二为耕山言。老夫败于子善也。)
>
> 坐踞河南百战雄,少年飞槊健如龙。世间只畏两人在,上有高公下慕容。
>
> (注右三为刘渊伯言。所畏者,惟吾与子善。)
>
> 击柱论功不忍看,筑坛刑马誓河山。当年绛灌知何似,只在春秋鲁卫间。
>
> (右四为刘定伯言。与渊伯上下也。)

由此可知,五人中文天祥棋艺最高,其次是周子善,再次是萧耕山,再次是刘渊伯、刘定伯。如今我们已经不可知文天祥的棋艺到底精进到何种地步,但是可以通过刘定伯的

第八章 文天祥的艺术人生

棋艺约略想见文天祥的下棋水平。《刘定伯墓志铭》记载刘定伯"嗜弈，最入幽眇，兔起鹘落，目不停瞬，解剥摧击，其势如风雨不可御"，而刘定伯与文天祥下棋，"初不敌，穷思一昼夜，遂能对垒。"（邓光荐《文丞相都督府忠义传》）

文天祥喜下棋，也往往在弈棋中体现他的军事思想，体现他的爱国情怀。文天祥下棋，一任以情，一任以思，不独以趣。对于人生、战局，他都能因之以象棋以寄思："众人皆醉从教酒，独我无争且看棋"（《赣州再赠》）、"纷纷玄白方龙战，世事从他一局棋"（《又送前人琴棋书画四首》）。

朱国祯《涌幢小品》记载："丞相嗜象弈，以其危险、制胜、奇绝者命名。自'玉層金鼎'至'单骑见虏'为四十局。玉層，盖公所居之山也。"刘文源认为，自"玉層金鼎"到"单骑见虏"不独为棋局名称，更具有纪事、寄思之特点——"以文天祥所居之山来命名的《玉层金鼎》棋局，似乎隐含着文天祥几次罢官家居生活的经历；而《单骑见虏》棋局，则是隐指文天祥于德祐二年（1276）正月出使元营会见元军统帅伯颜之事。"（刘文源《南宋象棋大师文天祥》）

不可否认，喜欢下棋的人心思缜密。棋如人生，棋如战场，但是在文天祥的归隐生活中，棋更是趣味。从咸淳元年至咸淳八年，文天祥五次罢官归隐，过着"奉亲课子，弹琴读书"的平民生活——"夕钓江澄练，春行路布棋。"（《山中即事》）"疏枝不入辋川画，暗香不到东山棋。"（《题张景召簿尉梅墅并饯入南》）"扫残竹径随人坐，凿破苔矶到处棋。"（《用前人韵招山行以春为期》）

文天祥的棋趣还体现在他用特殊的方式下盲棋。朱国祯

《涌幢小品》载,"又暑月喜溪浴,与弈者周子,善于水面以意为枰,行弈决胜负。愈久愈乐,忘日早莫。"

三、书　艺

文天祥精通书法,因其人品、文品、学品、书品,后世人对其书法十分珍视。对于文天祥书法的收藏从宋代就已经开始了。周密的《癸辛杂识》讲述了一个收藏家将文天祥作品视为宝物的故事。这位收藏家说:"赵宋三百年天下,只有这一个官人,岂可轻易把与人耶!文丞相前年过此,与我写的,真是宝物也。"由此可见,文天祥书法作品的受欢迎程度。

文天祥的书法以小篆闻名于世。陶宗仪《书史会要》中记载:"善小篆,尝见丹书一砚后云:'紫之衣兮绵绵,玉之带兮粼粼。中之藏兮渊渊,外之泽兮日宜。呜呼!磨尔心之坚兮,寿吾文之传兮。庐陵文天祥书。'共四十四个字,笔画遒劲,似其人也。"

但是,现存世的文天祥书法中以草书为主,以《宏斋帖》、《木鸡集序》卷、《谢昌元座右辞》卷为代表。文天祥书法作品的大体风格,笔法遒劲,疏密得当。其中有学王羲之、怀素的,如《木鸡集序》卷。《木鸡集序》卷,纸本,纵24.5厘米,横96.9厘米,草书。现藏于辽宁省博物馆。此书写于宋度宗咸淳九年夏至,应诗集作者张彊之请而书写的。对于张氏兄弟的文采,文天祥是极其认可的,"见说青年文赋好,士龙一笑共云间。"(《送张宗甫兄弟,楚观登舟,

第八章 文天祥的艺术人生

赴湖北试》)在《木鸡集序》中文天祥也表达了他平易的诗歌理论和见解:"三百五篇,优柔而笃厚,选出焉,故极其平易,而极不易学。予尝读诗,以选求之。"清代的阮元评价其书称:"书法极摹怀素。"(《石渠随笔》)其章法似晋人,线条瘦硬,体势通神,清代顾复评其书,"笔端蟠屈腾踔,纵横自然。""全卷通篇笔势迅疾,清秀瘦劲,得怀素遗意而绝少跌宕之趣,俊逸毫迈之气尽显。"(高森《文天祥书法的"贞劲"美》)

《宏斋帖》,纸本,纵39.2厘米、横149.9厘米。现藏于北京故宫博物院。此书作于宋度宗咸淳元年,乃文天祥为祝贺宏斋升官而作。其中既赞扬了包恢的人品,又涉及了当时的一些政治问题,对当时朝廷的一些投降自保的举措进行了批判,算得上是书札之巨制。

赣寇猖獗,血江闽广三路十数年,十数年于此。天祥白手用兵丁万人,声罪致诗。

真实体国,以政事自见,乃谓之生事,谓之妄作。而虚虚徐徐,相招禄仕,百事废驰,一切不问,反窃爱根本,恤人心之美名。

无财用,何以聚人,无政事,何以立国。奈何其是非颠倒之后甚邪。

高森对此书法评价甚高,"其点画遒劲自然,一丝不苟,结体宽博而不失法度,其风格特点接近于苏轼。""此件书法清疏挺拔,风格秀劲,疏密得当。用笔憨实,而不乏贞劲,

古雅可爱。"（高森《文天祥书法的"贞劲"美》）

文天祥的书法作品除了具有晋人风度之外，还具有典型的宋代书法崇尚法度的特点，如《谢昌元座右辞》卷，纸本，纵36.7，横355.7厘米，草书。现藏中国历史博物馆。后人对此帖评价甚高，"笔法清劲，纵任不苟。"（《墨缘汇观录》）从其文字的书写来看，"纤细灵动，翻转流动，以手卷的形式表现出来，大小错落有致，章法得体"；从风格来看，"跌宕中又有含蓄，阁帖风格十分明显"（高森《文天祥书法的"贞劲"美》）。

不可否认，文天祥的书法在艺术方面的造诣很高，但更重要的是我们在文天祥的书法中看到了正气与正义。书论称："书之要，统于'骨气'二字。"（刘熙载《艺概》）书法之精髓不在于笔法的遒劲，而在于书写者心中之性情。对于文天祥而言，就是斥诸笔端的"忠肝义胆"。后人对文天祥书法中的"壮志豪情""忠义节气"更为看重。比如上文提到的《谢昌元座右辞》，清《大观录》评其书为，"信国精忠大节，以一身任有宋三日祀纲常之后重，临池小道耳，无足为公轩轾。然世之宝公翰墨者，比之唐之颜平原，盖两公书不必同，其忠节同也。"对于《宏斋帖》，清代绵亿在帖后的题跋上提到："文信国公气节凛然，柄著史册，生平未尝以书名，而残缣断幅，间有流传，后人珍如赵璧。"对于《木鸡集序》，清代的吴其贞评："书法清癯，使人心目爽然，然见者怀其忠义而更爱之后，所以书画因人重也。"（《书画记》卷四）

此外，明人张丑称曰："信国书体清疏挺竦，其传世六歌

第八章　文天祥的艺术人生

等帖，令人起敬起爱。"当代著名的书法篆刻家潘主兰，通过《论书绝句》的形式也称赞了文天祥书法中的正气，"绵里藏针树楷模，六歌诸札未模糊。清刚铸出人书品，天地还需正气扶。"

刘熙载《艺概》提到："书，如也，如其学，如其才，如其志，总之曰如其人也。"文天祥曾在空坑之难后书写过的《文信国诸札》，世人多有好评。此书笔法似有晋唐风味，飘逸有风骨。倪涛见后感慨到："呜呼！此文山先生真迹也。说玩此书，乃空坑之败之后，遗其所知者之书。盖是时天危甫脱，劲敌在后，流离颠沛之际，荒迷不次之秋也。而其笔意乃雍容闲雅，无一毫惊惧慌迫之状如此。然素存素养之熟，能如是乎？毛氏幸得此书，今读其辞想其事，令人心胆奋扬，精神凛冽，有不胜其感激者焉。因泣下而谓：'夫后世之为人臣者，其立心操行亦当何如邪？'"（《历朝书谱》）

文天祥的书品即人品，清代人对此尤为看重，"信国公精忠大节，以一身任有宋三日祀纲常之重，临池小道耳，无足为公轩轾，然世之宝公翰墨者，比于唐之颜平原。盖两公书不必同，其忠节同也"（吴升《大观录》）清代王昱认为："立品之人，笔墨外自有一种正大光明之概。"

四、剑　心

辛弃疾有一篇名作《鹧鸪天·送廓之秋试》，文中曾提到过剑，"鹏北海，凤朝阳，又携书剑路茫茫"。辛弃疾不以文士自许，而以英雄自喻。"书剑"之意象寄托了辛弃疾奔

文天祥评传

赴沙场、报效国家的壮志豪情。而文天祥的想法与辛弃疾相比，大抵差之不远。故，文天祥作品中提到的"剑心"多喻指他的报国情怀。

> 淡烟枫叶路，细雨蓼花时。宿雁半江画，寒蛩四壁诗。少年成老大，吾道付逶迤。终有剑心在，闻鸡坐欲驰。（《夜坐》）

文天祥因何而夜坐？从诗的内容来看，不言而喻。年来奔波一事无成，世道艰险，王道衰颓。但尽管世事如此，只要壮心仍在，剑心不改，收复河山之愿，亦可待也。

何谓"剑心"？一之以剑，一之以心。故，文天祥所谓的剑心不独指一种报国情怀，更是一种人格期许。所谓的"剑"气已经融在了他的生命里，凛之以正气、正义。

> 江西剑客，吾乡曹子政算命标榜也。予曰："子卜也，而取剑何居？"曰："世人卖卜，事诒媚，捐苦心，皇皇于一食之末。予恨其道之不直也。如是而福，如是而福，一无所回护。故予刚者之为也。"予言必刚者而后能听，剑是以得名。予曰："噫嘻！昔人有学字，观公孙大娘舞剑而神。剑无与于字，而回朔赴仆之间，乃足以相发。今子虽为卜，而有取于剑之刚者。亦讵曰不宜哉？"或曰："然则是腹剑也？"予曰："恶。是何言？子政岂口如蜜者邪？"或人语塞。因书以遗之。（文天祥《赠曹子政剑客

第八章　文天祥的艺术人生

序》）

这篇赠序篇幅并不长，文天祥却花费了大量的笔墨来解释一位以占卜为生的同乡，为何要持剑卖卜。文天祥认为不管别人怎么说，曹子政不是口蜜腹剑之人，那么他持剑卖卜一定是取剑之"刚"之意，这是非常不容易的。他一定是一个刚正、刚强之人。文天祥看人看心，一位以卖卜为生的同乡，即使品格再高尚，可能在乡里的地位也不会太高。但是文天祥目之为"剑客"。由此足以见得文天祥评价人物的切入点，以及他本人为人处世的一些特质。一个有正义感的人，不一定要在战场上体现他的雄心壮气，也可以在生活中表现他有关正义的点点滴滴。

五、画　味

正如前文《又送前人琴棋书画四首》所提到的，文天祥不仅知音、善棋、知书，且懂画。关于文天祥对音乐的理解、对弈的水平和书法的高度，史料中多多少少都有所记载。但是文天祥是否会绘画，因之史料不全，目前我们尚无法下论断。但是《又送前人琴棋书画四首》诗中所提到的"欲觅龙眠旧时事"之事，确有其事。德祐二年三月初二，南宋朝廷已经向北庭投降，文天祥被迫囚系北上，后历经艰险，虎口脱险逃至真州。真州守将苗再成仰慕公之忠义，拿出一幅李龙眠所画的《苏武忠节图》，让文天祥题词，文公祥当场赋诗三首。

忽报忠图纪岁华，东风吹泪落天涯。苏卿更有归时国，老相兼无去后家。

烈士丧元心不易，达人知命事何嗟。生平爱览忠臣传，不为吾身亦陷车。（其一）

独伴羝羊海上游，相逢血泪向天流。忠真已向生前定，老节须从死后休。

不死未论生可喜，虽生何恨死堪忧。甘心卖国人何处，曾识苏公义胆不。（其二）

漠漠愁云海戍迷，十年何事望京师。李陵罪在偷生日，苏武功成未死时。

铁石心存无镜变，君臣义重与天期。纵饶夜久胡尘黑，百炼丹心涅不缁。（其三）

结合两首诗的内容来看，文天祥对于李龙眠画作的赏鉴似乎放在了历史人物的生平事迹方面，他要寻觅的是李龙眠的《苏武忠节图》，要买的也是体现归隐思想的《严陵归钓图》。但深入细研，似乎又并不仅止于此。李龙眠，北宋著名画家李公麟是也，号龙眠居士。李公麟的传世作品以《五马图》为代表，存世作品多为山水画。但从史料的记载来看，李龙眠画作的题材非常广泛，而且人物画的水平十分高超。"（龙眠）尤工人物，能分别状貌，使人望而知其为廊庙、馆阁、山林、草野、闾阎、臧获、占舆、皂隶。至于动作态度、颦伸俯仰、大小善恶，与夫东西南北之人才分点画、尊卑贵贱，咸有区别。非若世俗画工混为一律。贵贱研丑止以肥红瘦黑分之。大抵公麟以立意为先，布置缘饰为次，其成染精

第八章　文天祥的艺术人生

致,俗工或可学焉,至率略简易处,则终不可近也。"(《宣和画谱》卷七)由此我们可以想见文天祥所要寻觅的李龙眠画的大概原因——李龙眠的画人物的尊卑贵贱有别、动作面容精致;画体布局合理,神情为先,与世俗之人物画有显著的区别。文天祥寻李龙眠之画,一方面要欣赏画作中人物的样貌与神情,更重要的是要看李龙眠笔下的栩栩如生的英雄人物的画像。故李公麟之画不仅内容可喜可观,大抵人物的精、气、神也是表现得栩栩如生的。清初的书画鉴赏大家孙承泽对李龙眠的人物画有很高的评价,将其和顾恺之、陆探微相提并论——"自龙眠而后未有其匹,恐前世顾(恺之)、陆(探微)诸人亦所未及也。"(《庚子销夏记》)

故虽然文天祥没有画作传世,但从其学养、综合素养及其鉴赏的画作来看,其鉴赏水平应该不低。因此,不管能画与否,品画都算得上是文天祥诗意人生的一种体验方式。

人们总是容易抱怨生活中的不如意,或多或少地都会觉得生活中缺少生气与趣味。其实,这个时候我们已经被心态影响。一个人的心态往往容易影响一个人的生活质量,艰辛如文天祥者,依然在自己辛苦奔波的生活中寻找着生活的乐趣——琴音、棋趣、书义、剑舞、画味,无一不可。我们又何必自怨自艾呢?

附　录：文天祥年谱

南宋理宗端平三年丙申（1236）　　1岁

　　五月初二，文天祥出生于江南西路吉州庐陵县顺化乡富田寨，也就是今天的江西省吉安市青原区富田乡文家村。

　　文天祥祖籍四川成都。四世祖文彦纯辟居固塘夏山，为固塘开祖。五世祖文卿，爱庐陵永和镇山水明秀，留住永和之凤冈。七世祖文炳然，开馆于顺化乡富田。八世祖文正中，爱富田山水明秀，徒居之，为富田祖。

　　文天祥父亲文仪，字士表，人称革斋先生，学识渊博。母亲曾德慈，吉州泰和县梅溪人。

　　前年，蒙古和宋国联军攻灭了金国。去年，蒙古违背盟约兴兵犯宋。是年，蒙古持续攻宋。

理宗嘉熙元年丁酉（1237）　　2岁

　　文天祥长弟文璧出生。

理宗嘉熙二年戊戌（1238）　　3岁

理宗嘉熙三年己亥（1239）　　4岁

附　录：文天祥年谱

理宗嘉熙四年庚子（1240）　5 岁

文天祥仲弟霆孙出生。

理宗淳祐元年辛丑（1241）　6 岁

文天祥始入私塾学习。

理宗淳祐二年壬寅（1242）　7 岁

理宗淳祐三年癸卯（1243）　8 岁

是年，常与曾氏子孙一起在梅溪下泽曲江亭读书。

理宗淳祐四年甲辰（1244）　9 岁

理宗淳祐五年乙巳（1245）　10 岁

理宗淳祐六年丙午（1246）　11 岁

理宗淳祐七年丁未（1247）　12 岁

理宗淳祐八年戊申（1248）　13 岁

理宗淳祐九年己酉（1249）　14 岁

文天祥幼弟文璋出生。

理宗淳祐十年庚戌（1250）　15 岁

宋理宗大兴土木为阎贵妃建功德寺，有司趁机敛财。

理宗淳祐十一年辛亥（1251）　16 岁

六月，蒙哥即蒙古国汗位，是为宪宗。蒙哥以皇弟忽必烈领漠南军事。

理宗淳祐十二年壬子（1252）　17 岁

蒙哥命其弟忽必烈率兵征云南，灭大理。从此南宋陷入蒙古军南北包围之中。

文天祥评传

十月，蒙古军队进犯成都，攻打嘉定，四川大震。

理宗宝祐元年癸丑（1253）　　18 岁

文天祥于万安昂溪书堂卒业。

文天祥参加县学考试，作题为《中道狂狷，乡愿如何》的文章，名列前茅。

是年某日，文天祥去庐陵学宫，看到了被大家祭祀的三位本朝乡贤画像——欧阳修、杨邦乂、胡铨，感召于他们的事迹，感慨道："没不俎豆其间，非夫也！"

理宗宝祐二年甲寅（1254）　　19 岁

理宗宝祐三年乙卯（1255）　　20 岁

是年春，宦官董宋臣引娼入宫，大兴土木，强抢民田，揽权纳贿，人送外号"董阎罗"。

文天祥入吉州白鹭洲书院读书。书院山长是江万里的弟子欧阳守道。

同年，以"天祥"之名参加乡试，和其弟文璧在乡试中考中了吉州贡士。

同年，弟文霆孙因病夭折，常在病榻之上吟诵杜甫的诗句，"出师未捷身先死，长使英雄泪满襟。"

同年底，送行宴上作《次鹿鸣宴诗》。

理宗宝祐四年丙辰（1256）　　21 岁

正月十五日，文仪送文天祥及文璧进京参加省试。

二月初一，礼部省试放榜，文天祥及文璧都榜上有名。

五月初八，文天祥在集英殿参加殿试。据他自己说："有司置予第七，理宗皇帝览予对，亲擢为第一。"此次殿试的主考官、著名的学者王应麟是这样评价他的试卷的："是卷古谊若龟镜，忠肝如铁石，臣敢为得士贺。"

五月二十四日，黄榜发布时，文天祥在601名考生中，拔得头筹，成为状元。文璧落榜。

五月二十五日，父亲文仪病重，文天祥在旅舍侍奉汤药。

五月二十八日，文仪客逝于临安，享年42岁。

六月初一，文天祥兄弟扶柩返乡离开都城临安。

七月二十四日，返回庐陵。

理宗宝祐五年丁巳（1257）　22岁

九月，安葬父亲文仪，文天祥作《先君子革斋先生事实》，居家守孝。

理宗宝祐六年戊午（1258）　23岁

二月，蒙古军队分三路进犯大宋：忽必烈攻鄂州，蒙哥亲自攻蜀；兀良合台自交、广北上。三军于鄂州会合。

四月，丁大全为右丞相兼枢密使。八月，文天祥服除，于家闭门修《礼》。有人劝文天祥上书求仕，被拒绝。

理宗开庆元年己未（1259）　24岁

正月，文天祥陪文璧再次赴都城临安应试。文璧于这一年考中进士。

五月，朝廷补授文天祥为承事郎、签书宁海军节度判官厅公事。

七月，蒙古可汗蒙哥在攻打合州钓鱼城时因伤病逝。

九月，时局危急，文天祥再度入京。忽必烈率领蒙古军渡过长江，围攻了鄂州（湖北武昌）。内侍董宋臣主张迁都四明（浙江宁波）。

十月，丁大全因隐瞒军情被罢免了宰相之职，吴潜任左丞相兼枢密使，贾似道为右丞相兼枢密使，节制江西、两广军务。宋廷派贾似道援鄂，贾却向忽必烈"求和"。

十一月，文天祥呈《己未上皇帝书》，上疏请斩董宋臣，并提出"简文法以立事"、"仿古镇以建守"、"就团结以抽兵"、"破资格以用人"的改革主张。

闰十一月，忽必烈撤鄂州之围，北上争夺汗位。贾似道得知蒙哥死于合州的消息，趁蒙古内政不稳之际与忽必烈暗中达成划江为界、岁币求和的协议，并向朝廷谎称战功。

理宗景定元年庚申（1260）　　25岁

二月，文天祥差签书镇南军（江西南昌）节度判官厅公事。文天祥辞免，乞祠禄。朝廷准其所请，下旨让其当差主管建昌军（江西南城县）仙都观。

三月，忽必烈在开平（内蒙古正蓝旗东）即汗位，是为世祖。

理宗景定二年辛酉（1261）　　26岁

十月，文天祥任秘书省正字。辞免不允。

理宗景定三年壬戌（1262）　　27岁

正月，接受秘书省正字职务。

四月，文天祥就任秘书省正字。随后，兼景献太子府教授，讲授四书五经，深得理宗皇帝赞赏，赐金碗一只。

五月，文天祥充殿试复校考官，进校书郎。

理宗景定四年癸亥（1263）　　28岁

正月，文天祥晋升为著作佐郎。

二月，文天祥兼任刑部郎官。

七月，理宗皇帝再次起用宦官董宋臣。文天祥再次上皇帝书，呈《癸亥上皇帝书》，认为董宋臣"主管景献太子府，臣备员讲授，实维斯邸"，朝廷若不罢免其职，他就要"请命以去"。朝廷没有应允文天祥的上书请求。

八月，天祥辞职回乡。贾似道派人挽留，让他出知瑞州，即今天的江西高安。

十一月，文天祥至瑞州赴任。作《西涧书院释菜讲义》。

十二月，文天祥迎亲就养。

理宗景定五年甲子（1264） 29岁

在瑞州修复碧落堂。又修复了三贤（余靖、苏辙、杨万里）堂。九月初九，作《题碧落堂》诗。

十月，文天祥被召入临安，被授予礼部郎官一职。

十月二十六日，理宗病逝，度宗即位。

十一月，文天祥改任江西提刑。

度宗咸淳元年乙丑（1265） 30岁

二月，文天祥在瑞州办理移交手续，赴任新职。江西任上，文天祥体恤百姓，消除寇患，颇有政绩。

四月，御史黄万石弹劾文天祥不称职。文仪生母梁夫人死。文仪幼时出继给其叔父，他的生母梁夫人便成了伯母。文仪生父去世后，梁夫人又改嫁刘家。梁夫人死后，文天祥请求辞官，为已经改嫁的梁夫人"承心制"（只服心丧而不穿丧服）。因此有人诬文天祥违礼、不孝，写印了《龙溪友议》，在江西、广东、福建等地散发。文天祥经过力争，"承心制"为朝廷所认可，但经此打击，他深感人心险恶，仕途

文天祥评传

多艰，准备在家乡隐居，着手开辟富川上游之文山，以此作为隐居之所。

度宗咸淳二年丙寅（1266）　31岁

文天祥在家乡文山隐居，时常约友人往山中搜奇览胜，赋诗唱和，寄情于山水之间。

九月，文天祥长子道生出生。

度宗咸淳三年丁卯（1267）　32岁

正月，文天祥次子佛生出生。

二月，贾似道为平章军国重事，专政弄权，排斥异己。文天祥女儿文柳出生。

三月，文天祥次女文环出生。

九月，朝廷任命文天祥为吏部尚左郎官，辞免不允。

十二月，文天祥至临安赴任。

度宗咸淳四年戊辰（1268）　33岁

正月，文天祥兼学士院权直、国史院编修官、实录院检讨官。刚上任，即被御史黄镛弹劾免职。文天祥回家归隐。

九月，蒙古军始围襄、樊二城。

是年底，朝廷任命文天祥为福建提刑，未上任即被御史陈懋钦奏免。

度宗咸淳五年己巳（1269）　34岁

三月，朝廷以江万里为左丞相，马廷鸾为右丞相兼枢密使。

四月，文天祥差知宁国府（安徽宣城）。

十月十五日，文天祥离家赴任宁国府。

十一月，文天祥到达治所领府事，见"府极凋敝""税务无所取，办则椎剥为民害"，奏请朝廷免宁国府税，百姓欢欣，集资为文天祥立生祠。一个月后，奉调入朝，作《宣州劝农文》。

度宗咸淳六年庚午（1270）　35岁

正月，文天祥任军器监，兼右司，辞免不允。

四月，文天祥任职军器监，免兼右司，寻兼崇政殿说书、兼学士院权直、兼玉牒所检讨官。

六月，贾似道为谋求更大的权势，以退为进，装病请休。文天祥草诏裁以正义，因而忤怒贾似道。文天祥请求免职奉祠禄，未准。

七月，文天祥加任秘书少监，兼职依旧。贾似道唆使台臣张立志奏免所居官。文天祥再次回家隐居文山。

是年秋，吉州粮食不登，百姓困苦。文天祥恳请赣州知州李雷印粜米救吉州之困。

度宗咸淳七年辛未（1271）　36岁

是年，文天祥在文山建造厅堂。每日"领客其间，穷幽极胜，乐而忘疲"，赋诗颇多。

是年冬至，文天祥除湖南运判，随即被台臣陈坚奏免。

十一月十五日，忽必烈迁都燕京（改名大都），建立元朝。

度宗咸淳八年壬申（1272）　37岁

六月，文天祥染疟疾，大病40余日。自称"依床腰见骨，览镜眼留眶"。

文天祥评传

度宗咸淳九年癸酉（1273） 38岁

正月，文天祥的老师欧阳守道病逝。文天祥撰写了《祭欧阳巽斋先生》一文。朝廷任命文天祥为湖南提刑。

正月，文天祥除湖南提刑，五月初一始至任所。任期内，在吏治等方面政绩显著。

二月，京西安抚副使襄阳守将吕文焕以城降元。襄阳城陷。

八月十四日，文天祥到长沙拜谒了湖南安抚大使江万里。论及国事，江万里悯然曰："吾老矣！观天时人事，当有变。吾阅人多矣，世道之责，其在君乎！"文天祥调兵配合湖南安抚大史杨万里围剿秦孟四农民起义军。

冬，文天祥为侍奉祖母和母亲，请求调回江西任职。朝廷任命他出知赣州。

度宗咸淳十年甲戌（1274） 39岁

三月初二，文天祥到赣州赴任，上《知赣州谢皇帝表》。《纪年录》载："平易近民，与民相安无事。十县素服威信，人自相戒，无有出甲。"

六月，文天祥为庆祝祖母刘夫人87岁寿辰，对"郡民自七十以上，与钱酒米帛有差"。

六月，元世祖忽必烈命诸将率兵南侵。

七月，宋度宗病故。贾似道立全后的4岁儿子赵㬎为帝，是为恭帝。太皇太后谢氏临朝听政。度宗庶子赵昰封为吉王，赵昺封为信王。

十二月，元军以吕文焕为先导，大举进攻，鄂州等地不战而下，直逼都城临安。临安震动。太皇太后下罪己诏，并下诏天下勤王。

恭帝德祐元年乙亥（1275）　　40岁

正月初一，文天祥得到元军渡江谍报。宋黄、蕲以下长江沿岸诸州军望风降元，贾似道率兵出师。十三日，接到太皇太后诏旨："照已降旨，疾速起发勤王义士，前赴行在。"文天祥捧诏痛苦，三天后"尽以家赀为军费"，组织义兵，起兵勤王。

二月，贾似道在鲁港（今芜湖西南）大败，逃回临安，被免官。朝廷授文天祥右文殿修撰、枢密副都承旨、江西安抚副使兼知赣州。不久，兼江西提刑，进集英殿修撰、江西安抚使。

三月，元军统帅伯颜进入建康（今南京），镇江、常州、平江府（今苏州）降元。宋廷以陈宜中为右丞相兼枢密使。

四月初一，文天祥领兵下吉州。朝廷任命他为权兵部侍郎，命其驻守隆兴（今江西南昌）。

五月，祖母刘夫人病逝，文天祥回乡料理丧事。

六月，安葬刘夫人后，赶回军中。

七月初七，文天祥率领义军从吉州出发。

八月，至衢州，诏授文天祥权工部尚书。到达临安，驻兵西湖上。

九月，朝廷授文天祥浙西江东制置使、兼江西安抚大使，知平江府事。右丞相陈宜中与左丞相王爚不和，出走温州，文天祥只得暂留临安待命。

十月，陈宜中回临安。文天祥受命赴任平江。上奏乞斩叛臣吕文焕之侄吕师孟衅鼓以振士气。十月十五日抵达平江。

文天祥评传

元兵攻常州。十月二十六日,文天祥派尹玉、麻士龙、朱华领兵三千支援常州,败于五木。

十一月,常州沦陷。陈宜中调文天祥增援独松关。文天祥援军未到,独松关已被元军攻破,平江守将亦降元。文天祥只得返回临安。文天祥与张世杰一同上奏朝廷,建议背城与元兵血战。不复。

十二月,授文天祥为签书枢密院事。

德祐二年五月,改端宗(赵昰)景炎元年丙子(1276)　41岁

正月初二,朝廷授文天祥为临安府事,辞不拜。"诣门陈大计,不得见"。吉王改封为益王,信王改封为广王。十三日,杜浒率4000人从文天祥勤王。十八日,伯颜进驻距临安仅30里的皋亭山。宋太皇太后谢道清奉表和传国玉玺向元请降。陈宜中逃遁。十九日晨,谢太后任文天祥为枢密使,"午,除右丞相,兼枢密使、都督诸路军马",辞不拜。文天祥奉旨赴元营与伯颜谈判。二十日,文天祥以资政殿学士旧职赴元营见伯颜,慷慨陈辞,被伯颜扣留。二十一日,丞相吴坚、贾余庆等人奉降表至元营,文天祥大骂贾余庆卖国,痛斥吕文焕为逆贼。二十五日,伯颜命镇抚唐古歹遣散文天祥的勤王义军。

二月初五,恭帝赵㬎在临安祥曦殿举行投降仪式,宣布退位。初八,文天祥被迫随祈请使贾余庆、吴坚等人登船北上,往大都去见元世祖忽必烈。二月十八日至镇江。二十九日晚,文天祥一行在镇江走脱。

三月初一,文天祥等人历尽艰险,到达真州(即今天的江苏仪征)。守将苗再成出城迎接。初三,苗再成疑文天祥前来赚城，将文天祥逐出城外。三月二十四日，文天祥多次历险后，到达通州。在通州，文天祥自编《指南录》诗集，以示忠心向南，矢志抗元。这时，益王、广王在浙江永嘉江心寺建元帅府。文天祥闻讯，闰三月十七日立即泛海南归。三十日至台州。

四月初八，文天祥到达温州。此时二王已将元帅府转移到福安（今福建福州）。

五月初一，益王赵昰在福州登基，是为端宗，改元景炎，改福州府为福安府。文天祥被任为观文殿学士、侍读。二十六日，文天祥到达福安，被授予通议大夫、右丞相兼枢密使、都督诸路军马等职。他"连上章辞"，改授为枢密使、同都督诸路军马。

七月初四，文天祥从福安启程，十三日到达南剑，开府募兵。

十月，吕师夔率元兵度梅岭进军岭南。宋行朝督促文天祥移军汀州。

十一月，文天祥出兵汀州。移督府于汀州。

十一月十四日，元军阿剌罕部攻破建宁府邵武军。十五日，南宋行朝逃到海上。

十二月，行朝逃至惠州甲子门，派倪宙奉表向元朝请降。

景炎二年丁丑（1277）　42岁

正月，元军进攻汀州，文天祥移军福建漳州龙岩县。元军派宋降臣劝降文天祥，文天祥书《正月书》以拒降。

二月，元军攻占了广州，广东各州大部沦陷。

三月中旬，文天祥至梅州，文璧带家人自惠州至此，文

文天祥评传

天祥遂与家人相见。朝廷下旨授文天祥银青光禄大夫。

五月,文天祥经略江西,攻占赣州会昌。

六月初三,取得雩都大捷。二十一日,文天祥移督府于兴国。

七月,文天祥遣兵围攻赣、吉二州,相继收复了龙泉、永新、永丰、吉水、万安五县。文天祥于福州汀州斩杀了伪天子黄从。临、洪、袁、瑞诸州豪杰纷纷响应,淮西兵收复了兴国军,黄州收复了寿昌军,一时间"号令于江淮"。

八月,元军李恒派兵进攻赣州,并亲自领兵袭击兴国县。十五日,文天祥败走。元军穷追不舍,督府军先后败于太和钟步村、庐陵东固方石岭。二十七日,至永丰县空坑,文天祥在空坑被元军追上。几经波折,文天祥脱险,但其妻欧阳氏、妾颜氏和黄氏、次子佛生、次女柳娘、三女环娘皆被俘虏;佛生被人救出后被罗椅收养。

十月,文天祥收集散兵,进入汀州。

十一月,文天祥转移至循州,即今天的广东龙川。屯兵南岭山中。

十一月,南宋行朝从浅湾转至秀山、井澳,左丞相陈宜中脱离行朝逃至占城。

景炎三年,赵昺祥兴元年戊寅(1278) 43岁

二月,文天祥进兵惠州海丰县。

三月,文天祥进驻海丰丽江,遣人打听行朝消息。

三月,行朝从海上转迁至碙州。

四月十五日,景炎帝赵昰病逝,年仅十一岁。卫王赵昺继位,时年8岁。

四月十六日，端宗赵昰病逝，赵昺继位。

五月初一，改元祥兴。文天祥与行朝取得了联系。

六月初七，行朝迁至新会县厓山（位于广东新会市南约50公里外海中）。文天祥移督府至船澳，并提出于厓山觐见皇帝的要求，被枢密副使张世杰拒绝。

八月，行朝加封文天祥为少保信国公；封文天祥母亲曾氏为齐魏国夫人。其间，文天祥多次请求移军入朝抗元，却一直遭拒。文天祥请求率兵入朝，被张世杰所阻。

九月，文天祥母亲曾氏因染疫病辞世。

十月，长子道生卒。十一月初九，文天祥长子道生于惠州病逝，年仅13岁。文璧将其次子文陞过继给了文天祥。

十一月，文天祥进驻潮州潮阳县。剿灭陈懿兄弟为首的海盗，陈懿逃亡。是月，拜谒了唐张巡、许远的"双忠庙"，作《沁园春》词，以忠义自勉。

十二月十五日，文天祥移军海丰，准备进入南岭。二十日，文天祥率领军队行至海丰北方的五坡岭，正吃午饭时，元军突至，督府军溃败。文天祥服脑子打算自尽，未死，被俘。文天祥的四女监娘、五女奉娘死于战乱之中。

祥兴二年己卯（1279）　44岁

正月初二日，元军击败文天祥督府军后，入海直趋厓山。文天祥被囚于海舟中，与贼同行。初六，文天祥从潮阳出发。初八，文天祥过官富场。十二日，文天祥作诗《过零丁洋》。十三日，元军到达厓山。十五日，元军统帅张弘范逼文天祥谕张世杰投降。文天祥书《过零丁洋》诗作为回答。

二月初六日，元军向厓山发动总攻，南宋行朝最终覆灭。

陆秀夫抱祥兴帝赵昺投海以殉国难，战死及殉国难者十万余众。文天祥被囚于舟中，目睹了海战的整个经过。

二月中旬，张世杰于南恩州螺岛堕海身亡。

三月十三日，文天祥被押回广州。

四月二十二日，文天祥被押离广州，北上前往大都。

五月二十五日，文天祥到达南安军（江西大庾县）。二十八日至赣州。

六月初一，到达庐陵。初五，过隆兴。十二日，至建康。

八月二十四日，文天祥从建康出发。二十七日，到达真州。二十九日，到达高邮。

九月初一早上，文天祥到达了淮安军。初九日，到达了徐州。

十月初一，文天祥到达了大都。初五，移至兵马司关押，"枷项缚手"。元廷先后派宋降臣留梦炎、前宋德祐皇帝去劝降文天祥，均遭拒绝。元朝平章阿合马召见文天祥，文天祥长揖不跪。

十一月初二，狱卒去掉文天祥的枷锁，但颈上还系着铁链。但允许文天祥出户晒太阳。初九，文天祥被领至枢密院见丞相孛罗，舌战敌酋。拒绝投降。

十二月十一日，灵阳子在狱中见到了文天祥，为其讲道，"指示以大光明正法"。

元世祖至元十七年庚辰（1280）　　45岁

正月，文天祥将他被俘以后所写的诗歌编辑成《指南录》。二十日，跋《指南后录》。是月，又集杜诗为绝句。至二月集毕，共二百首。

春，收到女儿柳娘的信，始知妻子欧阳氏及女儿柳娘、环娘都在大都，作《得儿女消息》诗。

五月，文天祥的弟弟文璧至大都。

八月十五日，汪元量到狱中探视文天祥，并为其演奏《胡笳十八拍》。

十月，汪元量再次入狱探访文天祥，文天祥集杜诗作《胡笳十八拍》以赠之，署名"浮休道人"。

元至元十八年辛巳（1281） 46岁

正月元日，文天祥给继子文陞写信，其中云："吾以备位将相，义不得不殉国。"

五月十七日夜，暴雨如注，囚室盈水。天明雨停水退，遍地泥泞，热气蒸腾，臭不可忍。作《五月十七夜大雨歌》。

六月，作《正气歌》。

七月初二，文天祥的囚室又遭暴雨水灾。作《七月二日大雨歌》。初五，狱卒把他转移到宫籍监。"十一日，回旧兵马司，得一室，地高燥空凉。八月，返故处，依然臭秽蒸湿。"

元至元十九年壬午（1282） 47岁

正月初一，文天祥作《集杜诗》自序。是年，文天祥在狱中手定己作——《指南录》《集杜诗》《指南后录》，又将其生平编成了《纪年录》。

正月二十日后，文天祥右臀部患痈疽，卧病发热。"二月四日，流脓。平生痛苦未尝有此。"

春，写好一篇带有序言的绝笔赞，准备在临刑时"书之衣带间"。

八月，忽必烈欲授文天祥以大任，王积翁等人写信给文天祥，转达忽必烈的旨意。文天祥回信拒绝。

十二月初八，忽必烈召文天祥入大殿，文天祥长揖不拜，左右伤膝而难易其志。世祖忽必烈劝文天祥出仕，文天祥回答："宋记，惟可死，不可生！"又问："汝河所愿？"文天祥回答："愿与一死，足矣。"

十二月初九，元宰相上奏，称文天祥既不愿归附，不若如其请，赐之死。参政麦述丁力赞之，忽必烈"遂可其奏"。文天祥临刑前，面不改色，南向再拜，慷慨就义。

十二月初十，文天祥妻子欧阳氏奉旨收尸，张弘毅与江南十义士前来相助，共扶柩葬于都城小南门外道旁。

元至元二十年癸未（1283）

八月，张弘毅将文天祥骸骨带回了庐陵文家。

元至元二十一年甲申（1284）

葬文天祥于富川东南二十里之鹜湖大坑。